2018

广东省黑龙江省
对口合作工作报告

广东省发展和改革委员会　编
黑龙江省发展和改革委员会

经济管理出版社
ECONOMY & MANAGEMENT PUBLISHING HOUSE

图书在版编目（CIP）数据

广东省黑龙江省对口合作工作报告（2018）/广东省发展和改革委员会，黑龙江省发展和改革委员会编．—北京：经济管理出版社，2019.6

ISBN 978 - 7 - 5096 - 6636 - 4

Ⅰ.①广⋯　Ⅱ.①广⋯②黑⋯　Ⅲ.①区域经济合作—工作报告—广东、黑龙江省—2018 Ⅳ.①F127.65②F127.35

中国版本图书馆 CIP 数据核字（2019）第 101477 号

责任编辑：杨国强　张瑞军
责任印制：黄章平
责任校对：王纪慧

出版发行：经济管理出版社
　　　　　（北京市海淀区北蜂窝 8 号中雅大厦 A 座 11 层　100038）
网　　　址：www.E - mp.com.cn
电　　　话：（010）51915602
印　　　刷：三河市延风印装有限公司
经　　　销：新华书店
开　　　本：720mm×1000mm/16
印　　　张：17.5
字　　　数：333 千字
版　　　次：2019 年 6 月第 1 版　　2019 年 6 月第 1 次印刷
书　　　号：ISBN 978 - 7 - 5096 - 6636 - 4
定　　　价：68.00 元

要以东北地区与东部地区对口合作为依托，深入推进东北振兴与京津冀协同发展、长江经济带发展、粤港澳大湾区建设等国家重大战略的对接和交流合作，使南北互动起来。

——习近平总书记 2018 年 9 月 28 日在
深入推进东北振兴座谈会上的讲话摘录

编 委 会

编撰单位

中共广东省委组织部　　　　　　　　　　中共黑龙江省委组织部
中共广东省委机构编制委员会办公室　　　中共黑龙江省委机构编制委员会办公室
广东省发展和改革委员会　　　　　　　　黑龙江省发展和改革委员会
广东省教育厅　　　　　　　　　　　　　黑龙江省教育厅
广东省科学技术厅　　　　　　　　　　　黑龙江省科学技术厅
广东省工业和信息化厅　　　　　　　　　黑龙江省工业和信息化厅
广东省人力资源和社会保障厅　　　　　　黑龙江省人力资源和社会保障厅
广东省住房和城乡建设厅　　　　　　　　黑龙江省住房和城乡建设厅
广东省农业农村厅　　　　　　　　　　　黑龙江省农业农村厅
广东省商务厅　　　　　　　　　　　　　黑龙江省商务厅
广东省文化和旅游厅　　　　　　　　　　黑龙江省文化和旅游厅
广东省卫生健康委员会　　　　　　　　　黑龙江省卫生健康委员会
广东省人民政府国有资产监督管理委员会　黑龙江省人民政府国有资产监督管理委员会
广东省人民政府地方金融监督管理局　　　黑龙江省人民政府地方金融监督管理局
广东省粮食和物资储备局　　　　　　　　黑龙江省粮食局
广东省人民政府发展研究中心　　　　　　黑龙江省社会科学院
广东省工商业联合会　　　　　　　　　　黑龙江省工商业联合会
深圳市扶贫协作和合作交流办公室　　　　哈尔滨市发展和改革委员会
广州市协作办公室　　　　　　　　　　　齐齐哈尔市与广州市对口合作工作领导小组办公室
东莞市发展和改革局　　　　　　　　　　牡丹江市发展和改革委员会
中山市发展和改革局　　　　　　　　　　佳木斯市发展和改革委员会
惠州市发展和改革局　　　　　　　　　　大庆市发展和改革委员会
肇庆市发展和改革局　　　　　　　　　　鸡西市发展和改革委员会
佛山市发展和改革局　　　　　　　　　　双鸭山市发展和改革委员会
茂名市发展和改革局　　　　　　　　　　伊春市发展和改革委员会
江门市发展和改革局　　　　　　　　　　七台河市发展和改革委员会
汕头市发展和改革局　　　　　　　　　　鹤岗市发展和改革委员会
珠海市发展和改革局　　　　　　　　　　黑河市经济合作促进局
湛江市发展和改革局　　　　　　　　　　绥化市发展和改革委员会
揭阳市发展和改革局　　　　　　　　　　大兴安岭地区行政公署发展和改革委员会

目　　录

第一部分　总报告

第二部分　领域篇

第三部分　地市篇

第四部分　政策篇

第五部分　资料篇

第一部分　总报告

广东省与黑龙江省对口合作 2018 年工作情况和 2019 年工作思路

广东省发展和改革委员会　黑龙江省发展和改革委员会

2016 年党中央、国务院确定广东省与黑龙江省建立对口合作关系以来，双方省委、省政府高度重视，主动作为，按照"政府搭台、社会参与，优势互补、合作共赢，市场运作、法制保障"原则，积极部署对口合作工作，取得明显成效。

一、对口合作工作进展及成效

（一）省委、省政府高度重视，精心部署对口合作工作

1. 强化组织领导，高位推进对口合作工作。开展广东省与黑龙江省对口合作是以习近平同志为核心的党中央为实施东北振兴战略作出的重大战略部署，是党中央为深化区域合作、促进协调发展，交给两省的重要任务，是落实习近平总书记东北振兴重要讲话和指示精神的实际行动，是贯彻党的十九大精神的具体举措。广东省与黑龙江省省委、省政府始终坚持政治高站位，深入贯彻落实习近平总书记重要讲话、指示精神和党中央决策部署，省级党政代表团 6 次开展对口合作工作对接交流。黑龙江省委书记张庆伟、省长王文涛，广东省长马兴瑞、时任常务副省长林少春分别带队实地考察和对接工作，两省签订省级政府对口合作协议，推动两省对口合作落到实处。

2. 上下联动，积极建立结对关系。国家发展改革委批复《黑龙江省与广东省对口合作实施方案》《哈尔滨市与深圳市对口合作实施方案》后，两省发展改革、经信、农业等 11 个部门签署部门间对口合作协议。广东省 13 个市与黑龙江

省 13 个市（地）建立结对关系，广州与齐齐哈尔、深圳与哈尔滨、珠海与黑河、汕头与鹤岗、佛山与双鸭山、惠州与大庆、东莞与牡丹江、中山与佳木斯、江门与七台河、湛江与绥化、茂名与伊春、肇庆与鸡西、揭阳与大兴安岭地区分别结对合作，并签署对口合作框架协议。

3. 机制先行，建立健全对口合作工作机制。为统筹推动两省对口合作工作，2018 年 5 月，广东省和黑龙江省分别成立由省长任组长的对口合作工作领导小组，统筹领导对口合作工作。领导小组办公室分别设在两省发展改革委，负责对口合作日常工作。马兴瑞省长、王文涛省长分别主持召开对口合作工作会议，部署推动对口合作重点工作，制定重点工作计划并组织实施。结对城市也分别成立对口合作工作协调机构，推进对口合作工作。

4. 统筹推进，深化结对城市间"五个一"活动。各结对城市间积极开展组织一次市（地）间领导交流活动、推动一批市（地）间干部挂职交流、开展一次对口合作经贸交流会、推动一批对口合作项目落地、组织一次机关干部"龙江行·广东行"交流等"五个一"活动。截至 2018 年底，达成合作投资项目近 300 个，总投资额约 3000 亿元，涉及粮食物流、农产品加工、装备制造、房地产、商贸物流、医疗健康等领域。

（二）加强改革经验交流，促进观念转变和体制机制创新

5. 共享体制机制改革经验。广东省发展改革委积极向黑龙江省发展改革委提供碳排放交易、信息化平台建设经验；广东省住建厅向黑龙江省住建厅赠送价值 3500 万元的"三库一平台"政府服务管理信息系统，助力黑龙江省住建系统"放管服"改革。哈尔滨市借鉴深圳市强区放权等放管服改革做法，出台《关于开展强区放权改革实施方案》，首批 175 项事权已下放到区。双鸭山市复制佛山市政务服务模式，开展"一门一网式"政务服务改革。黑河市借鉴珠海市做法，出台《黑河市促进对外开放合作若干政策》。七台河市借鉴江门市经验，出台支持民营经济发展"黄金十条"做法。

6. 推进国有企业合作。广东省航运集团与黑龙江省航运集团签署战略合作框架协议，参与黑龙江省航运集团重组。黑龙江省产权交易集团与广东省产权交易集团就哈尔滨金融产权交易中心运营合作达成意向协议。黑龙江省投资集团与广东—独联体国际科技联盟达成初步战略合作意向，与广东省商贸控股集团、广东省广物控股集团、广州越秀集团开展合作项目对接。广东省商贸控股集团计划与黑龙江省粮食产业集团共同出资在广东省成立大米销售公司，谋划与黑龙江省投资集团等单位合作共建"哈尔滨农产品智慧物流园区"。

7. 促进民营经济发展。黑龙江省组织市（地）负责同志赴广东省学习民营经济发展的经验做法，促进黑龙江省民营经济加快发展。利用第十五届中国国际中小企业博览会平台，两省共同举办黑龙江省中小企业专题推介交流会，达成意向性合作项目12个。黑龙江省优选涉及交通、教育等九大领域，总投资898.3亿元的省内PPP项目42个，在广东省相关门户网站发布推介，鼓励广东省社会资本参与投资运营。

8. 扩大对内对外开放。两省联合举办"广东省—黑龙江省对俄经贸合作企业交流会""走进'四海家具'—龙粤两省对俄经贸交流座谈会"等各类活动。广东省积极参加"第二十九届哈洽会""中俄地方合作交流论坛暨中俄友城合作论坛"等推介活动。牡丹江市工商联、东莞市工商联、俄罗斯乌里扬诺夫斯克经济开发区根据三地贸易协议签订《三方贸易促进合作协议》，并实现首单4000万元商品采购业务。

（三）开展产业务实合作，加快结构调整步伐

9. 装备制造产业合作。推动黑龙江省装备优势制造能力与广东省开放型经济和市场的发展优势对接，与广东省建设珠江西岸先进装备制造产业带互动发展。第四届珠洽会上，广东省韶铸集团、广重集团分别与齐二机床达成采购机床、立车的意向协议。中山市与哈尔滨市、佳木斯市就机器人、高性能激光晶体材料制备及光电子功能元器件等先进装备制造进行合作。总投资约80亿元的"哈工大智能装备产业园"项目落地中山市。

10. 新兴产业合作。中国宝安集团投资10亿元建设的哈尔滨万鑫石墨谷项目，成功投产国内首条碳纳米管生产线；肇庆理士电源技术有限公司、广东风华高新科技股份有限公司分别与鸡西市贝特瑞石墨产业院有限公司、鸡西乐新石墨烯新材料有限公司合作开发先进铅酸电池用高性能碳材料、石墨烯应用等。航天海鹰（哈尔滨）钛业公司等企业考察广东广船国际股份有限公司等企业，在船舶、游艇、游船建造领域及卫星遥感影像等方面探讨合作。

11. 农业合作。两省利用各种宣传推介平台推动农业合作交流。总投资12亿元的北安温氏畜牧一体化生猪产业项目、总投资5亿元的广州粤旺集团齐齐哈尔市梅里斯达斡尔族区农业产业化综合项目、总投资5000万元的东莞鑫轩盛有限公司在牡丹江阳明区建设的木业加工项目等开工建设。湛江市遂溪县引进绥化市望奎县马铃薯品种开展"北薯南种"，面积达13000亩，年均纯利润700余万元；哈尔滨绿色食品供应链产业园项目、庆安双洁天然食品有限公司与深圳泰沃公司合作的炭基肥项目顺利推进。黑龙江省探索"一个主产市对接一个主销区、落地一个核心营销网点、发展一批直营店或代理商"的合作模式，在广州市建立优质农产品集散交易中心，发展直销店、连锁店、社区店30多家，面积达5800平方米，333 家经营主体入驻。

12. 粮食合作。两省政府签署了《关于建立粮食安全战略合作关系的框架协议》《关于建立广东省省级储备粮（黑龙江省）异地储备合作协议》，在黑龙江省建立广东省级储备（黑龙江省）基地，32 万吨广东省异地储备玉米已实储到位。两省粮食部门在哈尔滨共同举办"第十五届金秋粮食交易暨产业合作洽谈会"，粮食采购成交量 70 余万吨，成交金额 18 亿元。汕头、佛山、惠州、江门、湛江等市企业分别与黑龙江省鹤岗、双鸭山、大庆、七台河、绥化等市企业签订粮食购销协议，销售黑龙江省优质粮食。深圳市粮食企业在黑龙江省建设粮食仓储设施，投资已超过 7 亿元。汤原县富民农产品加工有限公司与广东美国亨氏集团、海天味业、厨邦公司合作的粮食粉加工项目即将建成投产；黑龙江省五米常香农业科技发展股份有限公司与深圳市深彤鑫集团有限公司合作的精米深加工项目进入试运行阶段。

13. 金融合作。平安银行向银保监会提出在哈尔滨市设立平安银行分行申请。广州穗甬控股有限公司、中俄基金投资咨询有限公司、黑龙江省大正集团在哈尔滨共同签署《中俄人民币基金管理公司合作协议》，重点投资国家"一带一路"项目。黑龙江省政府通过深圳证券交易所发行 268.13 亿元地方债，黑龙江省大正集团、中凯经贸有限公司联合广州智能装备产业集团有限公司、穗甬控股就共同发起设立注册资本为 15 亿元的金融租赁公司达成共识。广州金融风险监测防控中心、广州交易所集团与齐齐哈尔市签署合作框架协议，在金融风险防控等方面开展合作。

14. 文化合作。广东省文化和旅游厅组织 2018 年"春雨工程"—广东省文化志愿者龙江行暨粤龙文化交流活动，以"大舞台""大讲堂""大展台"形式在哈尔滨市、黑河市、漠河市举办文艺演出、展览、讲座。龙粤两省共同举办了"和合共赢·粤龙文化艺术交流主题展"，共 68 组作品参展，齐齐哈尔市、大兴安岭地区分别与广州市、揭阳市开展文化交流活动，深化文化交流合作。

15. 旅游合作。两省共组织旅游交流推介活动 25 次，开展"寒来暑往　南来北往"旅游活动。深圳、珠海等分别与哈尔滨、黑河等市（地）签订旅游合作协议，建立旅游友好城市关系。两省及结对城市旅游部门先后举办"2018 广东国际旅游博览会""第三届中国国际冰雪旅游峰会""第 34 届中国·哈尔滨冰雪节""2018 年中国旅游日·珠海黑河旅游""中国黑土湿地之都·双鸭山""神州北极·大美兴安"等推介会，取得良好效果。在广州举办的"2018 广东旅游产业投融资对接会"上，黑龙江省推介旅游项目 35 个，总投资 158 亿元。开通广州到齐齐哈尔、伊春、惠州到哈尔滨航班，助力旅游发展。

16. 中医药及养老合作。广州采芝林公司、广药集团、肇庆星湖制药公司等分别与黑龙江省齐齐哈尔市、鸡西市、大兴安岭地区等就建立中草药种植基地、中药材采购等达成协议并开展合作。佛山中国中药控股有限公司在双鸭山市投资建设"中国中药（双鸭山）产业园"项目。哈药集团采购珠海联邦制药、丽珠合成制药原料药交易额达 3 亿元。中山市、茂名市加入黑龙江省牵头建立的"天鹅颐养经济走廊城市合作机制"，共同致力于城市间养老资源共享、养老产业互促等养老产业链和生态链打造。广东省养老服务业协会等多个单位与黑龙江省签订协议，明确合作意向。

（四）促进科技成果转化，提升创业创新水平

17. 高校院所交流合作。哈尔滨工业大学与深圳市共建哈尔滨工业大学深圳校区并已投用。哈尔滨工程大学与深圳市共同筹建深圳海洋研究院。深圳大学与哈尔滨市发展改革委共同建立的理论经济学博士后流动站已启动。广东省 9 所职业院校与黑龙江省 9 所职业院校签订结对合作协议，在专业课程、实习实训等方面开展深度合作，参与黑龙江省结对院校 28 个专业、90 门课程、48 个实训基地建设。

18. 创业创新合作。首家跨区域孵化器合作共建协调机构——广东省科技企业孵化器协会黑龙江省联络处在哈尔滨成立，免费为黑龙江省培训科技企业孵化服务人员。广东省科学技术基础条件平台中心、广东省科技企业孵化器协会分别与黑龙江省计算中心、黑龙江省科技企业孵化器服务创新联盟签署合作协议。深圳市与哈工大特种陶瓷研究所等投资 7 亿元成立研发航天防热、防装甲弹等新材料应用技术研究院。深圳前海创投孵化器投资 2.5 亿元与哈尔滨市南岗区共建区域创投中心。哈尔滨市、深圳市、莫斯科市、叶卡捷琳堡市成立中俄"两国四地"联合创新中心，围绕项目对接、互动交流等方面加强合作。

（五）搭建合作平台载体，探索共赢发展新路

19. 合作园区共建。深圳市与哈尔滨市共建哈深产业合作园，已完成可行性研究，进入选址阶段。珠海市与黑河市合作发展中草药种植，打造生物制药和农产品深加工专业园区。中山市帮助佳木斯市创建国家级高新区深圳龙岗产服集团与哈尔滨联合运营哈尔滨松北（深圳龙岗）科技创新产业园，已引进 18 家科技型企业。佛山高新区与双鸭山市经开区就建设"双佛合作产业园区"签订备忘录，引进佛山企业落户园区，探索发展"飞地经济"。

20. 多层次合作体系建设。广东省的 12 家地市工商联、8 家区县工商联、13 家商会协会与黑龙江省结对城市有关机构签署合作协议，助力两省对口合作。广东省政府发展研究中心与黑龙江省政府发展研究中心联合开展对俄贸易课题研究，形成了《加强龙粤优势整合 大力拓展对俄经贸合作研究报告》。广州碳排放权交易所与齐齐哈尔市金融工作办公室签署合作框架协议，双方在建设碳市场、发展绿色金融等领域开展长期合作。黑龙江省青年民营企业家商会与广东省青年民营企业家联合会举行了友好交流座谈会，推进民营企业合作。

（六）注重挂职培训，促进干部人才互学互鉴

21. 开展干部人才挂职培训交流。截至 2018 年底，黑龙江省派出 240 名干部到广东省直及各地市单位挂职。广东省共派出 28 名干部赴黑龙江省挂职。加强干部进修培训。广东省直单位和各级组织部门共培训黑龙江省科技、商务、工信等领域干部 1000 余人次。黑龙江省派 4 批共 43 名厅级干部到广东省委党校市厅级干部进修班与广东省干部同调研同学习。组织高层次人才赴黑龙江省互动交流。广东省组织国家和省重点人才工程入选者、高校科研院所专家学者和企业家代表等 29 名高层次人才，赴黑龙江省开展交流合作。通过挂职培训和学习交流，有效促进两省干部观念互通、思路互动、作风互鉴、办法互学。

二、对口合作工作经验体会

（一）必须始终坚持政治高站位，强化担当

东北地区与东部地区部分省市建立对口合作机制，是以习近平同志为核心的党中央作出的重要决策部署，是推动东北老工业基地全面振兴全方位振兴的重要举措。我们要全面把握对口合作工作的重大意义，认真贯彻落实党中央的决策部署、习近平总书记对两省的重要讲话和重要指示批示精神，始终坚持政治高站位，切实增强责任意识和使命担当，全力推进两省对口合作工作走实、走深、走高。

（二）必须始终坚持高位推动，统筹合力

开展对口合作工作以来，双方省委省政府高度重视、高位推动，多形式、高密度共同谋划对口合作工作。两省分别成立了以省长为组长的对口合作领导小组，统筹推进对口合作工作。按照国家批准的《黑龙江省与广东省对口合作实施方案》和两省签订的《对口合作框架协议》落实工作任务，推进工作落实。两省有关单位、结对城市、商会、协会主动作为、密切对接，积极为企业提供合作

平台和服务支持，企业间广泛交流、务实合作，共同构建政府、企业、其他社会力量广泛参与的多层次、宽范围、广领域的合作体系，为对口合作提供重要保障。

（三）必须始终坚持政府搭台，市场运作

工作中准确认识对口合作中政府和市场的各自作用，突出政府的引导、桥梁作用，着重发挥市场在资源配置中的决定性作用，通过市场化运作促进产业转移，促进资本、人才、技术等要素合理流动，构建有效市场机制，形成政府搭台、企业唱戏的发展局面，确保对口合作工作顺利有效开展。

（四）必须始终坚持优势互补，合作共赢

广东省与黑龙江省南北呼应，在对口合作中注重发挥双方的比较优势，充分考虑资源禀赋、基础条件、产业结构、区位优势等因素，结合实际，深度分析、挖掘合作潜力，找准合作方向，突出优势互补点，持续地在具备合作潜力的重点领域发力，以合作项目建设为突破口，开创对口合作新局面。

三、2019 年对口合作工作思路

2019 年是对口合作工作的深化年、提升年、攻坚年，广东省与黑龙江省将坚持以习近平新时代中国特色社会主义思想为指导，全面贯彻落实国务院和国家发展改革委的工作部署，借鉴双方在思维理念、体制机制、营商环境等方面的好经验好做法，抢抓战略机遇，完善对接协调机制，用好两地企业、高校等联系纽带，以产业园区建设为突破口，启动实施一批合作项目，尽快取得显著成效，共同把对口合作搞得有声有色，不断提升合作水平和成效。

（一）加强政府引导，着力增进合作共识

筹备对口合作工作领导小组会议，全面总结 2018 年对口合作工作，制定 2019 年对口合作重点工作计划。指导督促结对市（地）和单位做好对口合作总结和工作部署。加强两省对口合作工作领导小组办公室沟通协作，协调解决和处理对口合作中的重大问题和重要事项。筹备两省高层互访和重大交流交往工作。

（二）聚焦重点领域，着力推动合作向纵深发展

持续推进农业、粮食等合作基础较好领域的合作，力求合作向高质量高水平

发展，在粮食异地储备 32 万吨规模基础上，探索建立长期稳定的异地储备基地，扩大"北加南销"品种和规模，培育农产品加工龙头企业。进一步挖掘文化旅游和健康养老领域合作潜力，推动两省互为旅游客源地和目的地。持续推动新材料领域合作，扩大石墨烯应用产品的生产规模，对机器人、数控装备、汽车装备制造等重点领域，围绕产业链加强产能及供需对接合作；发挥黑龙江省科研实力强、广东省应用市场广的优势，加快推动黑龙江省装备科技成果向广东省转移转化，提升产业发展水平。继续支持和鼓励两省国有企业和民营企业合作。

（三）探索合作模式，着力共建产业合作园区

一是积极探索合作模式，鼓励建设多形式的合作园区。引导结对城市通过企业交叉持股、入股等多种方式，联合共建产业合作园。重点推动哈深产业合作园区、广齐农业产业园区落地。

二是引导现有园区对接，为建设分园区创造条件。引导两省高新技术产业开发区、经济技术开发区等重点园区围绕战略性新兴产业、科技创新等领域开展重大项目合作及产能对接。重点协调推动中佳高新技术产业开发区、佛双经济技术开发区开展实质性合作。

三是注重经验交流，协助黑龙江省产业园区提升管理水平。选择黑龙江省现有产业园区，通过市场化方式选聘广东省有先进经验的专业化团队负责运营管理，创新管理体制和运行机制，提升园区产业集聚力。

（四）加强经贸合作，着力构建两省经贸合作新格局

一是推动口岸平台互联互通。引导两省口岸部门建立多层次、全方位的合作关系，实施口岸通关协作，推进两省口岸信息化合作、电子口岸平台互联互通和资源共享。

二是打造经贸运输通道。引导两省物流企业加强对接合作，研究共建两省陆海联运通道。

三是共同拓展对外开放格局。加强对外经贸交流合作，联合开拓俄罗斯、东北亚乃至欧洲市场，引导俄罗斯木材、石油、天然气等优质资源进入广东省市场，引导黑龙江省企业参与粤港澳大湾区建设。

（五）加大挂职交流力度，着力形成常态化干部交流机制

一是推动挂职培训常态化。依托组织部门建立人才信息共享交流平台，加快研究出台干部选派细则及激励性措施，建立两省干部挂职交流长效机制。

二是促进挂职培训双向化。加大两省省级、市（地）层面干部相互赴对方省市挂职学习的力度，促进挂职交流双向化。

三是促进挂职培训多元化。两省及市（地）有关部门结合工作实际，探索开展干部挂职学习新机制，推动挂职培训多元化。

（六）健全工作机制，着力做好对口合作宣传工作

研究出台对口合作信息报送制度、会议制度。编撰出版《广东省黑龙江省对口合作工作报告（2018）》，及时总结和分享对口合作工作经验，推广好的做法和经典案例。

（撰稿人：汪蕊　王峰）

第二部分　领域篇

第一章　行政管理体制改革对口合作

中共广东省委机构编制委员会办公室
中共黑龙江省委机构编制委员会办公室

一、2018 年对口合作工作情况

根据工作安排，广东省委编办与黑龙江省委编办围绕"放管服"改革、经济发达镇改革、事业单位分类改革等内容开展交流合作。主要完成以下工作：

（一）稳步推进两省"放管服"改革工作

一是加大简政放权、强市放权力度。广东省委编办与黑龙江省委编办充分交流两省推进治理重心下移、强市放权等改革的经验做法，共同研究推进有关改革工作。其中，广东省大力压减省级权责清单事项，将事项从 5598 项压减至 3018 项，压减比例超过 46%；将省级行政职权分批下放给各地市，不断减层级、砍环节、压时限，进一步优化广东省营商环境，让更多审批服务就近能办、少跑快办。黑龙江省探索推进行政处罚权实施属地化执法改革，清理行政权力 1419 项，行政处罚权实施属地化执法改革 1300 项，减少执法层级，推动执法力量下沉，解决多头多层重复执法问题；研究赋予哈尔滨新区更大范围的省级审批事项，按照"以下放为原则、以不放为特例"的原则要求，积极推进向哈尔滨新区定向放权工作，先后分两批向哈尔滨新区下放省级行政许可 277 项，占省级行政许可的 87%，推动新区做大做强。

二是推动相对集中行政许可权改革试点工作。广东省委编办与黑龙江省委编办充分交流两省开展相对集中行政许可权改革试点工作经验做法，按照中央关于推进审批服务便民化有关工作要求，着眼于为各类市场主体减负担，广东省分别于 2018 年 8 月、12 月完成两批 8 个试点地区试点总结评估报告。各试点地区充分发挥主观能动性,因地制宜、大胆探索,以清理减少和集中行使行政审批事项、优化审批流程、公开审批标准、规范审批行为和加强监督管理为重点,大力推进改革创新,较好地完成了试点改革任务,取得了良好成效。黑龙江省选取哈尔滨市新区、牡丹江市、桦南县三地同时开展相对集中行政许可权工作试点,目前试点工作方案已经黑龙江省委、省政府批复实施,试点工作有序推进。

(二) 研究推进经济发达镇行政管理体制改革

根据工作部署,广东省委编办与黑龙江省委编办共同研究推进两省的经济发达镇行政管理体制改革,并开展调研交流。先后赴广东省中山市、东莞市及佛山市南海区所辖镇,黑龙江省北安市通北镇等 7 个试点镇实地调研,听取有关县(市、区)领导情况介绍,实地走访 7 个试点镇便民服务机构和驻镇相关企业,摸清底数,深入分析问题,研究提出推进改革的意见建议。目前,广东省、黑龙江省《关于深入推进经济发达镇行政管理体制改革试点的实施方案》均已印发实施,黑龙江省 7 个试点镇的改革文件均已经印发。

(三) 积极推进事业单位分类改革

一是深入开展学习交流。广东省委编办与黑龙江省委编办沟通交流了广东省从事生产经营活动事业单位改革、信息机构改革、公益类事业单位改革和科学院开展员额制试点等工作。其中详细介绍了广东省"数字政府"建设的情况,提出了扩大整合范围的建议。目前黑龙江省拟整合组建省政务大数据中心,作为承担全省一体化政务服务平台、社会信用信息平台、政务大数据平台,方案正在履行相关审批程序。

二是深入参与事业单位分类改革工作。参与研究制订两省省直有关部门所属事业单位机构改革方案,期间先后赴相关事业单位实地调研,听取情况,收集问题,宣讲政策,重点介绍广东省开展承担行政职能事业单位改革试点情况,为黑龙江省事业单位分类改革纳入本轮党政机构改革提供建议。

二、2019 年对口合作计划

按照两省省委编办对口合作框架协议,广东省委编办与黑龙江省委编办在行政管理体制改革与事业单位分类改革方面继续加强交流。同时,为加快推动两省机构编制系统干部的交流学习，在干部教育培训等方面加强合作，充分依托两省相关改革实践和办内、省内优质授课资源，以学习贯彻党的十九大精神、深化机构和行政体制改革工作等有关精神，以及重大改革进展为主题开展培训和交流学习，促进资源共享和共同提升干部业务素质。

（撰稿人：王飞　田正华）

第二章　国有企业改革对口合作

广东省人民政府国有资产监督管理委员会
黑龙江省人民政府国有资产监督管理委员会

　　近年来，广东省与黑龙江省国资委及省属国有企业秉持平等互利、合作共赢的精神，立足两省经济实际，按照两省对口合作总体战略部署，积极创新合作机制，加快推动相关项目落地。两省国资国企保持了良好的合作关系，互惠互利合作共赢的战略合作新局面初步形成。

一、对口合作工作情况

（一）积极开展对接活动

　　广东省国资委高度重视两省对口合作工作，已与黑龙江省国资委开展了多次对接。2017 年 4 月，黑龙江省国资委副主任金建国率黑龙江省联交所赴广东省会见广东省国资委副主任黄敦新及广东省交易控股集团等 7 家广东省属企业负责人，就有关合作事宜进行初步洽谈沟通。6 月，黑龙江省国资委率建设集团等 7 家黑龙江省属企业和哈尔滨、齐齐哈尔、大庆 3 个地市国资委负责人赴广东省，与广东省国资委主任李成及广业集团、广晟公司等 15 家广东省属企业就合作意向进行深入对接，并与广东省 30 多位民营企业家进行座谈。7 月，广东省国资委率所属航运集团赴黑龙江省实地考察黑龙江航运集团下属松花江客运、货运航线项目以及抚远港务局客货运码头项目。11 月，黑龙江省国资委党委副书记侯纯禄率队赴广东省会见广东省国资委党委书记、主任李成，党委副书记、副主任蔡秀芬，就职责机构、国企党建、外部董事管理等情况进行了深入交流，并赴广东省交通集团、交易控股集团、粤电集团等企业进行了实地调研。2018 年 9 月，广东省国资委副主任黄敦新率广业集团等 5 家广东省属企业负责人赴黑龙江省，与黑龙江省国资委副主任王云鹏及建设集团等 6 家黑龙江省属企业就航运资源、绿色农业、商贸物流、产权交易和化工制造等领域进行了充分的对接交流，两省国资国企本着平等互利、优势互补、合作共赢的原则，达成 7 项合作意向，并共同印发会议纪要。

（二）签署战略合作框架协议

两省国资委签署框架协议。为全面贯彻落实党的十九大精神，践行深化改革加快东北等老工业基地振兴战略，推动《黑龙江省与广东省对口合作框架协议》落地，广新控股集团、建工集团、广物控股集团等广东省属企业已在黑龙江省投资肇东星湖生物科技、牡丹江粤水电新能源、大庆广物汽车销售服务等项目，龙粤双方已开展食品原材料、钢铁、汽车、航运物流等贸易合作。此外，2017 年12 月，黑龙江省国资委和广东省国资委签署了《黑龙江省人民政府国有资产监督管理委员会　广东省人民政府国有资产监督管理委员会战略合作框架协议》，建立战略合作关系，共同做强做优做大国有资本，该协议主要内容包括合作基础、合作目标等，提出了下一步要在国有企业改革、旅游养老、绿色农业、商贸物流等方面开展多种形式的合作，标志着两省国资系统对口合作迈上新台阶。

（三）积极推进企业合作

一是广东省交易控股集团与黑龙江省产权交易集团（原黑龙江省联合产权交易所）拟合作打造产权交易平台。一方面，双方拟通过同步信息发布、市场发动、挂牌交易和市场撮合等方式，共建龙粤要素资源对接平台，实现两省产权资源共享和生产要素的南北跨区域流动；另一方面，拟合作打造金融资产交易平台，积极开展产权市场创新理论研究及人才交流培养。2017 年7 月，黑龙江省联合产权交易所与广州交易所签署《黑龙江/广东两省碳市场建设战略合作协议》，广东省广碳所联合黑龙江省联交所共同打造"全国碳市场能力建设（广东）中心黑龙江分中心"，黑龙江省联交所加挂"黑龙江碳排放权交易中心"，正式开展黑龙江省内碳排放权交易业务。2017 年8 月，黑龙江省联交所与广东省交易控股集团签署《战略合作框架协议》，双方在产权市场发展创新课题研究、人才培养交流、药品交易、金融资产交易、环境能源（含碳排放权）交易以及区域股权交易市场建设、合作共建产权市场等领域开展合作。

二是广东省航运集团拟参与黑龙江省航运集团重组。2018 年10 月22 日，双方在广东省航运大厦签署了《战略合作框架协议》。根据协议内容，黑龙江省航运集团引入广东省航运集团作为战略合作者，广东省航运集团牵头对黑龙江省航运集团进行重组，未来双方将在跨境水上客运服务、船舶制造、水工建筑等板块实现战略协同。

（四）开展人员交流

按照两省的统一安排，黑龙江省国资委副主任王云鹏自 2017 年 9 月至 2018 年 2 月挂任广东省国资委副主任。期间，王云鹏同志对广东省属企业进行了广泛的调研和考察，为广东省与黑龙江省国有企业的合作打下了基础。2018 年 8 月，黑龙江省国资委产权管理处及辰能集团、投资集团等黑龙江省属企业相关负责同志赴广东省国资委及广东省属企业挂职，进一步深化了两省国资国企沟通交流。

二、下一步工作

两省国资委将按照黑龙江省与广东省对口合作总体部署，紧紧围绕《黑龙江省人民政府国有资产监督管理委员会　广东省人民政府国有资产监督管理委员会战略合作框架协议》的相关内容，不断完善对口合作协调机制，深挖双方合作潜力，积极引导更多广东省属企业通过多种方式参与黑龙江省国有企业的改革发展，尽快推动航运物流、产权交易市场建设、旅游养老、绿色农业等项目在黑龙江省落地生根。

（撰稿人：盛波　于潜）

第三章　民营经济发展对口合作

广东省工商业联合会　黑龙江省工商业联合会

一、对口合作总体情况

（一）民营经济对口合作优势

广东省是民营经济大省，2018 年，全省民营单位 1120.12 万个，民营经济占地区生产总值的比重为 54.1%，民营单位（含个体）从业人员达到 3542.52 万人。根据全国工商联发布的"2018 中国民营企业 500 强""2018 中国民营企业制造业 500 强"和"2018 中国民营企业服务业 100 强"榜单，广东省分别有 60家、50 家和 20 家民营企业上榜，分别列全国第 4 位、第 4 位和第 1 位，其中营收上千亿元的有 9 家。广东省民营企业具有数量多、体量大、资本雄厚等特点。黑龙江省地大物博、资源丰富，旅游、农业、休闲养老等行业具有独特优势，在食品深加工、科技成果产业化、金融、教育等领域需求旺盛，发展潜力巨大。

（二）民营经济对口合作进展情况

1. 提高政治站位，坚决落实中央和两地省委省政府决策部署

振兴东北老工业基地是重大国家战略，开创了以跨区域合作推动东北振兴的新路径，具有重大意义和深远影响。2018 年以来，两省工商联深入组织学习《国务院关于深入推进实施新一轮东北振兴战略　加快推动东北地区经济企稳向好若干重要决策的意见》《国务院办公厅关于印发东北地区与东部地区部分省市对口合作工作方案的通知》等一系列文件精神，加深对做好此项工作的重要性和紧迫感的认识，从讲政治的高度把两省工商联对口合作交流工作列入重要工作议

事日程，与贯彻党的十九大精神紧密结合起来，切实增强"四个意识"，坚持新发展理念，坚持商会搭台、企业参与、优势互补、合作共赢、市场运作的原则，以高度的历史使命感、政治责任感扎实推动两省民营企业对口合作交流向纵深发展。

2. 建立合作机制，两地省市区工商联共同推动对口合作工作

两省工商联主要领导多次举行互访交流。2018 年元旦前夕，黑龙江省委统战部副部长、省工商联党组书记林宽海带领七台河市、鹤岗市、大庆市、大兴安岭地区、伊春市工商联主要负责同志，赴广东省与相关结对工商联就建立对口合作联席机制，加强信息交流、优势互补、合作共赢，达成了合作共识。2018 年 9 月 22 日，广东省委统战部副部长、省工商联党组书记雷彪随同广东省政府代表团赴黑龙江省，10 月 17 日，黑龙江省工商联主席张海华随黑龙江省政府"解放思想·广东行"代表团赴广东省，与广东省工商联主席、长隆集团董事长苏志刚，广东省工商联副主席、温氏集团总裁严居然，对接落实《黑龙江省与广东省对口合作实施方案》《黑龙江省与广东省 2018 年对口合作重点工作计划》《黑龙江省工商联　广东省工商联对口合作框架协议》，推动两省对口合作重点工作等进行沟通协商。

两省工商联大力发动地市工商联、商（协）会、会员企业与有关地市工商联建立对口合作，按照结对子模式，两省已有 13 对地市工商联结对签订对口合作协议或友好工商联协议。2018 年以来，两省工商联推动惠州市惠城区工商联与大庆市让胡路区工商联、惠州市惠阳区工商联与大庆市肇源县工商联等 8 家县区工商联签订友好工商联协议。推动两省商（协）会对口合作交流，组织汕头市女企业家商会与鹤岗市女民营企业家商会，汕头市华莎驰家居家饰有限公司与鹤岗市永丰集团、黑龙江省潮汕商会与鹤岗市青年民营企业家商会等 13 家商（协）会、企业签订友好合作协议。由两地省市区（县）工商联牵头，商（协）会企业发力，共同助力对口合作工作向纵深推进。

3. 加强交流对接，建立常态化合作机制

两省相关对口各级工商联、商（协）会、会员企业进行了频繁的互访交流。2018 年以来，广州、深圳、珠海、汕头、佛山、惠州、中山、江门、湛江、茂名、肇庆、揭阳等市工商联，汕头市女企业家商会、黑龙江省潮汕商会、哈尔滨广东潮汕商会、中山市黑龙江商会、中山市办公家具行业协会、汕头市华莎驰家居家饰有限公司、汕头市粮丰集团有限公司，分别与齐齐哈尔、哈尔滨、黑河、鹤岗、双鸭山、大庆、佳木斯、七台河、绥化、伊春、鸡西、大兴安岭等市（区）工商联，深圳市黑龙江商会、鹤岗市女民营企业家商会、鹤岗市青年民营企业家商会、鹤岗市汽车商会、黑龙江迦泰丰粮油食品有限公司、黑龙江省万源

粮油食品有限公司、双鸭山政协、双鸭山商务局等 26 个地市工商联（部门），8 个区县工商联，13 家商（协）会、企业开展了 35 场次的互访交流活动，广东省重点民营企业、上市企业、行业商会、异地商会代表赴黑龙江省开展投资考察，产业涵盖食品、日化、新能源、农业、化工、医药、高科技等。达成意向签约项目 16 个，预计投资金额 49 亿余元。计划由珠海市工商联出资约 20 万元，对黑河市 50 家民营企业进行培训，开办针对小微企业发展而设置的 IYB（改善你的企业）培训班，提升小微企业创办者、管理者的经营、管理能力，提高企业的生命力和盈利能力，激发创业意识，掌握行业技能，增强小微企业抗风险能力。

二、2019 年工作思路

（一）工作目标

总体思路：围绕黑龙江省全面振兴全方位振兴的奋斗目标，按照"政府搭台、社会参与，优势互补、合作共赢，市场运作、法治保障"的原则，充分发挥两省民营企业积极性和市场配置资源的决定性作用，推进黑龙江省资源优势与广东省资本优势、黑龙江省特色产品优势与广东省市场营销优势有效对接，通过双方的合作与交往，在互帮互学中进一步转变观念，增强市场意识和竞争意识，努力激发内生活力和动力，促进两省在对口合作中相互借鉴、优势互补、互利共赢、共谋发展。努力推动两省民营经济对口合作取得重要实质性进展，建立起省市区各个层级的交流互动，推动建立各级工商联、商（协）会横向联动、纵向衔接、定期会商、运转高效的工作机制，构建层次多、范围宽、领域广的合作体系。

（二）工作思路

1. 组织参观考察和交流互访活动

在巩固和加强 2018 年工作成果的基础上，继续组织省、市工商联及所属商（协）会、民营企业通过参加各种展会、经贸交流会、投资考察活动，促进互利共赢。两省工商联拟定互访组团考察计划，邀请广东省工商联组织企业参加 2019 年 6 月的中俄博览会暨哈尔滨经贸洽谈会相关活动；邀请广东省工商联组织企业参加龙商大会，充分发挥龙商在新时代龙江全面振兴全方位振兴中的积极作用，凝聚龙商力量，推动龙商返乡创业、回馈家乡。

2. 积极促成项目落地，做好跟踪服务

做好全国工商联党组书记徐乐江为加强龙粤对口合作、促进东北振兴，组织全国知名民营企业在龙江投资项目的服务推进工作，完善《省工商联联系服务在龙江投资知名企业项目工作方案》，跟踪了解企业项目进展情况，及时向当地党委、政府积极反馈，推动项目落地落实，助力实施龙江"百千万"工程，助推经济加快振兴发展。

3. 认真开展学习培训交流活动

以深圳市委党校等培训机构为依托，举办深圳黑龙江民营企业家转型升级创新发展培训班，进行金融、科技创新等方面的专题培训，学习广东省先进企业经营管理理念，转变思想观念，提升民营企业家综合素质，加强两省民营企业的产业对接。

4. 充分发挥商会在龙粤对口合作中的纽带作用

发挥两地商（协）会在提供服务、宣传政策、反映诉求、维护权益等方面的作用，寻找商机推动两省商会间建立友好合作关系。支持和推动两省召开区域性行业商会会议，引导两省行业商（协）会异地商会实现互访交流、考察，带动商会会员企业赴两省合作发展。积极推进两省行业商（协）会与国际、国内商会开展交流合作，帮助做好在两省举办的区域性行业商（协）会活动的组织工作。

5. 统筹做好两地全省工商联系统对口合作组织协调工作

努力推动各级工商联加强对口合作工作，召开两地全省工商联系统对口合作工作座谈会，提高认识、凝聚共识，总结工作，谋划提出下一步工作目标要求，加强对口合作工作。继续抓好贯彻执行对口合作工作季度报送制度，全面掌握工商联系统对口合作工作进展情况。

（撰稿人：梁金仲　李茂添　黄平　祝序彬　王文骥　王旭）

第四章　对内对外开放对口合作

广东省商务厅　黑龙江省商务厅

《黑龙江省与广东省对口合作框架协议》提出要加强对内对外开放对口合作，利用国家支持黑龙江省和广东省加快发展对内对外开放合作的重大机遇，共同开拓周边市场，协同推进"一带一路"建设。2013年以来，两省商务部门以对口合作框架协议为指导，积极开展对内对外开放对口合作，助力两省经贸交流发展。

一、对外贸易合作

（一）携手开拓国际市场，持续深化外贸合作

两省开展对口合作以来，广东省借助黑龙江省这个我国最大的对俄合作平台，积极拓展对俄贸易。2018年，广东省对俄罗斯进出口610.3亿元，同比增长22.6%。黑龙江省积极对接广东省国际市场，2018年全省外贸进出口1748.9亿元，同比增长38.4%，其中对俄罗斯进出口1220.6亿元，同比增长64.7%。广东省借助与黑龙江省合作平台推动灯具、照明装置、汽车电子、轻纺等优势产品出口俄罗斯市场，不断扩大广东省机电、电子信息产品对俄出口规模和水平。黑龙江省利用广东省国际市场，拉动机电产品等装备技术出口。

（二）发展外贸新业态，共建跨境电商平台

学习交流外贸综合服务企业经验。黑龙江省商务厅组织相关市（地）、边境县（市）商务局、边民互市贸易区（点）管委会参观考察广州花都市场，专题调研学习广州花都皮革皮具市场开展市场采购贸易方式试点的经验做法。

加强跨境电商和综合试验区业务联系。黑龙江省商务厅带领哈尔滨市商务局和俄品多、俄商汇等跨境电商典型企业负责同志赴深圳市经信委、深圳华南城跨境电商产业园区、前海招商保税物流园区、环球易购电子商务有限公司调研，学习深圳市跨境电商和综合试验区发展先进经验。

共同举办外贸业务培训班。两省商务厅在广交会期间举办外贸业务培训班，广东省商务厅领导及有关专家分享跨境电商综合试验区试点、贸易自由化和便利化、建设自由贸易试验区和服务贸易创新发展等经验。

签订合作协议。珠海高栏港区与黑河边境经济合作区签订了《跨境电商布市海外仓、黑河边境仓智能化建设项目合作协议》，支持对方培育中俄双向流动的跨境电子商务综合平台，建设边境仓、海外仓项目，为电商企业提供全方位、智能化服务，全力打造跨境物流大通道，完善中俄黑河—布拉戈维申斯克市通道，为延伸电商新业态产业链、提升价值链、构建全产业链提供新方案，预计项目建成后海外仓年交易量达到 3 亿元，边境仓达到 2 亿元。

（三）引导职业技术合作，培养服务外包人才

加强院校合作。黑龙江省商务厅组织黑龙江省旅游职业技术学院与广东省科学技术职业学院签署"协作行动计划落实协议书"，确立全面协作伙伴关系，两院开展互访交流，在旅游产业发展、外国语教学和互换师生及联合招生等方面达成共识。通过双方的合作与交流，黑龙江省旅游职业技术学院在实习实训、课程调整与改革方面确定了新的方向，规范了学生管理、强化了学生工作宏观调控能力，为进一步培养服务外包适用性人才打下了坚实基层。

搭建服贸平台。广东省商务厅组织"服务外包交流团"赴黑龙江省开展服务外包交流活动，拜访黑龙江省动漫产业发展基地及有关企业，学习了解了当地服务外包企业在运用地域优势发展大数据、农业等方面的特色举措，为广东省服务贸易企业赴黑龙江省开展投资合作搭建交流平台。

二、内贸流通合作

（一）加强双方专业市场合作

利用广东省家具等专业市场发达优势，组织两省专业市场企业和行业考察对接，促进双方优势互补，提升黑龙江省专业市场发展层次和水平。2018 年 11 月，两省商务厅在广东省佛山市顺德区龙江镇举办了"广东—黑龙江商务对口合作暨木业家具产业合作交流恳谈会",黑龙江省方面组织绥芬河市政府、边境合作区、国林木业园区及有关企业约30人与广东省50余家企业就木业家具产业合作交流进行对接洽谈,学习借鉴广东省家具专业市场发展经验,寻求两省木业家具产业合作商机。

(二)支持黑龙江省粮食、农副产品进入广东省市场

发挥广东省电子商务、营销网络和商业模式等方面的优势。例如,东莞市组织相关企业参加牡—莞粮食及农产品产销推介会,推动牡丹江市43家粮食及农产品生产、销售、存储企业与东莞企业实现"对口营销""定点销售",合作金额达2亿元。为牡丹江市创新农产品销售模式、推动"种得好"向"卖得好"转变拓展了新路;东莞和牡丹江还签署了《粮食产销合作框架合作协议》《粮食产销合作实施协议》《农副产品购销意向性协议》《南北绿色粮食供应链产业合作项目战略合作协议》等系列合作框架协议。

(三)打造物流项目

中山市的广东菜丁网络科技有限公司与佳木斯市佳天国际在电商领域开展深入合作,将"菜丁"电商平台植入佳天国际农产品物流交易中心,合力建设菜丁农产品国际物流园。

(四)整合资源,推进电商合作

两省商务厅联合举办《2018中国(哈尔滨)跨境电商合作会议》,为两省跨境电子商务企业学习互鉴、交流合作搭建平台;组织两省电子商务行业协会对接合作,伊春市茂名挂职干部组成考察组专题考察茂名市电子商务工作;珠海市和黑河市为有意向在俄罗斯投资的企业共同开展俄罗斯全境配送业务,吸引更多的跨境电商上下游企业进驻,为跨境电商企业开拓国际市场提供综合性配套服务。

三、重要经贸平台合作

(一)发挥展会平台作用

2018年6月,广东省商务厅组织广州等9个地市分团和4个商会分团,近百

家企业、220 多人的广东省经贸代表团赴黑龙江省哈尔滨市参加第 29 届"哈洽会"并开展经贸交流活动，组织搭建广东省展馆，展示广东省对外开放的良好形象；10 月，黑龙江省商务厅组织 119 家外贸企业参加第 124 届广交会，提高黑龙江省地方品牌在世界的知名度；11 月，组织哈尔滨等 9 个市的 42 家高新技术企业 123 人参加第 20 届"高交会"，黑龙江省科学院的 7 个院所与广东省科学院所属的 6 个院所在科研项目上展开合作洽谈。

（二）加强自贸区和经开区交流合作

黑龙江省商务厅组团赴珠海横琴自由贸易区、广州经济技术开发区等交流学习。了解建设自由贸易试验区的经验、贸易自由化和便利化做法和经验、服务贸易创新发展经验等内容；与广州开发区围绕管理体制机制改革、园区改革创新发展、招商引资、经济质量变革与发展、外贸转型发展、行政审批改革等方面进行经验交流。

（三）加强开发区对外合作

根据商务部和两省有关工作部署，两省商务厅积极指导和支持珠海经开区与黑河边境经济合作区建立合作机制，签订合作协议，共同推动两地食品深加工与贸易，利用俄电发展高载能产业、化工产业、对俄境外物流与仓储集散平台等双方特色和优势产业开展合作，通过对口帮扶、产业联动、梯度转移，实现资源共享、优势互补，促进经开区创新提升，推动边合区提升发展水平，拓展开放合作新空间。

（四）推动黑龙江省承接广东省产业转移

为鼓励引导佛山产业与项目梯度有序向双鸭山市集聚转移，佛山市制定了产业转移资金扶持政策，对佛山市转移到双鸭山市的工业企业固定资产投资给予适当补贴，对企业贷款进行贴息；中山市助力佳木斯市创建国家级高新区，积极落实两地高新区战略合作协议，初步提出共建佳木斯中佳产业转移工业园合作意向。

四、与"一带一路"沿线国家开展经贸合作

（一）充分利用对俄合作平台

借助第 29 届"哈洽会"平台，广东省商务厅组织 30 多家企业，参加"中俄

地方合作交流论坛暨中俄友城合作论坛开幕式""中俄地区经贸、投资、科技、工业企业合作对接会""俄罗斯有关州区经贸投资项目推介会",发挥广东省在科技、资本、市场等方面的优势,促进两省对俄经贸交流合作。2018 年 12 月,为贯彻落实中俄两国元首确定的中俄地方合作交流年有关工作要求,进一步加强中俄两国地方间合作,借助与黑龙江省对口合作契机推动广东省与俄罗斯的经贸交流合作,广东省商务厅组织广东省企业赴俄罗斯参加第四届中俄中小企业事业论坛,与黑龙江省有关参会企业开展交流并考察了当地有关企业。

(二)联合赴俄举办活动

2018 年 7 月,两省在俄罗斯叶卡捷琳堡共同举办"第五届中国—俄罗斯博览会黑龙江—广东活动周";11 月,两省商务厅与俄罗斯滨海边疆区国际经济合作厅在俄罗斯符拉迪沃斯托克市共同举办了"2018 中国(广东、黑龙江)—俄罗斯经贸合作交流会暨第四届黑龙江省在俄投资经贸业务培训班"。通过活动周和培训班的举办,拓宽了黑龙江省对俄经贸交流的合作领域,丰富了合作方式,扩大了合作规模,为两省通过优势互补、合作共赢的方式,进一步开展"一带一路"沿线国家的经贸活动起到了良好的示范作用。

(三)共享对外交流资源

广东省商务厅邀请黑龙江省商务厅组织有关市地、园区及企业到广州参加"2018 中国(广东)—美国投资合作交流会",参加高峰对话、美中清洁技术峰会等相关商务活动,拓展黑龙江省对美经贸交流的合作渠道,实现两省商务领域对口合作的资源共享与互惠双赢。

五、口岸发展合作

自两省商务厅(口岸办)签署《广东—黑龙江两省推进跨区域口岸服务合作备忘录》以来,两省口岸部门密切联系合作,开展交流互访,务实推进合作。

广东省商务厅(口岸办)领导率队赴黑龙江省就建立跨区域口岸服务合作机制、共同推进区域通关改革、加快推进贸易投资便利化、加强电子口岸平台建设合作、全力支持两地货物跨境运输、拓展广东至绥芬河口岸铁海联运项目和绥芬河口岸至广东口岸"内贸货物跨境运输"项目等与当地政府及相关部门举行对接座谈会,开展专题研究。绥芬河市领导率相关部门和企业单位到广东省回访，就中欧班列经绥芬河口岸往俄罗斯方向的铁路运输等新线路进行初步探讨和衔接，目前，双方企业对此项工作正在研究、论证和对接中。

2019 年，两省商务部门将继续深化对内对外开放合作。加强商务领域学习交流，办好重点活动，进一步发挥展会平台作用，携手"走出去"开拓国际市场，为两省对口合作贡献商务力量。

（撰稿人：李扬　王威钢）

第五章　工业和信息化对口合作

广东省工业和信息化厅　黑龙江省工业和信息化厅

　　为贯彻落实党中央、国务院关于新一轮东北振兴战略，依据《国务院办公厅关于印发东北地区与东部地区部分省市对口合作方案的通知》（国办发〔2017〕22 号）和《黑龙江省人民政府与广东省人民政府对口合作框架协议》精神，广东省工业和信息化厅与黑龙江省工业和信息化厅于 2017 年 12 月共同签署《黑龙江省与广东省工业和信息化领域对口合作框架协议（2017～2020 年）》，确立对口合作关系。2018 年以来，两省工业和信息化主管部门按照党中央、国务院的总体部署，抓住两省对口合作机遇，从建立协调机制入手，加强密切往来，开展互动交流，工业和信息化领域对口合作取得了积极、务实的阶段性成效。

一、2018 年重点工作开展情况

（一）认真落实协调机制

　　按照两省工业和信息化厅签署的工业和信息化领域对口合作框架协议，年内两个部门对口合作领导小组加强互访交流，完善协调推进机制，扩展和细化对口合作领域。2018 年 8 月上旬，双方在哈尔滨召开了广东省与黑龙江省工业和信息化领域对口合作座谈会，共同探讨了合作切入点，商定在全面落实对口合作框架协议基础上，聚焦重点，围绕食品加工、高端装备制造、新材料、北药开发、木材深加工、精细化工、天然气、军民融合等领域，积极谋划，增强对口合作的针对性和实效性；加强两省工业和信息化系统干部相互挂职交流、短期培训工作，促进两省工业和信息化系统干部能力素质提升。2018 年 10 月中旬，双方进一步研究对口合作事宜，确定从组织层面加强领导，合力推动对口合作工作。

（二）强化装备制造业合作

为加快推进两省先进装备制造业在产品、技术、人才、项目、资本方面对接和融合发展，广东省工业和信息化厅邀请黑龙江省工业和信息化厅及 17 家装备制造企业参加第四届珠洽会，期间组织黑龙江省参展团考察广东省电力设计研究院、深圳能源集团股份有限公司等企业，促成了广东省韶铸集团、广重集团分别与齐二机床达成采购 TK6920 机床和 TK6916B 机床、CK5820 立车的意向协议。此外，还加强了装备制造业领域企业的精准对接，例如：组织黑龙江省勃农兴达机械有限公司与广州科利亚现代农业装备有限公司进行对接，推动两省在农业机械装备产业中优势互补；哈尔滨城林科技股份有限公司与深圳能源集团股份有限公司、广东省电力设计研究院在电力装备方面开展合作交流，为分布式电厂大型动力设备提供配套的消声过滤装备；齐重数控拟与广州数控开展合作，将在齐齐哈尔市建立智能机床研究院。

（三）加强新兴产业合作

利用工业和信息化部、黑龙江省人民政府主办第五届中国国际新材料产业博览会的契机，加强两省新材料合作，广东省工业和信息化厅共组织 60 家单位参展，展位面积 613 平方米，规模仅次于东道主黑龙江省，荣获新博会优秀组织奖，参展企业风华高新科技有限公司生产的片式叠层电感器湿法用银电极浆料和东阳光科技控股有限公司生产的高压腐蚀箔产品荣获展品金奖。期间，借助新博会平台，在哈尔滨市举办广东省新材料产业对接会，200 位全国各地新材料企业代表参加，其中包括 40 多家黑龙江省企业，产业对接取得一定成效，如大庆声瑞塑料制品有限公司与广东省金发科技达成合作意向等。推动企业与大庆市"油头化尾"产业合作，2018 年 8 月底，协助大庆市在广州举办了"广东石油化工企业家座谈会暨大庆油头化尾产业项目推介会"，促成广东元亨能源有限公司与大庆市政府就合作建设天然气发电、LNG 项目达成初步共识。

（四）深化医药产业合作

在充分开展合作意向调研的基础上，深化两省医药产业合作。中国中药控股有限公司在黑龙江省投资 4 个项目，其中，中国中药（鹤岗）产业园已建成，中国中药（哈尔滨）产业园、中国中药黑河饮片厂正在建设中，中国中药（双鸭山）产业园已签订框架协议。中药控股有限公司发挥生产技术和研发优势，带动黑河饮片厂、鹤岗双兰星制药有限公司加快发展。广药集团在黑龙江省设立 1 家公司，负责收购药材。两省医药企业加快开展产品、技术合作，2018 年，哈药集团采购珠海联邦制药、丽珠合成制药原料药交易额近 3 亿元；葵花药业、三联药业已在广东省开展抗肿瘤药物技术合作。

（五）加快民营经济发展交流

一是搭建交流平台，扎实开展中小企业务实合作。2018 年 6 月，借助第十届 APEC 中小企业技展会之机，两省中小企业局在沈阳举办中小企业对接会，30 余家企业进行"一对一"深入交流。2018 年 10 月，通过第十五届中博会的平台，两省工业和信息化厅共同举办了黑龙江省中小企业专题推介交流会，企业达成意向性合作项目 12 个。

二是举办企业管理培训。华为公司为黑龙江省规模以上工业企业举办四期培训班，对 100 户企业 120 名负责人开展战略规划、管理创新、信息化建设等培训。

三是发挥大企业引领带动作用。将大企业作为支持黑龙江省产业发展和集聚的重要牵引。2018 年 8 月，两省工业和信息化厅组织立白集团、正威国际、格力智能、金发科技、哈尔滨汽轮机厂、哈工大机器人集团、大庆沃尔沃等企业开展产业对接。正威集团总投资 200 亿元的正威东北亚总部基地已正式签约。

二、2019 年工作思路

2019 年，两省工业和信息化领域对口合作要继续落实好《黑龙江省与广东省对口合作实施方案》、《黑龙江省和广东省工业和信息化领域对口合作框架协议》及座谈会议定的合作事项，进一步强化两省产业对口合作协调推进机制，围绕重点领域，开展务实合作。着重做好以下工作：

（一）加强装备制造业合作

推动黑龙江省装备优势制造能力与广东省开放型经济和市场的发展优势对接，与广东省建设珠江西岸先进装备制造产业带互动发展，探索建立科技创新和科技成果产业化的合作机制，促进产用结合、产需对接和产业链上下游整合，共同推进两省装备制造业配套产业体系建设，推动两省装备制造业转型升级、开拓国内外市场。

（二）加强新兴产业合作

促进黑龙江省机器人、清洁能源装备、生物医药、碳纤维、石墨烯等新材

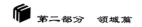

料、新兴产业与广东省战略性新兴产业对接，形成协同放大效应。

（三） 加强制药业合作

依托黑龙江省药材资源、研发基础和品牌价值，发挥广东省制药行业在技术、人才、资金等方面优势，在药企转型升级、新药研发、品牌培育等方面开展深度合作。结合两省医药企业合作意向最新需求，进一步挖掘两省医药企业合作潜力。

（四） 加强两省中小企业发展经验交流

推动两省中小企业在技术、人才、市场、资金等方面深挖合作空间，共同优化两省中小企业合作发展环境，推动两省中小企业实现优势互补，助力两省实体经济更高质量发展。

（撰稿人：何浩杰　李玉江　邓培伟）

第六章 农业和绿色食品产业对口合作

广东省农业农村厅 黑龙江省农业农村厅

2018 年，广东省与黑龙江省农业部门以习近平新时代中国特色社会主义思想为指导，深入贯彻落实党的十九大精神和习近平总书记重要讲话精神，按照《国务院关于深入推进实施新一轮东北振兴战略 加快推动东北地区经济企稳向好若干重要举措的意见》（国发〔2016〕62 号）中推动黑龙江省与广东省建立对口合作机制的有关要求和两省省委、省政府的总体部署，积极推动两省农业交流合作，提升两省现代农业质量与效益，着力探索机制创新、合作共赢模式，有效促进两省间生产要素合理流动和农民增收。

一、对口合作总体情况

（一）农业和绿色食品产业对口合作优势

广东省与黑龙江省，一个是不断深化改革开放，经济体制、市场要素、政策环境、地理区位、农业现代化等优势凸显的先行地，一个是地处世界三大黑土带之一且耕地面积、绿色食品居全国之首的农业大省，两省农业合作互补性强，对口合作能充分发挥各自所长，促进形成优势互补、共同发展、合作共赢等全面战略合作格局，带动两省加快建设农业强省步伐。

1. 广东省优势

广东省是人口大省，也是经济大省、消费大省，作为改革开放的排头兵、先行地、试验区，经济总量连续 30 年居全国首位，地方一般公共预算收入、外贸进出口额、消费品零售总额等指标也位居全国第一。广东省市场经济体制相对完善，要素市场成熟，经济实力和人均可支配收入均位于全国前列，广东省拥有毗邻港澳、连接东南亚的地缘优势和海上丝绸之路经济带的政策优势。近年来，广东省不断调整优化农业结构，加快农业科技和机制创新，推进农业转型升级，推动现代农业发展走在全国前列。

2. 黑龙江省优势

从产业方面看，黑龙江省资源丰富，生态环境优良，农业基础好，农副产品和绿色有机食品加工业发展迅速，农产品供给质量持续提升。2018 年，全省粮食总产达到 1501.4 亿斤，实现"十五连丰"，连续 8 年居全国首位。绿色食品认证面积、实物总量和总产值居全国之首，是全国最大的绿色食品基地，绿色、有机食品认证面积达到 8046 万亩，高值高效作物面积扩大到 2000 万亩，全省肉、蛋、奶产量分别达到 246 万吨、108 万吨和 456 万吨。全省农业科技贡献率达 67.1%，耕种收综合机械化率达到 97%。农产品国检总体合格率 98.64%。

从政策方面看，黑龙江省委、省政府积极响应"一带一路"倡议，提出构建黑龙江省陆海丝绸之路经济带的设想，围绕"中蒙俄经济走廊"建设，突出发挥中俄博览会的平台作用。

（二）农业和绿色食品产业对口合作进展情况

1. 创新跨区域合作，带动脱贫致富

广东省湛江市遂溪县与黑龙江省绥化市望奎县于 2015 年合作启动"北薯南种"项目，绥化市望奎县龙薯联社带动当地农户于东北冬闲之际，南下湛江市遂溪县，利用当地 1.3 万亩红土地种植马铃薯、红薯等农作物，次年开耕再返乡，并留下小部分人力继续管理后续农事。据了解，2018 年该社在遂溪县草潭镇的 6700 多亩基地亩均产量约 2 吨，年均纯利润 700 多万元，带动周边农民就业 200 余户，人均收入增加 3 万余元。该项目合理调度南北两地优势资源，不仅盘活了望奎县闲置劳动力，也盘活了遂溪县的闲置土地资源，有效提高了当地的土地利用率，探索跨区域合作的资源优化配置的新模式，成为两省对口合作的典范，项目也获得了两省有关农业部门的资金支持。

2. 搭建合作平台，强化产销对接

一是积极搭建农业合作展示推介平台，大力宣传和销售两省优质特色农产品，强化两省间农产品和绿色食品产销对接。2018 年，广东省邀请黑龙江省农业企业参加第九届广东省现代农业博览会、第六届江门市农业博览会等农业展会，组织举办"中国稻乡·生态五常"走进鹏城产业项目招商推介会、"千年荔乡"高州荔枝文化节伊春特产和旅游资源推介活动等宣介活动，黑龙江省邀请广东省企业代表参加 2018 年中国首届国际大米节、中国（齐齐哈尔）绿色食品博览会、首届中国粮食交易大会等展会。通过展会、对接活动等方式，增强了两省农产品有效流通，丰富了两省农产品市场供应。

二是设立实体展销中心，积极发展营销网点。佛山、湛江、肇庆等市协助各自结对市在当地设立农产品展销中心、实体直营店等，如佛山市设立了双鸭山市优质农产品展销中心、湛江市设立了绥化市寒地黑土产品销售专柜和望奎寒地黑土农产品（湛江）体验店、肇庆市设立了鸡西市农副产品肇庆展销中心等。

三是积极拓展网络销售平台，启动线上＋线下销售模式，如绥化市绿色农产品一入驻京东湛江馆就实现销售额 12 万元。电子商务创新创业园在绥化市寒地黑土绿色食品旗舰店为湛江市产品提供销售专柜，入驻湛江企业 11 家，72 款产品，同时将消费者引流到线上天猫绥化原产地商品官方旗舰店、金马优选、绥化消费者扶贫商城等线上平台。

3. 推动项目落地，促进企业合作

广东省农业部门多次携企业赴黑龙江省实地考察、对接洽谈，积极引导、支持广东省农业企业赴黑龙江省投资立项，加强产业合作。目前，已签约落地的多个项目正在有序推进中，如广东省温氏食品集团股份有限公司下属北安温氏公司已在黑龙江省投资建设了北安温氏畜牧一体化生猪产业项目，已与北安市政府签约 50 万头生猪框架协议，项目已累计投资 8279.33 万元。广州粤旺集团与齐齐哈尔市梅里斯达斡尔族区签订共建农业产业园区的协议，涉及用地 5300 余亩，计划投资额 3 亿元。深圳市已与哈尔滨市签约五常大米交易中心项目、有机水稻种植项目、秸秆气化清洁能源利用项目等，其中金新农秸秆综合利用项目等重点项目已完成主体工程建设或开门迎客，五常农产品企业已在坪山设立为期 4 个月的销售专柜，两地企业签订供销合同 18 份，实现成交额 3.88 亿元。珠海花之俏苗木公司与黑河辰兴商控共同出资在黑河注册成立了黑河海河之恋生物科技有限公司，投资规模 2 亿元，通过黑河口岸将蝴蝶兰产品出口至俄罗斯。广东省海纳农业有限公司与杜尔伯特县合作建设 10 万亩有机水稻现代农业产业园，与林甸县合作建设 10 万吨有机肥料厂。

4. 加强对接交流，深入推进合作

两省农业主管部门签署《黑龙江省农业委员会 广东省农业厅共同推进现代农业发展合作框架协议》以来，两省农业部门通过不定期互访、研究合作领域、协调解决相关问题，积极推动两省农业和绿色食品产业对口合作。2018 年，两省农业主管部门互访对接 5 场次，双方多次就落实两省农业合作协议、开展农业对口合作、促进农产品产销对接等进行深入交流。各结对地市双方农业部门也建立了对口合作关系，做好信息互通、资源共享，加强事务沟通协调，抓好工作落实。

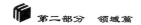

二、下一步工作思路

广东省与黑龙江省分别地处我国一南一北，自然条件差异性大，农业优势互补性强，双方农业合作潜力巨大。下一步，我们将继续认真贯彻落实国家和省委、省政府关于两省合作的决策部署，确保两省农业合作工作目标和任务高质量完成，着重做好以下几项工作：

（一）继续完善工作机制，落实对口合作协议

充分发挥已建立的合作机制的作用，进一步完善工作推进机制，加强双方互访及不定期工作会晤，及时交流通报有关情况，抓好具体工作落实。

（二）积极促进经营主体对接，推动合作项目落地

促进双方农业龙头企业、合作社、家庭农场等新型经营主体开展对接，鼓励、推动双方开展农产品推介、产销对接等活动。

（三）指导推动重点合作项目，打造两省农业合作样板

加强政府引导，充分发挥市场在配置资源中的决定作用，促进人才、技术、产品、资本要素合理流动。大力推动四个合作资源充分开发（黑龙江省冬闲劳动力、冬闲农业机械、冬季市场空当及雷州半岛冬闲田的再开发）的两省"稻稻薯"合作项目、温氏集团在北安温氏畜牧一体化生猪产业项目等两省农业合作重点项目建设，打造一批合作样板，发挥示范带动效应。

（四）推进农产品产销对接，强化农产品市场合作

发挥黑龙江省农产品多、广东省市场大的优势，支持在广州市、深圳市、哈尔滨市等城市建立绿色特色优质农产品展示销售中心、社区体验店、专营店等营销网点。不定期组织两省特色优质农产品产销对接，丰富两省农产品市场供应，促进有效供给。

（五）加强农业科技交流，推进两省农业科技合作

联合组织两省农业科研、推广机构进行农作物新品种、新技术的研究、引进、开发和试验示范，加快农业科技成果转化，实现科研成果共享，加强农业技术人员培训与交流。

（六）发挥两省优势，共推外向型农业发展

发挥黑龙江省东北亚桥头堡的地缘优势和国家"一带一路'政策优势，探索深化两省粮食种植、出口基地、仓储物流等领域对俄合作，探索共同建设对俄日韩特色农产品生产加工集散基地。发挥广东省毗邻港澳、连接东南亚的地缘优势和海上丝绸之路经济带的政策优势，加大两省农业对外交流合作，推动两省农产品进出口贸易和境外农业开发。拓展两省优质特色农产品的销售渠道。

（撰稿人：罗惠兰　吴光格　林丽云　宋春雷）

第七章 粮食对口合作

广东省粮食和物资储备局　黑龙江省粮食局

一、两省粮食对口合作总体情况

（一）粮食对口合作优势

1. 从粮食供需条件看

广东省是全国第一粮食主销区。2018 年粮食消费量高达 5400 万吨，而自给率仅 22%，约 4100 万吨粮食需要从外省采购和进口，粮食对外依存度较高。黑龙江省是全国第一粮食主产区。2018 年，黑龙江省粮食总产量达 7507 万吨，占全国十分之一强，且粮食可调出量占全国三分之一强。

2. 从储备合作条件看

广东省地方储备粮规模 1075 万吨，为全国最高。同时，由于人工、气候条件等因素，省内储存成本偏高。黑龙江省粮食仓储库容充足，温度、湿度等气候条件适宜粮食保管，粮食储存条件总体较好，且储存成本较低。

3. 从产业合作条件看

广东省粮食流通产业基础扎实，2018 年，纳入统计范围的各类粮油加工企业年产值达 2226 亿元，居销区第一位；工业饲料总产量连续 14 年居全国首位。黑龙江省粮食资源丰富，粮食品质优势突出，且用地、人工成本相对低，设立粮食生产、加工基地条件总体较好。

总体看，粮食领域是广东省与黑龙江省对口合作的突破口，广东省与黑龙江省在众多方面具有较强的互补性，进一步拓宽两省粮食对口合作领域，开展全方位对接，实现两省粮食流通优势互补、相互融合，具有天然基础和广阔前景。

（二）粮食对口合作工作成效

1. 共同搭建多层次、多领域、多模式的粮食对口合作框架

两省政府签署《黑龙江省人民政府　广东省人民政府关于建立粮食安全战略合作关系的框架协议》。经两省政府同意，两省粮食局共同印发了《黑龙江省与广东省粮食对口合作实施方案》。2017年以来，两省各级粮食部门间、企业间互访交流不断，工作成效明显。两省粮食局陆续签订了《关于共同推进"黑龙江好粮油"走进广东的合作协议》《广东省粮食局　黑龙江省粮食局关于建立广东省省级储备粮（黑龙江）异地储备的合作协议》等具体领域合作协议。两省各对口市县粮食部门间多次开展互访，深入交流，签订了粮食产销合作协议、农副产品购销协议、绿色粮食供应链产业合作项目战略合作协议、粮食溯源系统使用协议等多领域合作协议。两省基本形成了省市县多层次、多领域、多模式的粮食对口合作框架。

2. 共同推动两省粮食产销合作取得丰硕成果

两省粮食局通过合作主办"黑龙江省金秋粮食交易暨产业合作洽谈会""对口合作对接会"等一系列对口合作活动，持续搭建对口合作平台，推进两省对口合作向纵深发展，均取得了明显成效，两省企业间达成了一系列合作协议。两省粮食局于2017年6月14~17日共同举办"黑龙江好粮油中国行——走进广东"专项营销行动，活动在广州和深圳两地同时举行，通过持续宣传推介和市场营销，现场累计销售黑龙江省优质大米近400吨、九三非转基因大豆油40吨，销售金额420万元。两省企业达成意向贸易量近20万吨。11月4~6日，共同举办"黑龙江好粮油中国行——走进深圳"专项营销行动，累计销售粮油110余吨，销售金额210余万元。两省企业达成15万吨的意向性合作协议。2018年1月，在哈尔滨市联合举办"2018龙粤粮食产业经济高质量发展合作对接会"，现场签订合作协议共21项，达成粮食购销意向42万吨。5月，广东省粮食科技活动周举办期间同期举行龙粤两省名特优粮油产品展，北大荒米业集团有限公司、乔府大院等黑龙江省优质粮油企业参展。8月，两省粮食局借助国家粮食和物资储备局在哈尔滨举办首届中国粮食交易大会良机，联合相关兄弟省市区共同举办第十五届金秋粮食交易暨产业合作洽谈会。会上，两省企业共达成粮食采购意向70余万吨，成交金额约18亿元。12月，广东省组团参加黑龙江省"冰城对话—豆质昂扬"黑龙江优质大豆推介活动。据初步统计，2017~2018年，两省粮食局合作举办各类粮食产销合作活动超过10场。2018年，黑龙江省进入广东省的粮食总量接近600万吨。

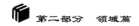

3. 共同落实两省粮食储备及加工业务合作

经广东省政府同意，两省粮食局按照《广东省粮食局 黑龙江省粮食局关于建立广东省省级储备粮（黑龙江）异地储备的合作协议》，推动建立 32 万吨广东省级储备粮（黑龙江）异地储备，采购黑龙江省粮食金额达 5.4 亿元。广东省级储备粮（黑龙江）异地储备建立后，预计广东省级每年对黑龙江省的仓储设施租赁和委托监管等投入将达 2700 万元。该批异地储备 2018 年初收储完毕并开始进行轮换，轮换移库到广东省的玉米对广东省市场形成了一定补充。此外，广东省深圳市粮食部门积极引导企业加大与黑龙江省在粮食储备、加工等方面对口合作力度，落实异地储备 8 万吨，深圳粮食企业在黑龙江省建设粮食仓库、配套加工设施设备累计投资达 7 亿多元。广东省湛江市在黑龙江省绥化市落实异地储备 3.6 万吨，并将继续扩大储备规模。广东省揭阳市与黑龙江省大兴安岭地区就异地代储达成合作意向。目前，广东省在黑龙江省建立省市级异地储备规模已达 43.6 万吨。两省粮食局探索建立异地储备联合监管机制，制定《广东省省级储备粮（黑龙江）异地储备合作监管办法》，共同确保异地储备安全。

4. 共同完善粮食对口合作机制

成立了两省粮食对口合作协调小组，在两省粮食局分别设立粮食对口合作协调办公室，建立常态化协调沟通机制，及时通报本省粮食市场行情以及合作信息，协商解决合作中出现的问题。2018 年 12 月，两省粮食对口合作协调小组在哈尔滨召开第一次座谈会，研究续签《广东省粮食和物资储备局 黑龙江省粮食局关于建立广东省省级储备粮（黑龙江）异地储备的合作协议》，并就异地储备监管等事宜开展调研和首次联合检查。同时，两省粮食局定期开展黑龙江省粮油供需和项目跟踪调查。借助广东省华南粮食交易中心、黑龙江省大米网等现有信息平台资源，建立两省对口合作供求信息发布平台。

5. 共同优化两省合作环境，推动产业合作

两省粮食局建立健全粮食对口合作项目清单，推动产业合作。两省各级粮食部门加强干部交流，广东省湛江市粮食局吴火先副调研员赴黑龙江省绥化市粮食局挂职副局长。广东省美国亨氏集团、海天味业、厨邦公司等企业在佳木斯市汤原县合作建设粮食粉加工项目，目前已完成投资 4700 万元。黑龙江省五米常香农业科技发展股份有限公司与深圳市深彤鑫集团有限公司在哈尔滨五常市合作建设精米深加工项目，目前已完成投资 3900 万元，基本建设已经完成。

二、2019 年工作思路

（一）工作目标

进一步完善两省粮食对口合作机制，重点加强粮食储备、产销、产业项目合作。及时总结广东省省级储备粮（黑龙江）异地储备运行情况，研究探索扩大储备规模，共同落实异地储备合作协议和异地储备监管办法，确保广东省异地储备数量真实、质量良好、保管安全，通过省级储备粮的异地储备带动两省地市县级开展异地储备工作。持续举办"黑龙江好粮油中国行——走进广东"专项营销行动，共同推动黑龙江省粮食在广东省市场的知名度、占有率。共同为产业合作创造良好条件，推动重点产业项目落实。

（二）工作思路

1. 进一步拓宽两省粮食对口合作领域

拓宽对口合作思路，推动两省从粮食生产、收购、储备、加工、贸易，到粮食产品研发、市场开拓、粮食企业间资本合作，从国有企业到民营企业，开展多渠道、全方位合作。拓展两省粮食储备合作，指导、支持广东省有意愿、有需要的市县在黑龙江省建立省外粮食储备基地。及时总结 32 万吨省级储备粮（黑龙江）异地储备运作经验，研究扩大广东省级储备粮（黑龙江）异地储备数量、拓展品种的方案，并研究提出与黑龙江省、中粮集团粮食储备合作中长期目标。支持广东省企业到黑龙江省建设粮食加工基地，引导广东省饲料加工企业前移到黑龙江省建厂。进一步推动两省粮食上下游产业链合作，以资本为纽带，共同探索建设黑龙江省粮油产品加工园区，推动黑龙江省水稻、玉米、大豆等优势粮油产品精深加工。

2. 进一步深化粮食对口合作关系

进一步深化两省粮食贸易合作。支持广东省粮食企业到黑龙江省开展代购业务合作，或共同出资收购粮食，参与产区粮食流通。探索利用网上平台促进黑龙江省粮食销售，线上线下共同加强两省粮食贸易合作。继续推进"黑龙江好粮油中国行——走进广东"销售及媒体宣传活动。支持黑龙江省以多种形式在广东省设立黑龙江好粮油（广东）销售中心（基地），建立广东省中转物流仓，促进黑龙江好粮油在广东销售。配合省有关部门，推动和支持企业在黑龙江省建立粮源基地，按照广东省对粮食品种、品质要求组织粮食订单生产。

3. 进一步抓好合作项目落实

进一步完善粮食对口合作项目供求信息平台。探索推动两省粮食对口合作信息平台对接，实现两省信息平台粮食对口合作项目、供求信息同步，逐步提升功能，发挥好桥梁作用。协调两省相关部门共同做好粮食对口合作重点项目跟踪服务，解决困难和问题，推动项目落实，确保对口合作取得实效。

（撰稿人：吴少宇　杨勇　何伟安）

第八章　金融对口合作

广东省人民政府地方金融监督管理局
黑龙江省人民政府地方金融监督管理局

2018 年，广东省地方金融监管局全面贯彻落实党的十九大精神和习近平新时代中国特色社会主义思想，按照《国务院办公厅关于印发东北地区与东部地区部分省市对口合作工作方案的通知》（国办发〔2017〕22 号）和广东省发展改革委《关于印发〈黑龙江省与广东省对口合作 2018 年重点工作计划〉的通知》（黑发改振兴〔2018〕211 号）等文件有关要求，会同黑龙江省金融工作办公室深化两省金融领域对口合作，积极推动两省金融工作取得新成果。

一、2018 年工作落实情况

（一）积极引导广东省金融机构和企业落户黑龙江省

2017 年，两省金融监管部门和平安集团充分对接，达成在哈尔滨市设立平安银行分行的初步意向。在此基础上，2018 年，哈尔滨市负责同志与平安银行积极落实前期对接有关事项，平安银行向中国银保监会申请在哈尔滨市新设分行。2018 年 9 月，黑龙江省大正集团、中凯经贸有限公司联合广州智能装备产业集团有限公司、穗甬控股在广州召开筹备会议，拟共同发起设立注册资本为 15 亿元的金融租赁公司。参会各方就金融租赁公司设立方案、公司治理结构、业务发展等达成共识并形成会议纪要，将按要求向银保监会报送设立金融租赁公司有关材料。

（二）支持两省资本市场对接

2018 年 6 月，由穗甬控股有限公司、中俄投资基金、黑龙江省大正集团共同发起设立《中俄人民币基金管理公司合作协议》签约仪式在哈尔滨举行。中俄人民币基金预计首期规模为 50 亿元，重点投资国家"一带一路"项目。2018 年 8 月 21 日，黑龙江省政府通过深圳证券交易所政府债券发行系统成功招标发行 268.13 亿元地方债，全场平均认购倍数达到 3.57 倍，有效拓宽了黑龙江省地方债发行渠道。

（三）加强两省金融人才培养

齐齐哈尔市和广州市组织部门协同实施，结合齐齐哈尔市经济社会发展实际，围绕金融产业发展、科技成果产业化经验及新区建设经验等专题，选派、组织有关部门和国企、民企负责同志开展专题培训教育。哈尔滨市与深圳市做好干部交流挂职工作，哈尔滨市香坊区区长挂职前海管理局副局长，畅通广东省自贸区前海蛇口片区与哈尔滨方面的对接交流渠道。

（四）推动两省对口地市深化金融交流合作

2018 年，广州市组织赴齐齐哈尔市开展广州金融机构"鹤城行"活动，广州的银行、基金、投资、担保、融资租赁、交易所等 20 余家金融机构赴齐齐哈尔市实地考察。广州金融风险监测防控中心、广州交易所集团与齐齐哈尔市签署了合作框架协议，将在金融风险防控、碳排放权交易等方面开展深入合作。珠海市国资委与黑河市财政局在金融工作、国资国企合作等方面进行深入交流，黑河市国投公司与珠海金融投资控股集团签订了战略合作框架协议，将在设立金融机构、产业基金、并购基金等方面开展合作。

二、2019 年工作计划

广东省地方金融监管局将继续按照《国家发展改革委关于印发黑龙江省与广东省对口合作实施方案的通知》（发改振兴〔2018〕434 号）和《黑龙江省与广东省对口合作框架协议（2017～2020 年)》的要求，牢牢把握建立对口合作机制的历史机遇，以促进金融业态的发展壮大和提升金融服务产业发展能力为核心目标，充分整合、释放两地的地缘优势、产业优势、政策优势，实现两地金融业共赢发展。

（一）继续鼓励广东省证券、保险、基金公司和产权交易所等在黑龙江省开展业务

广州市进一步研究探索与齐齐哈尔市共同开发林业碳汇，推动两省探索碳市

场能力建设。同时，利用广州农村产权交易所平台优势，推动农产品交易服务平台建设，促进农业实现产业化。深圳市地方金融监管局计划会与深圳金融行业协会，组织有到哈尔滨设立分支机构意向的金融机构和私募股权投资基金等相关机构赴哈尔滨开展调研，挖掘哈尔滨优质企业资源，研究推动两地项目对接，引导金融机构在条件具备情况下在黑龙江省设立分支机构。

（二）加强两省合作，共同防范金融风险

发挥广东省地方金融风险监测防控中心金鹰系统和深圳市灵鲲金融风险监管平台大数据、人工智能等先进技术优势，深化两省合作共建金融安全防线，完善风险处置机制。广州市推动市金融风险防控检测中心与齐齐哈尔市在地方金融风险监测防控、防范化解重大风险等方面开展对口合作，为齐齐哈尔市金融行业未来健康稳定发展保驾护航。

（三）继续推动两省资本市场对接

引导黑龙江省企业利用深圳证券交易所进行首次公开募股（IPO）融资、股权再融资，发行债券及资产证券化产品。积极推动两省通过市场化方式发展创投基金、天使基金、股权投资基金等新型融资工具，为促进两省实体经济发展提供金融支持。邀请哈尔滨金融工作部门、行业协会来粤调研创业创新金融服务工作，参访深圳证券交易所、深圳前海股权交易中心等资本市场运营机构，引导符合条件的企业积极对接多层次资本市场。

（四）深化两省金融智力交流合作

邀请黑龙江省市两级金融管理部门和金融机构参加第八届中国（广州）国际金融交易博览会，促进两省资本与产业的对接，推动实体经济发展。做好两省互派金融干部挂职工作，为挂职干部提供良好工作、学习和生活条件，培养锻炼既精通金融业务又了解基层实际的复合型干部。协调做好黑龙江省有关地市来粤参加培训学习交流，聚焦缓解民营企业融资难融资贵主要举措、进一步扩大金融业对外开放等方面内容，完善课程内容体系，不断提升两地干部适应新时代、贯彻新发展理念的素质能力。

（撰稿人：吴丹 张庆博）

第九章 文化和旅游对口合作

广东省文化和旅游厅 黑龙江省文化和旅游厅

一、2018 年对口合作总体情况

（一）文化对口合作进展情况

1. 开展"春雨工程"等互访活动

为贯彻广东省与黑龙江省文化部门达成的对口合作协议，加强两省文化交流与合作，2018 年 7 月 3~8 日，广东省文化志愿者一行 66 人赴黑龙江省开展 2018 年"春雨工程"——广东省文化志愿者龙江行暨粤龙文化交流活动，活动以"大舞台""大讲堂""大展台"为形式在哈尔滨市、黑河市、漠河市三地举办了 3 场文艺演出、1 场展览、4 场讲座，惠及群众 1 万人。同时，向黑龙江省群众艺术馆、黑河市群众艺术馆、漠河市文化馆等赠送了钢琴、电子琴、数字调音台等文化器材。11 月 19~25 日，黑龙江省文化志愿者一行 13 人到广东省开展 2018 年"春雨工程"——黑土情·龙江志愿者广东行系列文化惠民活动。在广州市、湛江市举办了"黑土情"美术书法展，展出了富有黑龙江省文化味道的国画、书法、油画等佳作共 90 幅。在珠海市和湛江市各开展一场"大讲堂"活动，为广大群众文化艺术创作人员带来《谈声乐演员的自我修养》《歌唱演员与戏曲演员应互相借鉴互补发展》两场专题讲座，进行现场指导。通过"春雨工程"双向互动的形式，搭建文化交流、文化帮扶的新平台，对促进两地文化艺术事业繁荣发展发挥了重要作用。

2. 开展文化产业考察调研和交流活动

按照两省文化对口合作协议，组织开展两省间的文化产业考察交流。5 月，黑龙江省文化产业考察团赴广东省开展文化产业考察交流，先后调研考察了深圳文博会、深圳东部华侨城、深圳大芬村油画基地、深圳观澜版画基地等，召开两省文化产业合作交流座谈会，就两省文化产业合作进行交流洽谈，并就下一步艺术品行业合作方向和着力点达成共识，两省文化产业对口合作进入实质推进阶段。7月，广东省文化产业交流合作考察团赴黑龙江省哈尔滨、黑河、漠河等地开展考察交流，先后走访了哈尔滨创意文化产业园、哈尔滨国际油画交易中心、哈尔滨万达文化旅游城等13个文化产业园区和文化旅游项目，深入了解当地文化产业发展情况和特点。考察期间，举办了演出和演艺设备、文化产权和艺术品、动漫游戏3场专题讲座，加强两地企业间的交流和了解。10月，黑龙江省演艺行业考察团到广东省开展演艺行业交流合作，先后赴广州大剧院、广东省演艺中心、珠江灯光、锐丰音响、深圳聚橙等行业代表企业开展实地调研、座谈交流。两省务实的考察调研、交流互动为后续的项目合作奠定了坚实基础。

3. 促成一批文化产业合作项目

在两省文化行政部门的精心组织、大力支持推动下，两省文化企业通过对接交流，促成一批项目实现合作。艺术品方面，广东省南方文交所与黑龙江省北方文交所整合黑龙江省北红玛瑙矿产资源优势和广东省珠宝玉石产业集群优势，联合签订建设北红玛瑙交易服务中心的合作协议，共同组建北红玛瑙产业服务平台。广州第23届秋季国际艺术博览会期间，南方文交所与广东省艺术品行业协会共同举办"和合共赢·粤龙文化艺术交流主题展"，组织了8位广东省青年艺术家及黑龙江省8家艺术机构共68组作品参展，打造省级艺术互动交流交易平台。此外，南方文交所与黑河油画城、Art1917等黑龙江省艺术机构达成宣传、推介及销售艺术作品的深度合作，同时，为13家黑龙江省油画经销企业提供免费入驻南方文交所艺术品网上销售平台的支持。演出方面，广东省演出公司计划利用演出剧院联盟的渠道优势，积极引进黑龙江省优秀剧目到广东省演出，目前项目正在积极洽谈中；此外，广东省演出公司与哈尔滨中泰兄弟文化传媒公司签署"粤龙亲子戏剧合作框架协议"，拟整合两地演艺人才资源，共同打造儿童音乐剧《花木兰》。

4. 加强非物质文化遗产保护合作与交流

佛山市文化广电新闻出版局、佛山市博物馆（佛山市非遗保护中心）2018年8月18日至9月28日在黑龙江省双鸭山市博物馆圆满完成"佛山木版年画特展"活动，展出作品80件；成功举办《岭南乡愁——木版年画中的佛山传统生活》专题讲座。10月31日至11月4日，广东省文化和旅游厅与佛山市人民政府在佛山主办的"2018广东省（佛山）非遗周暨佛山秋色巡游活动"中，邀请了黑龙江省双鸭山市省级非遗表演项目《赫哲族萨满舞》参加了佛山秋色巡游表

演和秋色大舞台表演活动。

（二）旅游对口合作进展情况

1. 建立旅游合作框架

继 2017 年 11 月两省旅游部门正式签署《黑龙江省和广东省关于建立旅游战略合作关系的协议》，两省 26 个地市分别建立了对口合作关系，东莞与牡丹江、深圳与哈尔滨、江门与伊春、湛江与齐齐哈尔、佛山与佳木斯、珠海与黑河、惠州与大庆两省十四市分别签订了旅游合作协议，广东省江门、珠海、佛山、中山市与黑龙江省伊春、鹤岗市结成"寒来暑往　南来北往"4＋2 旅游联盟，形成"以政府为主导、以市场为基础、以企业为主体"的合作格局，共同全力打造"寒来暑往　南来北往"旅游合作品牌。

2. 策划组织两省旅游推介活动

2018 年 1 月，广东省组团 7 个地市和部分重点旅游企业参加了第 3 届中国国际冰雪旅游峰会和第 34 届中国·哈尔滨冰雪节，并举办"走进广东繁花似锦的冬天"广东旅游推介会，重点推广广东省暖冬游、春节游等应季旅游产品，推动两地风情各异、气温高差的冬季旅游。5 月，黑龙江省在广东省举行了"2018'南来北往　寒来暑往'旅游季启动仪式"，两省旅游业界共同推介夏季旅游资源和产品，并通过媒体向对方省的游客发出了邀请，两省对口合作的 26 个地市代表参加了仪式。9 月，广东省在黑龙江省举办"南北极的对话"旅游交流活动，以文旅结合的创新形式，用歌舞、情景剧、小品和大 V 对话等表演方式展示了广东省"浪漫海岸""活力商都""岭南文化"和"广东美食"四大旅游品牌，得到业界和媒体的一致好评。12 月，黑龙江省在广东省举行了"2018 黑龙江冬季文化旅游推介会"，用冰上杂技、交响乐等形式展示了黑龙江省冬季文化旅游资源的魅力。

3. 支持两省对口地市加强交流合作

对口市旅游部门的交流互动频繁。

一是互相支持开展对口合作地市的旅游营销推介活动，如鸡西市到肇庆市开展旅游推介活动，双鸭山市到佛山市举办"中国黑土湿地之都·双鸭山"旅游推介会，漠河在深圳和广州举办专场推介会，广州市在齐齐哈尔市举办 2018 年"广州过年、花城看花"等旅游推广活动，惠州市和大庆市举办了交换冬天、互换夏天等旅游推广活动，中山市和佳木斯市举办了旅游产品推介会，等等。

二是积极组织旅游企业实地考察对接合作，珠海市和佛山市分别组织旅游企业赴双鸭山市和黑河市考察"踩线"，开发精品线路和产品，双鸭山市组织旅游企业到佛山市开展合作交流和经验分享，茂名市积极引进伊春市伊林集团进驻粤西旅游手信城，广州市组织 20 余家旅行社行业协会、企业及媒体代表赴齐齐哈尔市进行旅游"踩线"活动并签订旅游战略合作协议。

三是利用两省区域联合促销平台扩展合作范围，广州、中山和江门联合在佳木斯举行区域促销活动，东莞和佛山联合在牡丹江和双鸭山举行区域联合促销活动。

4. 推动两省旅游产业交流合作

2018 年 6 月，在广州举办的"2018 广东旅游产业投融资对接会"上，展示黑龙江省旅游投资项目 35 个，涉及投资金额约 158 亿元。通过投融资大会的平台，两省旅游企业在旅游项目合作方面取得了实质性的进展。广州市旅游咨询服务中心、旅游网等四大线上线下营销平台对齐齐哈尔市全面开放，"广结齐缘"系列旅游产品得到了广州市场的认可和好评。

5. 发动旅游企业推进赴黑游客持续增长

2018 年，广东省着力引导发动广之旅、广东中旅、南湖国旅、携程、途牛和同程等线上线下旅行商的积极作用，把黑龙江省作为重点线路进行推介营销。广东铁青、广东中旅、广之旅、南湖国旅等旅行社，通过联合航空公司买断机位，联合铁路集团组织旅游专列，采取跟团游、定制游和自驾游等多种方式，组织几万人次进入黑龙江省旅游。其中，广东铁青牵头组织了"百企千团万人游黑龙江"系列活动专列 20 趟，共组织游客 9880 人。珠海市华美达旅行社发往东北的旅游专列，新增五大连池、黑河、俄罗斯布拉戈维申斯克市旅游线路。佛山市出台奖励扶持政策，对成功组团到双鸭山景点旅游并过夜的旅行社给予 500 元/人的扶持，激励佛山市旅行社积极开展双鸭山市旅游营销推广，扩大佛山市民前往双鸭山旅游的数量。茂名市国旅国际旅行社有限公司与伊春招商国际旅行社有限公司签订合作框架协议，将两市纳入"旅游黄金线路"进行推广。

6. 利用对外交流平台加强宣传营销合作

黑龙江省组团参加了"2018 广东国际旅游产业博览会"，打造了 90 平方米的黑龙江主题形象展台，积极开拓粤港澳和国际旅游市场。广州市为齐齐哈尔市在"2018 广州国际旅游展览会"上提供 2 个免费展位，积极推介齐齐哈尔市旅游资源和产品。第十二届中国国际航空航天博览会期间，珠海和黑河共设展区，通过现场发放两地旅游宣传册、旅游纪念品，开展俄罗斯歌舞表演、旅游吉祥物"嘿嘿熊"互动、视频宣传片、招商洽谈等宣传两地旅游产品。绥化市文旅部门组织全市 10 个县（市、区）旅游部门及部分旅游企业代表赴湛江参加 2018 年中国海博会滨海旅游展。同时，利用广东省的传统媒体、互联网媒体及自媒体资源，对黑龙江省旅游进行宣传推广。汕头市和鹤岗市分别在对口地市电视台投放旅游宣传视频，进行旅游宣传推广。

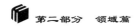

二、2019 年工作思路

（一）工作目标

2019 年，广东省文化和旅游厅将继续围绕贯彻《黑龙江省与广东省对口合作框架协议（2017～2020 年）》、《广东省发展改革委关于印发黑龙江省与广东省对口合作实施方案及任务分工安排表的通知》（粤发改对口〔2018〕218 号），以《黑龙江省文化厅 广东省文化厅文化对口合作协议》《黑龙江省和广东省关于建立旅游战略合作关系的协议》为指引，围绕建设粤港澳大湾区和新一轮东北振兴战略，全力推进两省在公共文化、文化旅游产业等方面交流合作，打造"寒来暑往 南来北往"旅游合作品牌，推动两省文化和旅游繁荣发展。

（二）工作思路与措施

1. 继续开展公共文化服务交流合作

深化两省公共文化服务合作，推动两省公共文化服务体系示范区（项目）创建地区开展联动活动，通过开展"春雨工程"双向互动等活动，搭建文化交流、文化帮扶的新平台；探索建立两省联合参考咨询合作机制和地方文献捐赠交换机制，共享展览讲座活动资源等，促进两地文化艺术事业繁荣发展。

2. 增进文旅交流，推动文化和旅游产业合作

一是促进两省文化和旅游投资信息互通，借助深圳文博会、广东国际旅游产业博览会、广东旅游文化节和哈洽会、黑龙江文博会等平台，对两省文化产品和有开发潜力的旅游资源进行广泛宣传，继续鼓励更多社会资本积极参与、共同开发两省旅游项目，支持旅游企业发展多元化融资渠道和方式。

二是加强企业交流合作，鼓励大型旅游企业、旅游管理公司实现品牌输出，提升旅游产业发展质量。加快建设两省国家级、省级旅游度假区及重大旅游项目。组织两省文化演艺娱乐、工艺美术、油画展销等领域企业开展相互交流考察，加强联合协作和信息交流。

三是推动广东省演出有限公司和哈尔滨中泰兄弟文化传媒有限公司完成《花木兰》等大型少儿音乐剧的设计、制作和排练，进行包括粤港澳大湾区在内的全国巡演。

3. 策划营销活动，推广粤港澳大湾区和黑龙江省旅游文化

一是发动广东省内旅游业界和航空公司、广铁等部门，策划跨区域旅游连线

产品，发动旅行社、自驾车等旅游行业协会组织客源，发动本地旅游景区、企业在特定时段为对方游客提供免费或优惠旅游产品。

二是组织邀请广东省主流媒体和旅行商赴黑龙江省"踩线"考察，扩大宣传，引导两地企业开展合作。

三是举办两省"寒来暑往　南来北往"旅游季系列营销活动，组织到黑龙江省推介广东省和粤港澳大湾区旅游文化，并积极在本地媒体上宣传对方旅游形象和旅游产品。

4. 跨区联动，营造良好的旅游环境

一是加强旅游执法部门和质监部门的信息沟通和执法联动，及时处理辖区内的违法违规事件和旅游投诉事项，并将处理情况及时通报。

二是建立旅游突发事件应急处理机制，全力解决旅游者和旅游企业在两省内遇到的各种困难和问题，对两省发生的旅游安全事故提供积极有效的救援和帮助。

三是加强人才培养方面的交流合作，促进两省旅游从业人员素质提升。

5. 努力开拓非物质文化遗产合作与交流新局面

一是开拓进取，继续推进两省非物质文化遗产保护工作交流与合作，以开展各类展览、专题讲座及巡游表演等活动增进交流合作。

二是积极推进两省城市间非物质文化遗产合作与交流，全面助力广东省佛山市和黑龙江省双鸭山市提升非物质文化交流与合作水平。

（撰稿人：林楚明　惠士勇　栗元浩　许冬琦）

第十章　卫生健康对口合作

广东省卫生健康委员会　黑龙江省卫生健康委员会

2018 年，按照国家关于东北地区与东部地区部分省市对口合作工作部署和省委省政府有关工作要求，广东省卫生健康委高度重视，委党组书记、主任段宇飞专门主持会议研究对口合作工作，成立工作小组，部署对口合作具体措施，积极加强与黑龙江省卫生健康系统的沟通衔接、相互学习和借鉴，扎实推进两省卫生健康领域务实合作，确保落实国家区域合作重大战略布局。

一、对口合作总体情况

（一）加强卫生健康领域对口合作互访

2018 年 6 月 12～14 日，黑龙江省卫生计生委副主任刘福生一行到广东省调研，就卫生计生领域对口合作进行调研衔接，并签订了《黑龙江省与广东省卫生计生领域 2018 年对口合作实施计划》（以下简称《实施计划》）。2018 年 12 月 9～12 日，黑龙江省卫生健康委党组书记、主任魏新刚一行到广东省调研卫生健康领域对口合作暨"解放思想　广东行"活动，双方就《实施计划》的落实情况和 2019 年以及今后一段时期两省卫生健康领域对口合作事项进行了深入交流座谈。

（二）建立和完善卫生健康领域合作机制

在建立黑龙江省与广东省卫生计生对口合作双组长制领导小组加强沟通协调基础上，广东省卫生健康委继续按照广东省委省政府对口合作工作要求，积极加强与黑龙江省卫生健康委沟通与合作，进一步落实国家有关东北地区与东部地区部分省市对口合作工作，初步明确开展加强深化医改的经验交流与合作、卫生计生行政审批制度改革经验交流、疾病预防控制领域交流合作、医学教育科研领域深度融合、卫生计生人力资源交流合作、中医药医疗服务技术交流、食品安全标准和风险监测领域合作等合作内容，确立年度对口合作工作。

（三）狠抓落实年度工作计划

《实施计划》签订后，对标《实施计划》的八大类 27 项工作任务和《关于印发黑龙江省与广东省对口合作 2018 年重点工作计划的通知》（黑发改振兴〔2018〕211 号），两省卫生健康系统都及时从讲政治的高度谋划并推进卫生健康领域对口合作，抓住国家"一带一路"建设的机遇，充分利用两省卫生健康领域得天独厚的独特优势，共同推进两省卫生健康领域对口合作深入发展，力争打造卫生计生领域跨区域合作典型。

一是中医药领域合作继续发挥"领头羊"作月。两省中医药系统强化沟通，对合作重点工作任务台账进行认真梳理，研究提出合作思路和二作推进计划。加强医疗服务领域合作交流，编制年度管理交流工作计划，交换广东省中医药继续教育项目及重要业务活动信息，编制专科交流工作计划，加强口医药适宜技术平台建设的对口合作工作衔接，接待哈尔滨市卫生计生委、齐齐哈尔市中医医院集团、绥芬河市政府及市属医疗机构先后派员来粤考察，交流中医医院建设与管理、建设中医特色专科、发展中医治未病、适宜技术推广应用、中医医院文化建设等内容。黑龙江省方面还派员参加了第十届杏林寻宝和岭南膏方节活动。积极推动中医药科研项目合作，依托广东省中医院国家中医临床研究基地，开展慢性肾病的中医药治疗研究；共同参与由广东省中医院牵头的"中医药治疗慢性肾脏病 5 期（非透析）的效果比较研究"（"十二五"国家科技支撑计划项目）、"中医综合调养方案对慢性肾脏病进展高危因素干预的前瞻性登记研究"（2014 年国家中医药管理局中医药行业科研专项）等课题研究；合作开展"基于核心病机治疗寻常型银屑病的临床研究"（"十二五"国家科技支撑计划课题）等其他疾病的中医药防治研究。部分课题已经结题验收，在省部级或国家中医药一级学会奖励获得、核心期刊及 SCI 论文发表、专著出版、专利申报授权、人才培养等方面取得了显著的阶段性成果。

二是开展两省疾病预防控制工作交流合作。2018 年 11 月 5~13 日，黑龙江省卫生健康委精神卫生防治领域专家到广东省广州、东莞、中山、深圳等地考察学习，两地精神卫生领域专家在精神卫生综合管理、严重精神障碍患者个案管理等方面深入开展交流，夯实下一步合作基础。

三是加强食品安全领域交流合作。广东省食品安全标准方面专家赴黑龙江省开展食品安全标准工作交流；加强食品安全风险监测信息共享和结果通报，共向黑龙江省卫生健康委通报广东省食品安全风险监测专报 10 期、食源性疾病监测专报 5 期。黑龙江省也向广东省通报了黑龙江省 2018 年上半年食品安全风险监测结果通报；加强食品安全标准与监测评估工作交流，9 月，黑龙江省卫生健康委组织该省疾控中心、卫生监督局、有关市卫生计生局、疾控中心等有关单位两批次共 26 人到广东省考察交流调研食品安全标准与监测评估工作。

四是其他领域交流合作加紧推进。强化两省医改进展情况交流，定期交流医改经验，及时互通医改工作信息，双方试点医院通过多种形式和途径互相交流、借鉴、分享现代医院章程制定等工作的经验和做法。加强卫生强省工作经验交流，及时提供广东省卫生强省、高水平医院建设，加强基层能力建设等政策文件，加强经验交流和信息共享。双方还在深化"放管服"改革、卫生健康科教、住院医师规范化培训资格互认等方面开展交流合作、互通信息、寻求合作契合点。

二、2019 年工作思路

（一）推动签订两省卫生健康领域对口合作实施计划

加强卫生健康领域对口合作沟通衔接，深挖两省卫生健康领域合作潜力，研究制定两省 2019 年卫生健康领域对口合作计划，扎实推进对口合作。

（二）继续深化中西医医疗、科研和教学等方面的合作

继续发扬广东省与黑龙江省在中医技术交流合作方面的优良传统，进一步推进有关慢性肾病的中医药防治研究等方面项目合作与成果应用，继续研究落实其他中西医医疗、科研和教学等方面合作，推动中医药文化建设合作。

（三）继续深化老龄产业方面的合作

两省分别举办一届老龄产业博览会，双方加强旅居健康养老合作，利用两省一南一北、优势互补、资源互助的条件，实现"北飞养老，南飞过冬"的候鸟式度假养老，达到季节变换、平衡身心，贴近老年人需求、丰富老年人生活的目的。

（四）继续推进食品安全领域交流合作

继续积极推进食品安全风险监测技术人员交流学习。继续加强食品安全地方标准和企业标准工作经验和模式的交流学习。

（五）继续加强两省医疗卫生机构合作

继续推动广东省医疗卫生机构参与黑龙江省富余医疗卫生资源改制工作，鼓励广东省医疗卫生机构赴黑龙江省设立分支机构或开展互利合作，增加黑龙江省医疗卫生资源供给。

（撰稿人：林振达 李东强）

第十一章　科技研发转化和
创业创新对口合作

广东省科学技术厅　黑龙江省科学技术厅

为贯彻好党中央、国务院战略规划，落实好广东省与黑龙江省对口合作框架协议内容，2018 年，广东省科技厅与黑龙江省科技厅按照两省省委、省政府统一部署，开展了务实合作。

一、坚持以任务为牵引，积极做好工作统筹

（一）抓定位

对照国务院《关于深入推进实施新一轮东北振兴战略加快推动东北地区经济企稳向好若干重要举措的意见》《东北地区与东部地区部分省市对口合作工作方案》总体要求，坚持高标准站位、高起点谋划，准确领会意图，确保一切合作内容服从服务于国家大局，融会贯通于两省的各项要求中。

（二）抓对标

认真梳理《黑龙江省与广东省对口合作实施方案（2017～2020 年)》《黑龙江省与广东省对口合作框架协议（2017～2020)》《黑龙江省与广东省对口合作2018 年重点工作计划》，划重点，理思路，找差异，明职责，与国家对标，与省委省政府部署同步，为下一步持续推进各项合作事宜画好路线图。

（三）抓细化

围绕两省"共促科技成果转化，提升创业创新水平"等合作目标，本着优

势互补、互惠互利、合作共赢原则，结合两地实际，将方案、意见、协议和计划中明确的任务分解细化，在此基础上，两省厅对照细化任务拟订框架合作协议，确定四个专题、五个领域、数十项合作内容，使任务更聚焦、目标更明确、更利于对标抓落实。

二、坚持以需求为导向，实现重点工作率先突破

（一）根据需求确立工作重点

黑龙江省提出两省开展科技合作当务之急是协作建设科技企业孵化器等，以此推动黑龙江省科技孵化器转型升级。广东省科技厅根据黑龙江省实际需要，把在黑龙江省各地市协作建设科技企业孵化器作为 2018 年重点工作，重点抓，优先做，并率先实现了重点突破。期间，广东省孵化器协会创业投资专业委员会通过"育苗行动"和企业推介会等形式，推动黑龙江省科技成果、产业项目与广东省创投机构进行对接，取得实际效果。全年两省厅围绕科技企业孵化器协作共建签订 10 余份合作协议，所签协议部分已落地实施。

（二）加强调研，落实优先事项

2018 年，广东省科技厅抓住陪同广东省领导赴黑龙江省调研、到黑龙江省参加专题会议等时机，三次带队到黑龙江省哈尔滨、大庆、齐齐哈尔、双鸭山、佳木斯等地市调研，了解基本情况，商议合作事宜。经了解，黑龙江省目前孵化器和众创空间 203 家，在孵企业 5405 家，在孵企业从业人员 4.96 万人，与广东省相比，存在运营活力不足、孵化服务能力有待提升等问题，广东省科技厅以此确立将"提升孵化服务能力"作为工作突破口予以优先落实。2018 年以来，广东省科技厅在广州、东莞、佛山等地免费为黑龙江省培训科技企业孵化服务人员三批次，共 15 人。

（三）发挥互补优势，实现合作共赢

广东省有超过 3500 人的孵化器创业导师，可以为黑龙江省孵化器提供充分的创业咨询和辅导。2018 年底，两省厅联手承办粤黑对口合作科技企业孵化器高级培训班，来自黑龙江省各地市共 120 余人参加培训。此次培训首次实现了跨区域联合培训。此外，广东省科技厅还应邀组织创业孵化培训导师赴黑龙江省任

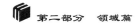

创业创新大赛评委，受到充分肯定。广东省部分科技企业孵化器承诺，黑龙江省科技企业孵化器可以派员到珠三角孵化器挂职锻炼，广东省孵化器提供相关保障。

三、坚持创新方式方法，确保合作效益倍增放大

（一）政策上创新

打破地域限制，鼓励广东省孵化器企业到黑龙江省开展异地孵化活动，享受与广东省内孵化器企业同等待遇，同时还享受驻地黑龙江省孵化器企业各项优惠政策。2018 年 12 月 28 日，中国科技开发院佛山分院与黑龙江省双鸭山市经济开发区共建孵化器仪式在佛山启动。根据两省厅达成的共识，中国科技开发院佛山分院在黑龙江省双鸭山市所注册分公司享受广东省优惠科技政策，同时还享受黑龙江省及双鸭山市两级政府科技普惠政策。

（二）方法上创新

2018 年 9 月，广东省科技企业孵化器协会在黑龙江省哈尔滨市高新区科谷投资管理有限公司设立联络处，主要负责两省孵化器企业间的人员往来、信息沟通、联络交流等。联络处的设立，将合作前沿拓展到对方省份，在国内尚属首创，此举为两省孵化器行业人才、项目和资金交流互动搭建了平台，开创了两省间跨区域合作的新模式。

（三）机制上创新

确立两省科技厅联席会议制度和调研考察制度，保持双方经常、有效的互联互通，两省厅工作交流已呈常态化。2018 年，广东省科技厅牵头组织到黑龙江省调研和工作交流共 4 次，黑龙江省科技厅也两次组团到广东省科技厅调研。

（四）服务上创新

2018 年 5 月，黑龙江省委组织部委托黑龙江省科技厅在广东省组织举办"黑龙江省提升科技创新能力培训班"。广东省科技厅作为对口合作单位承担了黑龙江省科技厅在广东省的所有协调联络和部分保障任务，免费提供培训场所等。期间，广东省科技厅厅长王瑞军以及科技系统部分专家分别给学员授课，开

创了黑龙江省委组织部、黑龙江省科技厅、广东省科技厅异地联合办班的新模式，使合作形式日益多元化。

四、进一步深化两省科技交流与合作

2019 年，两省科技厅将在以下四个方面加强对接合作：

（一）加快推进科技企业孵化器建设

广东省科技厅持续协助黑龙江省科技厅在黑龙江省各地市建设孵化器，巩固深化已有成果；黑龙江省科技厅引导协助广东省企业孵化器继续在黑龙江省各地市布局建设孵化器。2019 年拟推动牡丹江、大庆、齐齐哈尔的孵化器建设。

（二）加强产学研合作

围绕生物医药、现代农业、信息技术、先进制造、食品加工、工业设计等重点领域，加强两省间科研院所、高校和企业之间的科技创新合作，推动解决两省产业发展需要的共性关键技术，提升区域科技创新能力和水平；利用双方对外开放合作资源，共建国际合作机制。

（三）加快科技资源共享平台建设

推进科研仪器跨区域共用共享，实现平台仪器数据互联互通，对等开放服务；开通网站专栏，宣传推广各自平台科技资源，树立平台品牌，扩大影响力；定期组织举办考察对接活动，推动双方需求对接；推动两地高校、科研院所及企业共建创新联盟，共同打造资本、技术、信息和人才等创新要素集聚与共享。

（四）促进创新创业发展

联合举办两省"双创"论坛，加强两省"双创"企业、"双创"平台和创客的经验交流，推动双方创业投资企业和创业投资管理团队全面对接。加强新型研发机构、中小企业创新服务体系、青年创新创业大赛、创业辅导师队伍等方面经验交流，促进创业创新发展。年内拟安排一次两个厅系统间的科技政策座谈交流活动等。

（撰稿人：杨保志　李丽）

第十二章　教育对口合作

广东省教育厅　黑龙江省教育厅

一、对口合作总体情况

2018 年，广东省与黑龙江省教育对口合作工作以习近平新时代中国特色社会主义思想为指导，深入贯彻落实党的十九大精神和习近平总书记重要讲话精神，按照党中央、国务院关于推进实施新一轮东北地区等老工业基地振兴战略的总体部署，认真落实对口合作任务，合作机制初步建立、合作平台稳步搭建、合作基础逐步夯实，实现了开好局、起好步，开启了两地教育对口合作南北联动、优势互补、协同发展的新征程。

（一）抓实合作机制

一是加强领导，密切配合。广东省成立对口合作工作领导小组，省教育厅主要领导任领导小组组长，分管厅领导任副组长，厅内相关 17 个业务处室主要负责人为成员，设立领导小组办公室具体承担教育对口合作日常工作，建立常态长效机制，协调各方，急对方所需、尽我方所能，做到急事急办、难事力办。

二是加强指导，完善机制。两省结对签约的 18 所职业院校成立对口合作工作领导小组，形成学校主要领导亲自抓，校级统筹、部门协同的工作格局。目前，两省结对职业院校共同创建横向联动、纵向衔接、定期会商的合作机制。

（二）抓牢合作基础

2018 年 1 月，两省 18 所职业院校在哈尔滨举行结对合作签约仪式。两省结对院校根据各校实际分别签署个性化协议，在高水平职业院校、专业、课程、实习实训、双师型师资队伍、信息化建设等方面开展深度合作，取长补短、互利共赢，共同推动双方职业教育创新发展。一年来，各结对院校高度重视对口合作工作，黑龙江省累计选派赴广东省进修访学教师77人次，培训教师38人次，学生交流28人次。广东省结对院校投入资金76万元，帮助建设黑龙江省9所结对院校28个专业、90门课程、48个实训基地。

（三）抓细任务落实

两省教育厅按对口合作实施方案任务分工安排，细化目标任务，指导两地扎实开展高校院所和职业教育交流合作。广东省科学技术职业学院向黑龙江省旅游职业技术学院复制推广长隆现代服务人才创新学院模式，共建旅游产教研合作基地。计划设立粤黑学生交流班，遴选部分大三学生，独立编班并开展为期4个月的学习交流，接收21名骨干教师来粤参加交流培训。广东省交通职业技术学院选聘5位专家担任黑龙江省交通职业技术学院客座教授，接收13位骨干教师来粤交流学习，双方合作开发"轨道交通英语"课程和《城市轨道交通信号系统》教材，共建共享在线开放课程，共培技能竞赛选手。广州番禺职业技术学院选派6位国家级教学名师赴黑龙江省建筑职业技术学院就专业建设和课程改革进行交流。双方就6个专业40名教师回访事宜进行对接。顺德职业技术学院与黑龙江省职业学院签署《备忘录》，确定国际化办学、教学改革、教师互派、学生互换、信息化建设5个合作方向。双方15名教师进行了互访，就电气工程、工商管理、会计金融、旅游人文4个专业的9门课程建设进行了交流，两校还联合参与全国教育科学规划2018年度重点课题"黑粤两省协同推进职业教育国际化策略研究"子课题。广东省轻工职业技术学院与大兴安岭职业技术学院开展校际学生交流工作，接收15名学生来粤进行社会实践，19名教师来粤参加青年教师成长专题培训。广东省农工商职业技术学院先后选派13人的师生访学团赴黑交流，接收黑龙江省农业工程职业学院12名管理干部和骨干教师来粤学习，双方在高水平高职院校、专业群、教学资源库、农业示范基地等领域开展实质性合作。广东省轻工职业技术学校接收牡丹江市职业教育中心学校20名中高级管理人员和骨干教师来粤进行影子培训、进修访学和企业实践。广东省经济贸易职业技术学校作为广东省物流职业教育集团牵头单位，在物流服务与管理、电子商务、物联网应用技术等专业人才培养方案、课程设置、实训室建设、学生技能大赛等方面与黑龙江省商务学校进行深入交流对接。佛山市顺德区中等专业学校与齐齐哈尔职业中心学校联合两地的餐饮协会成立顺齐餐饮培训学院，对黑龙江省18～45岁再就业人员进行培训提升。两校以"黑粤两省东西协作职业教育的行动研究"作为科研课题进行探索和研究，被列入教育部重点科研课题。

深圳市、哈尔滨市以哈尔滨工业大学深圳研究生院为基础，共建哈尔滨工业大学深圳校区，2018 年招收本科生 700 名。依托哈尔滨工程大学在船舶与海洋工程领域的优势，两地共同筹建哈尔滨工程大学深圳海洋研究院，完成深圳市与哈尔滨工程大学战略合作框架协议签署，加快推进《哈尔滨工程大学深圳海洋研究院组建方案》落地。深圳大学与哈尔滨市发展改革委共同建立的理论经济学博士后流动站已启动招收首批博士后。深圳市广播电视大学与哈尔滨广播电视大学签署了《深圳　哈尔滨广播电视大学东西协作行动计划落实》协议书，相互开放两地终身学习平台，利用腾讯云平台，在深圳电大演播室面向哈尔滨电大残疾人教学点进行了实时直播的尝试。哈尔滨市 30 所职业院校校级领导赴深圳市宝安职业技术学校和深圳市第二职业技术学校开展学习交流研讨活动。珠海市高栏港区教育部门与黑河学院双方达成人才合作意向，在黑河学院毕业生中遴选小学临聘教师，经过视频面试，确定一批毕业生到珠海工作。佛山职业技术学校、顺德职业技术学院与黑龙江省能源职业技术学院建立了结对关系，佛山职业技术学院和双鸭山技师学院联合共建两个专业，创建绿色食品产学研基地；两市各 6 所中学结对合作。大庆市教育部门组织黑龙江省水利学校、大庆技师学院、大庆市建设中等职业技术学校等 6 所中职（技工）学校来惠州考察交流。江门市五邑大学与七台河职业技术学院签订《交流合作协议书》，就共建服务平台、优化师资培养、搭建国际交流平台等方面推进合作。湛江市教育局与绥化市教育局签署职业教育合作框架协议，湛江市第一中学与绥化市第一中学等 10 所学校结对交流。

二、2019 年工作思路

2019 年，两省教育厅将进一步落实习近平总书记在沈阳主持召开的深入推进东北振兴座谈会精神，以更大力度、更实举措、更强担当，推动两地教育开展更高质量合作，在落细、落小、落实上下功夫。

一是完善定期会商机制，适时举办两省职业教育工作推进活动。

二是支持结对院校在招生、人才培养、课程建设、资源共享等方面开展深度合作，积极探索联合招生、联合培养机制。

三是研究制定两省现代学徒制、职教集团等领域合作项目，探索共同建设示范性职教实习实训基地。

四是加大培训交流力度，通过专题培训班、教师进修访学、管理等多种形式，互派管理人员和教师与对方交流学习。

（撰稿人：王明福　李海涛　梅毅　邓国华）

第十三章　人力资源交流合作

广东省人力资源和社会保障厅　黑龙江省人力资源和社会保障厅

一、2018 年对口合作情况

（一）建立对口合作交流工作机制

一是签署对口合作框架协议。2018 年 6 月 28 日，广东省人社厅与黑龙江省人社厅在广州签署《广东省与黑龙江省人力资源社会保障工作对口合作框架协议（2018～2020 年）》，从完善工作机制、搭建合作平台、强化人才培训三个方面，就两省技工院校合作、引才引智交流、人力资源发展、劳务协作、人才教育培训、干部交流挂职等方面对口合作进行部署谋划。

二是建立对口合作机制。成立两省人社厅对口合作专项推进工作领导小组及办公室，加强工作沟通和协调推进，确定年度合作重点工作，定期开展互访交流。

三是推动地市人社部门加强交流合作。在哈尔滨—深圳、齐齐哈尔—广州等 13 对城市已建立对口合作关系的基础上，支持两省地市人社部门统筹考虑当地资源禀赋、产业基础、发展水平及合作现状等因素，创造性地开展形式多样的合作交流。

（二）开展人才引进推介活动

2018 年 9 月 3～6 日，广东省人社厅会同黑龙江省人社厅、佳木斯市人民政府共同举办"2018 年海外赤子为国服务——走进佳木斯"活动，组织包括在粤高层次人才的 11 位专家通过讲座、现场指导、项目合作等方式为当地提供技术支持服务，助推基层破解关键核心技术难题，解决发展瓶颈障碍，推动佳木斯市高新技术产业发展，提高科技创新能力。活动期间，与会专家与佳木斯市电机股份有限公司、中心医院、泉林生态农业有限公司等 10 多家企事业单位进行对接，开展专题讲座 5 场，解决实际难题 7 项，培训人数 200 余人，促成项目落地金额逾 150 亿元。例如，中山大学附属第六医院神经内科主任李中教授，中山大学附属第一医院陈剑辉教授、刘晨教授、任玉峰教授分别到佳木斯市中心医院、佳木斯市肿瘤结核医院开展学术讲座、临床技术指导等医疗学术活动，就本专业国内外最先进、最前沿的诊疗技术、治疗手段等与佳木斯医院专家们进行了广泛的交流和探讨，并建立长期合作交流关系。又如，国家"千人计划"专家周广滨与泉林造纸达成合作，帮助该企业从英国引进生产线，项目总投资 150 亿元，年产能 120 万吨浆、150 万吨纸、180 万吨有机肥、配套 30 万千瓦发电机组，项目总体达成后，预计年均销售收入可达近 150 亿元，利润 30 亿元，税金 12 亿元，将拉动就业 6000 人以上。

（三）开展干部人才交流合作

一是开展人社系统干部交流培训。2018 年 6 月，组织黑龙江省人社系统 50 名具有发展潜力的年轻干部赴广东省学习交流，组织编印学习资料，邀请中山大学相关领域专家讲授改革开放经验、粤港湾区一体化等相关课程，考察珠海横琴新区、广州科学城、黄埔军校等地，实地感受沿海先进省份改革创新、快捷高效、共谋发展的建设步伐。

二是开展企事业单位管理人员和专业技术人员交流合作。2018 年，举办"工业互联网平台技术研究与应用""社会治理创新与社会工作发展""人工智能＋创造大数据的新价值""医学 3D 打印技术临床转化应用"和"乡村振兴战略的理论探讨与典型经验研讨"5 期国家级高级研修班，培训黑龙江省高层次专技人才和企事业单位高级管理人员 86 人次。

三是开展博士后工作调研。黑龙江省人社厅赴广东省江门市实地调研全国博士后创新示范中心和省属博士后创新实践基地建设情况，与全国博士后创新（江门）示范中心进行对接，研究筹备黑龙江省博士后创新创业基地建设事宜。

（四）开展技工教育合作

2018 年 9 月，广东省人社厅会同黑龙江省人社厅制定了《黑龙江省与广东省技工院校对口合作实施方案》，两省各选择 5 所技工院校，在挂职交流、专业建设、校企合作、多元办学、世赛培训、教学改革、信息化建设等方面开展全面多元合作。2019 年 1 月，广东省机械技师学院、深圳技师学院、广东省城市建设

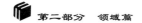

技师学院、东莞市技师学院、广东省技师学院 5 所技工院校分别与黑龙江省技师学院、哈尔滨劳动技师学院、哈尔滨铁建工程高级技工学校、牡丹江技师学院、大庆技师学院签订校际合作协议。

（五）加强两省就业工作交流

一是赴黑开展高层次人才专项招聘。2018 年 5 月，广东省人社厅组织汕尾 4 家事业单位及 4 家较具规模的企业和高新技术企业赴黑龙江省举办"汕尾市急需紧缺高层次人才专场招聘会"，提供 67 个岗位，其中 23 个博士岗位，44 个硕士研究生岗位，现场咨询、洽谈人数分别达 110 多人和 300 多人，共有 54 名硕士研究生与汕尾市招聘单位达成就业意向，8 人现场签订就业协议。

二是加强跨省劳务协作交流。在前期提供 3404 个、工资水平在 3000 元以上的岗位信息供黑龙江省当地劳动力选择的基础上，进一步加强沟通对接，了解黑龙江省岗位需求情况，搜集更多适合岗位。

二、2019 年工作打算

（一）完善对口合作机制

推动两省人社系统开展定期互访，建立常态化的交流合作机制，为两省劳务协作、技工教育、人才资源互动交流、互学互鉴、资源互补搭建互利共赢的合作平台，积极引导高层次人才带动技术、智力、管理、信息等要素互补流动。

（二）力促高层次人才项目落地

通过电话回访、制作对接反馈表等方式，第一时间掌握专家和黑龙江省及佳木斯市企事业单位的对接信息，并针对合作达成过程中遇到的困难和问题，主动加强与当地政府、企事业单位、人才之间的协调，打破项目合作的壁垒及阻碍，推动项目落地生根、开花结果。依托国家级专家服务基层等人才项目基础，根据市、县需求吸引广东省高层次人才服务黑龙江省区域发展。

（三）推动技工教育交流合作

加强与黑龙江省人社厅沟通协调，推动广东省 5 所技师学院按照两省技工学校签署的对口合作协议，全面开展挂职交流、专业建设、校企合作、多元办学、世赛培训、信息化建设等方面合作，实现两省技工教育的合作共赢。同时，适度扩大对口合作技工学校的数量。

（四）开展继续教育交流培训

举办 5 期国家级知识更新工程高级研修班和 7 期省级知识更新工程高级研修班，向黑龙江省予以每期 10～20 个培训名额支持，不断推进两省企事业单位管理人员和专业技术人才的培训合作。组织黑龙江省人社系统干部赴广东省培训和挂职锻炼。加强与广东省博士后研究人员和博士后设站单位之间的交流与合作，为黑龙江省提供项目技术方面的支持和帮扶。

（五）推动劳务输出合作

积极加强劳务协作，协助黑龙江省各地开展职业指导，加强引导性职业培训，帮助当地下岗职工合理调整期望值，增强外出就业意愿。

（撰稿人：赵媛英子　张亚民）

第十四章　城乡建设与管理对口合作

广东省住房和城乡建设厅　黑龙江省住房和城乡建设厅

广东省住房和城乡建设厅深入贯彻落实党中央、国务院关于全面振兴东北地区等老工业基地的战略部署，关于东北地区与东部地区部分省市对口合作的决策部署，以及广东省与黑龙江省对口合作工作部署，扎实开展与黑龙江省住房和城乡建设厅对口合作。

一、对口合作总体情况

（一）高度重视，高效对接对口合作事宜

广东省住房和城乡建设厅高度重视与黑龙江省住房和城乡建设厅的对口合作，建立定期交流工作机制，就重点交流合作工作情况进行专题研讨，总结交流经验，共同推进对口合作各项工作。2018年4月，黑龙江省住房和城乡建设厅党组成员、副厅长李泰峰一行3人到广东省住房和城乡建设厅考察"三库一平台"政务服务管理信息系统建设和运行、门户网站建设和信息安全保障、行业监督和服务等应用系统的建设情况。2018年11月21日，黑龙江省城市规划勘测设计研究院与广东省城乡规划设计研究院在广州市签署了战略合作框架协议。黑龙江省住建厅党组成员、副厅长赵景海，广东省住建厅党组成员、副厅长郭壮狮出席签约仪式并讲话。黑龙江省城市规划勘测设计研究院院长张宝武、广东省城乡规划设计研究院院长邱衍庆分别代表两院签订战略合作协议。

（二）支持黑龙江省住房和城乡建设厅推进信息化建设

针对黑龙江省住建系统信息化建设滞后的实际情况，广东省住房和城乡建设厅将"广东省住房城乡建设'三库一平台'管理信息服务系统"无偿捐赠给黑

龙江省住房和城乡建设厅使用。同时组建项目技术团队，以广东省住房和城乡建设厅"三库一平台"为基础，按照黑龙江省住房和城乡建设厅提出的需求，对系统进行适应性调整、改造和移植，帮助黑龙江省住房和城乡建设厅重构全省统一的行业基础数据库。该系统的建成将为黑龙江省住房和城乡建设厅大力推行电子化行政审批，规范行政审批事项和行为，提高工作效能和业务协同水平，搭建全省"一站式"网上办事和"一体化"政务服务平台，实现政务信息跨越式发展提供支持。2018年8月28日，黑龙江省人民政府办公厅向广东省人民政府办公厅发出了感谢函，提到："特别是贵省住建厅在与我省住建厅开展对口合作过程中，针对我省住建系统信息化建设滞后的实际情况，无偿捐赠价值数千万元的'三库一平台'系统，对我省住建系统'放管服'改革必将起到重要的促进作用，这充分体现了贵省贯彻党中央重要决策的坚决态度，体现了贵省支持黑龙江振兴发展的深厚情谊，我们对此深表感谢。"目前，该系统已正式上线运行。

（三）加强干部人才交流

2018年6月4日至7月13日，黑龙江省住房和城乡建设厅分3批（每批10天）选派12名业务处室骨干（其中处级干部8名，科级干部4名）到广东省住房和城乡建设厅相关处室挂职交流学习。按照省委组织部的统一安排，黑龙江省住房和城乡建设厅房地产监管处处长从9月起在广东省住房和城乡建设厅挂职学习1年。广东省住房和城乡建设厅对挂职事宜做了周密的安排，通过召开座谈会、开放厅机关办公系统权限、组织参加行业研讨会、协助到地级以上市住房城乡建设系统相关部门调研等做法让挂职同志更深入了解广东省在住房城乡建设方面的经验和做法。黑龙江省住房和城乡建设厅的同志表示通过到粤挂职学习，在房地产市场监管、勘察设计行业管理、建筑节能与绿色建筑立法、BIM装配式建筑技术应用、全过程工程咨询、工程总承包管理等方面得到了很多行业监管新的工作思路，开阔了视野、更新了观念，受益匪浅。

二、2019 年工作思路

2019年，广东省住房和城乡建设厅将继续开展好与黑龙江省住房和城乡建设厅的对口交流合作，继续完善电子政务平台对接，做好与黑龙江省政务服务网对接、业务流程定义设置等本地化和个性化定制工作，确保系统按期上线运行。

（撰稿人：赵航）

第十五章　智库对口交流合作

广东省人民政府发展研究中心　黑龙江省社会科学院

　　2018 年，广东省人民政府发展研究中心和黑龙江省人民政府发展研究中心坚持以习近平新时代中国特色社会主义思想为指导，深入学习贯彻党的十九大精神和习近平总书记重要讲话精神，认真贯彻落实 2018 年 9 月习近平总书记在沈阳主持召开的深入推进东北振兴座谈会精神，按照《国务院办公厅关于印发东北地区与东部地区部分省市对口合作工作方案的通知》（国办发〔2017〕22 号）和《黑龙江省与广东省对口合作实施方案（2017～2020 年）》要求，进一步加强优势互补和资源共享，就两省共同关心的有关问题联合开展课题研究，促进研究成果交流，推动两省智库对口交流合作务实有效开展，不断共同打造具有中国特色的地方新型智库。

一、对口交流合作总体情况

（一）智库对口交流合作优势

　　广东省地处改革开放前沿，是我国经济规模大、经济综合竞争力强的省份之一，市场经济完善、要素市场成熟、经济活跃度高，是全国经济发展的领头羊。黑龙江省是对俄沿边开放的桥头堡和枢纽站，资源禀赋、区位条件、产业基础、科技实力等具有独特优势，发展潜力和空间巨大。加强两省智库对口交流合作，是两省对口合作总体框架下的重要内容。作为两省智库间合作交流的牵头单位，2018 年，两省发展研究中心紧紧把握机遇，进一步完善智库间常态化合作交流机制，为推动和服务两省对口合作持续健康发展提供了有力支撑。同时，以"优势互补、资源共享、互惠共赢、共同发展"为原则，发挥各自优势，聚焦两省经济建设和社会发展的重点、热点、难点问题，在决策服务、课题研究、信息共享等方面加强合作，更好地凝智聚力，为省政府科学决策、民主决策、依法决策提供了有力的智力支持。

（二）智库对口交流合作进展情况

1. 建立完善合作机制，统筹推进具体工作

在 2017 年两省发展研究中心签订对口合作框架协议的基础上，不断建立完善两省智库领域对口交流合作的相关机制和制度，统筹推进对口合作工作，并为持续深入合作打下了坚实基础。建立完善工作沟通协调机制，明确了两省发展研究中心的具体联络处室，不断加强沟通协调日常事务，及时交流有关合作情况，全面推进具体工作落实。进一步完善多种形式的两省发展研究中心工作讨论会制度，实现对接联系常态化，共同商定智库对口合作中重大事项，确立重点研究课题。如为提升两省合作参与"一带一路"建设水平，2018 年两省发展研究中心商议决定联合开展有关课题研究。

2. 加强交流与合作，推动互学互鉴

第一，2018 年 4 月，黑龙江省发展研究中心区域经济处全员赴广东省发展研究中心座谈交流并赴深圳进行实地调研，了解广东省在对外经贸合作特别是对俄合作上出台的政策措施，学习考察广东省对外经贸合作思路、经验和做法。2018年 6 月和 7 月，两省发展研究中心组成调研组，分别赴黑龙江省绥芬河、东宁、同江、抚远等地，就黑龙江省构建以对俄合作为重点的对外开放新格局和黑龙江省陆路、水陆口岸开放建设等情况开展联合调研。2018 年 9 月，广东省发展研究中心派员随同省领导赴黑龙江省开展相关对口合作考察工作。通过横向联合工作等交流合作形式，两省发展研究中心不断就新型智库建设、开展合作研究、推动成果转化等工作进行深入的交流和探讨，推动双方加强互相学习借鉴。特别是，两省发展研究中心在联合调研中密切配合，充分发挥各自优势，综合实地调研考察情况，研究素材、深入探讨，共同提炼观点、框架和思路，为做好联合课题研究、推动两省共同更好参与"一带一路"建设打下坚实基础。

第二，利用 2018 年 7 月国务院发展研究中心在哈尔滨召开 2018 年省区市经济形势分析座谈会的契机，两省发展研究中心积极向国务院发展研究中心汇报，共同推动与国发中心建立更为紧密的合作关系，主动争取政策研究、政策解读、政策评估和合作交流等方面的业务指导与支持，助推两省对口合作取得实质效果。

3. 积极开展合作研究，提供高质量决策咨询服务

作为"一带一路"建设主力省的广东省和作为对俄经贸合作桥头堡的黑龙

江省是对俄经贸合作的重要省份，为推动我国对俄经贸，南北两极携手拓展对俄合作，共同担负好中俄全面战略伙伴关系主力军的重任。2018 年，两省发展研究中心充分挖掘智库合作潜能，共同开展"加强龙粤合作　协力推进对俄经贸合作高质量发展"课题研究。成立由两省发展研究中心主要负责同志为组长的课题调研组，并制定了详细的课题研究工作方案，经过三轮调研和多轮讨论修改，分别形成《加强粤龙优势整合　推动拓展对俄经贸合作》《加强龙粤合作　推进对俄经贸高质量发展》两份研究报告，深入剖析两省对俄经贸合作中亟待破解的问题和制约因素，分析共同拓展对俄经贸合作可行性与现实合作基础，并在此基础上有针对性地提出推进加工制造业资源整合、合力加强对俄资源开发利用和旅游开发、合作推动对俄直接投资等对策建议，为广东省深化对俄经贸合作，更好参与"一带一路"建设和黑龙江省实施"打造一个窗口、建设四个区"对外发展战略提供了有效的决策咨询服务，报告得到黑龙江省领导同志的批示。

二、2019 年工作思路

2019 年两省智库间合作交流牵头单位将坚持以习近平新时代中国特色社会主义思想为指导，认真学习东北振兴座谈会精神，深入贯彻落实两省工作部署安排，聚焦资源共享、合作研究、成果交流等重点合作事项，以更务实的措施、更大的力度，切实提升两省智库对口交流合作水平和成效。

（一）围绕新型智库建设，共同发起参加多种形式的主题论坛和学术交流活动

组织两省智库单位和专家学者赴黑龙江省参加龙江企业家发展论坛、太阳岛论坛等活动，赴广东省参加和考察国内外主题论坛、高交会、博览会、经济社会科技发展最新成果等，共同促进两省全方位合作交流。

（二）对两省重大决策、专项工作及对口合作等问题开展联合攻关和合作研究

紧紧围绕党中央和国务院出台的支持东北振兴战略、两省 2050 年实现"第二个百年目标"指标体系设计、粤港澳大湾区经济发展与黑龙江省经济发展合作等重大战略和相关课题开展联合研究，形成务实管用的对策建议，实现研究成果双方共享，更好为省政府决策提供智力支撑。

（三）联合提炼总结好两省对口合作创新经验

结合《黑龙江省与广东省对口合作实施方案》部署和工作安排，围绕两省对口合作领域和重点任务，提炼总结两省在对口合作机制创新、激发内生动力和活力、各领域不同层次对口合作等方面的有益经验及做法，不断深入研究推进两省对口合作的相关政策建议，形成调研报告供省领导和相关部门参考。

（四）积极开展干部人才交流培训

根据实际需要互派干部挂职交流，特别是黑龙江省研究机构干部赴粤挂职学习培训，促进互学共进，共同掌握先进理念和科学研究方法。

（撰稿人：管理）

第十六章　干部人才对口交流培训

中共广东省委组织部　中共黑龙江省委组织部

广东省委组织部、黑龙江省委组织部认真贯彻落实中央和两省省委、省政府的部署要求，切实做好两省干部人才交流培训工作，有效促进了观念互通、思路互动、作风互鉴、办法互学，推动两省干部人才对口合作取得良好成效。

一、主要工作情况

对口合作是以习近平总书记为核心的党中央作出的重大战略部署，是中央在深化区域合作、促进协调发展方面交给两省的一项重要政治任务，对推动东北振兴、促进两省共赢发展具有重要意义。干部人才挂职交流是两省对口合作的重要内容。开展对口合作工作以来，广东省与黑龙江省两省高度重视、加强沟通、扎实推进，干部人才挂职交流各项工作取得良好成效。

（一）两省省委、省政府高度重视

2017 年 12 月，广东省委书记李希同志出席两省对口合作座谈会暨签约仪式并讲话，强调两省可在干部挂职上共同推进，通过一批又一批的干部挂职，增进交往、密切联系；要进一步加强两省人才交流合作，实现优势互补。广东省长马兴瑞同志 2017 年 11 月带队到黑龙江省考察时，要求做好干部挂职培训的各项具体对接工作，为来粤挂职的黑龙江省干部创造良好工作和生活条件。2017 年 12 月，广东省长马兴瑞同志专门主持召开黑龙江省在粤挂职培训干部座谈会，看望干部人才，听取意见建议，提出明确要求。时任广东省委组织部部长邹铭同志多次看望黑龙江省挂职干部，和他们面谈，并召开省委组织部部务会议研究推进干部人才挂职交流工作，要求精准衔接好黑龙江省需求，做细做实具体工作，确保干部人才挂职交流取得实效。黑龙江省委书记张庆伟同志、省长王文涛同志坚持高位推动、亲自部署、主动对接，分别于 2017 年 12 月和 2018 年 10 月带队赴粤考察，期间与广东省委、省政府主要领导同志就深化干部人才交流培训工作达成高度共识，要求有关部门要强化顶层设计、明晰工作方向、细化具体措施，推动干部人才交流培训取得实效。张庆伟同志亲自审定黑龙江省委选派的两批干部赴粤挂职工作方案及名单，要求挂职干部"学"字当先，通过挂职锻炼真正达到更新观念、开阔眼界、锻炼成长的目的。黑龙江省委常委、组织部部长王爱文同志在每批挂职干部出发前及返回后，都专门召开挂职干部座谈会，提要求作部署，听收获采建议，推动干部人才交流培训工作不断积累成果、走向深入。

（二）加强工作对接沟通

广东省委组织部注意加强与黑龙江省委组织部日常工作沟通，并积极利用随省领导赴黑龙江省考察、黑龙江省党政代表团来粤访问等机会，与黑龙江省委组织部当面协商，进一步掌握了解干部挂职培训需求、商讨推进落实举措。同时，广州、深圳等与黑龙江省地市结对的 13 个市，市委组织部认真落实两地合作协议或备忘录，注重谋划对接挂职交流具体事宜。黑龙江省委组织部注意与广东省委组织部积极沟通、密切配合、形成合力，指定专人负责常态联系，强化跟踪管理，随时了解掌握黑龙江省干部人才在粤工作、培训情况，及时协调解决存在的问题，确保干部人才交流培训取得实效。同时，黑龙江省 13 个地市积极与广东省结对城市沟通对接，谋划挂职交流具体事宜，做好来黑龙江省挂职干部的服务工作。

（三）推动干部挂职锻炼

2017 年以来，广东省共派出 28 名干部赴黑龙江省挂职，其中，广东省委编办派出干部 2 名，深圳市、中山市、湛江市分别派出干部 8 名、12 名、6 名。黑龙江省共派出 240 名干部赴广东省挂职，其中，厅级 28 名、处级 157 名、科级 55 名。挂职干部返回后普遍反映，通过几个月的挂职锻炼，学习到了广东省干部身上的开拓意识、国际视野、工匠精神和服务理念，借鉴参考了很多广东省成形的经验做法，对于促进黑龙江省各项工作起到了积极作用。两省接收地市（单位）合理安排挂职干部岗位和分工，积极为他们学习锻炼创造条件、搭建平台。

（四）开展干部培训交流

2018 年，广东省直单位和各级组织部门在科技、商务、工信等领域共安排 1000 余名黑龙江省干部到广东省培训。其中，广东省先后接收黑龙江省 4 批共

43 名厅级干部到广东省委党校市厅级干部进修班学习,与广东省干部同调研同学习。2018 年,广州市组织齐齐哈尔市招商人才、科技企业孵化人才、工商系统干部人才培训 450 余人。2017 年以来,黑龙江省充分利用广东省委党校优质教学资源,分 6 批选派 50 名省直部门、市(地)、省属企业省管干部,参加广东省委党校主体班插班学习。组织黑龙江省委党校省管干部进修班、处级干部进修班、青年干部战略培训班、县(市、区)长培训班等 16 个主体班次共 553 人赴广东省开展异地办学和实地考察。先后举办赴广东省推进"一窗四区"建设、提升科技创新能力、提升省属企业领导人员能力等专题培训班,培训 161 人。同时,黑龙江省各市(地)共举办专题培训班 16 个,培训 568 人。

(五)组织开展高层次人才交流合作

2017 年以来,广东省委组织部分两批组织国家和省重点人才工程入选专家、省属国企高管共计 47 名高层次人才,赴黑龙江省开展交流合作暨国情研修活动,取得了良好的效果。2017 年以来,黑龙江省累计选派 1000 余名干部及企业家赴广东省培训学习;组织人工智能、互联网＋、3D 打印等领域的 100 名专业技术人才赴广东省参加继续教育高级研修培训;选派 40 名高职院校的党委书记、院(校)长到东莞职业技术学院、广东省轻工职业技术学院等 6 所优质高职院校学习交流;邀请深圳大学、深圳中鹏创新管理研究院专家参加首届龙江民营经济发展论坛并授课;邀请 18 名广东省高层次专家到黑龙江省开展交流合作和国情研修。

二、下一步工作思路

(一)对接落实好有关干部挂职培训工作

两省进一步加强沟通对接,明确 2019 年干部挂职培训需求计划,做好相关工作方案,并会同有关地方、单位落实好双方 2019 年来粤干部的挂职岗位和培训班次安排,做好服务保障工作。

(二)进一步加强高层次人才交流合作

广东省跟进落实省首批高层次人才赴黑龙江省交流的后续工作,推动合作意向落地见效。按照市场原则"不求所有,但求所用",搭建好两省人才信息共享交流平台，推动黑龙江省重点高校、大型国企的高级专业技术人才来粤交流合作，形成智力对接的常态化机制，促进科研成果、技术力量、专业资源的互通互用。

（三）建立健全长效机制

一是促进挂职培训常态化。依托组织部门建立人才信息共享交流平台，加快研究出台干部选派细则及激励性措施，将挂职成果与干部培养有机结合，提高干部挂职交流的主动性和能动性，建立两省干部挂职交流长效机制。

二是促进挂职培训双向化。加大广东省、地市层面干部赴黑龙江省挂职学习的力度，促进挂职交流双向化，从而更好为对口合作服务。

三是促进挂职培训多元化。两省及地市有关部门结合工作实际，探索开展干部挂职学习新机制，不拘泥于单一方式、渠道，挂职培训多元化。

（撰稿人：唐晓棠　李鹏）

第三部分　地市篇

第一章　广州市与齐齐哈尔市对口合作

广州市协作办公室　齐齐哈尔市与广州市对口合作工作领导小组办公室

党中央、国务院作出开展东北地区和东部地区对口合作的战略部署以来，广州市与齐齐哈尔市坚持以习近平新时代中国特色社会主义思想为指导，深入贯彻落实《中共中央国务院关于建立更加有效的区域协调发展新机制的意见》精神和习近平总书记视察广东省、东北三省、齐齐哈尔市发表的重要讲话精神，按照《国务院关于深入推进实施新一轮东北振兴战略　加快推动东北地区经济企稳向好若干重要举措的意见》（国发〔2016〕62号）和《国务院办公厅关于印发东北地区与东部地区部分省市对口合作工作方案的通知》（国办发〔2017〕22号）等文件要求和广东省与黑龙江省的具体安排，主动作为，多措并举，务实推动，两市对口合作工作取得了明显成效。

一、2018年广州市与齐齐哈尔市对口合作进展情况

（一）理顺体制机制，全力推进对口合作工作

1. 强化组织领导，积极开展对接

为了加快推进广州市与齐齐哈尔市对口合作工作的落实，两市领导积极对接洽谈，研究推进重大合作事项。2018年，两市领导先后7次进行互访交流，广州市长温国辉、常委王世彤、副市长黎明等市领导先后多次会见了齐齐哈尔市长李玉刚、常务副市长李洪国等主要领导及党政代表团。特别是齐齐哈尔市长李玉刚在随同黑龙江省考察团赴广东省参加"解放思想·广东行"活动期间，同广州市长温国辉进行了会面座谈，双方就共建园区、中医药产业合作、装备制造业合作等方面进行了深入交流并达成共识，为对口合作工作指明了方向、提供了遵

循。截至目前，两市先后由农业、商务、科技、旅游、金融等部门带动，组织企业商会共同参加的专门考察团达 25 个，深入两地、相互交流、实地考察。部门间快速对接，加强沟通，加深了解，共开展对接工作 100 多次，召开各领域专项座谈会 50 多次，有效推动两市对口合作工作深入开展。

2. 扎实推进工作，健全体制机制

在 2017 年 11 月两市签订对口合作框架协议的基础上，两市分别成立了由党政主要领导任组长的对口合作工作领导小组，并相应成立办公室，建立联络员制度，全面统筹推进对口合作工作。按照两市共同确定的对口合作方向和领域，两市研究制定了《广州市与齐齐哈尔市对口合作实施意见》，确定了经济、旅游文化、科技创新、人才培养 4 个方面 12 项重点合作内容，建立了日常指导、信息交流、定期会商、督办落实等工作制度。为推动两市 2018 年对口合作工作落实，两市协商制定了《广州市与齐齐哈尔市对口合作 2018 年重点工作计划》，进一步细化两市的具体合作内容和合作运行机制，明确各相关单位 2018 年具体工作任务。目前，两市农业、商务、旅游、金融、科技、工商联等 11 个部门已联合制定部门间对口合作框架协议，已实现部门间对接联系常态化，为持续深入合作打下了牢固基础。两市还建立了对口合作信息沟通交流制度，做好信息互通、资源共享，保持工作信息交流通报畅通，将《广州市与齐齐哈尔市对口合作工作简报》升级为两市对口合作信息交流刊物，搭建起两市工作交流互通平台。

（二）加强产业合作，各领域合作成效显著

两市坚持把农业、旅游、制造业和金融科技产业等产业合作作为对口合作的重点，采取政府引导、市场运作、企业主导的形式，推动两市各领域合作，成效显著。截至目前，广州市与齐齐哈尔市已有食品加工、商贸物流、医疗健康、装备制造、文旅小镇建设、内陆港建设等对口合作产业项目共计 61 个，意向投资额 48.29 亿元，其中亿元以上项目 12 个，实现了市场化合作、优势互补、资源共享的良好开端。

1. 产业园区共建方面

自对口合作工作开展以来，两市领导先后多次围绕园区共建问题进行协商研究，两市不断深化新区、开发区、园区经验交流，探索跨地区产业合作等方面的工作创新。2018 年 9 月，两市就两地对口合作园区共建达成共识，对园区合作体制机制、合作层次、合作模式等进行前期考察研究，再共同提出可行性方案，呈请审定后逐步落实。2018 年，齐齐哈尔市高新区管委会赴广州开发区调研，并与华南新材料产业园、广东省软件园达成运营管理合作意向协议。广州粤旺集团与齐齐哈尔市梅里斯达斡尔族区签订共建农业产业园区的协议，涉及用地 5300

余亩，计划投资额3亿元，该项目经多次对接目前正在规划动工中。

2. 农畜产品产销方面

两市建立农业和绿色食品产销对接关系，强化在粮食精深加工、绿色食品产业发展方面的深度合作，通过展会等形式，大力宣传推介特色农产品。2018年7月，两市粮食部门签订粮食对口合作方案，鼓励两地粮食企业开展产销对接活动。目前，广州侨益物流股份有限公司在齐齐哈尔市设立办事处，建设大宗粮仓储物流项目；番禺粮食储备有限公司与齐齐哈尔市粮食集团签订合作购销代储玉米项目；广州粤旺集团与齐齐哈尔市泰来县签订1万亩东北稻米产销合作意向协议。2018年8月，广州市代表团赴齐齐哈尔市参加中国（齐齐哈尔）绿色食品博览会，在签订多项合作协议的基础上，双方达成共识——今后将经常性派团参加活动。广州市还邀请齐齐哈尔市大型种子生产企业进驻广州市种业小镇，邀请齐齐哈尔市的种子繁育企业和大型种子经销商参加广州市举办的种子展销会。齐齐哈尔市组织对口合作部门及企业170多人组团参加了第26届广州博览会，农业企业现场销售、签订订单协议金额累计达1100多万元。

3. 旅游合作方面

两地互相开发旅游市场，在区域旅游多边合作上互相创造条件、互相支持和帮助。2018年，广州市在齐齐哈尔市举办了2018年"广州过年　花城看花"等旅游推广活动；组织20余家旅行社行业协会、企业及媒体代表赴齐齐哈尔市进行旅游"踩线"活动，签订旅游战略合作协议；支持40万元用于齐齐哈尔市旅游基础服务设施建设；提供2018年广州国际旅游展览会2个免费展位，积极推介齐齐哈尔市旅游资源和产品。齐齐哈尔市在广州召开了"鹤舞雪原·冰雪乐园"冬季旅游推介会，3家旅游企业与广州企业结对提升企业运营水平。广州市旅游咨询服务中心、旅游网等四大线上线下营销平台对齐齐哈尔市全面开放，"广结齐缘"系列旅游产品得到了广州市场的认可和好评。齐齐哈尔市在广州到齐齐哈尔的航班上精准投放宣传产品，推出了《美食美景之旅——到齐齐哈尔看鹤去》《鹤·城·人》等宣传齐齐哈尔市旅游资源的软文。截至目前，根据三大运营商的统计结果估算，广东省到齐齐哈尔市旅游的游客数量已接近7万人，并在快速增长中。

4. 装备制造业合作方面

两市积极利用两地装备制造业差异，发挥各自不同的资源优势，进行装备制造业对接合作，取得明显成效。齐齐哈尔市组织齐重数控、齐二机床、华安厂、北方机器等九家机床和军工企业与广州数控设备有限公司进行合作对接。齐四机床有限公司与广州数控达成合作，运用广州数控的控制系统，进行改造升级。齐重数控拟与广州数控开展合作，对自用机加车床使用广州数控设备进行数字化改

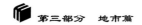

造，双方将在齐齐哈尔市建立智能机床研究院，建立长效化合作平台。

5. 医疗健康合作方面

推动齐齐哈尔市第一医院成为广州南方医科大学非直属附属医院，双方在人才培养、科学研究以及医疗协作等方面深入开展平等互惠合作，打造资源共享平台。两市医疗机构在专科联盟、人员技术交流、医疗技术合作、科研数据交换、管理人员挂职、远程会诊、地方病研究等方面达成20多项合作协议。两市积极开展大健康产业合作，重点推动中医药种植、加工和销售领域合作。广州白云山医药集团、广州采芝林公司等多家广州本地医药企业分别与齐齐哈尔市签订了中草药种植、加工、采购协议。

6. 文化交流方面

两市积极开展文化互访交流，推进项目合作。双方完成了2018年重点文化交流项目协议书确定的3个方面6项具体活动，先后在两地举办了"粤韵风华·情满鹤城"迎新春专场音乐会（地点：齐齐哈尔）、"梁思永与昂昂溪文化"专题展（地点：广州）、"中华家训家风文化展"（地点：齐齐哈尔）、"仙鹤飞翔的地方"摄影展（地点：广州）、"海外遗珍——清代广州外销艺术品展"（地点：齐齐哈尔）、话剧《萧红》（地点：广州）等活动，为两市文化对口合作创造了"开门红"。

7. 科技领域合作方面

2018年3月，两市科技部门签订了《齐齐哈尔市科学技术局　广州市科技创新委员会对口科技合作框架协议》，明确双方在科技领域开展全方位交流合作。在科研平台共建方面，广州市为齐齐哈尔市建设以神经胶质瘤防治为研究重点的临床和科研合作平台，协助齐齐哈尔市提升神经外科领域的诊疗和科研能力，培养和建立人才梯队；在科技园区和孵化器方面，广州市选择风投机构，对齐齐哈尔市成长性好的科技型企业进行融资支持，两市共同推进齐齐哈尔市科技孵化器建设，由齐齐哈尔市组织一批科技企业孵化器到广州培训和考察，重点帮助齐齐哈尔市高新区做好两地园区结对、高新智谷提档升级工作；在产业对接方面，广州市主动收集齐齐哈尔市科技企业技术合作需求和融资需求近80项，通过各种媒介发布相关信息，点对点破解两地科技企业合作信息不通畅的问题。此外，齐齐哈尔市选派了5家企业参加广州创新创业大赛，齐齐哈尔市高新区即将引进广州达安创谷，建立达安创谷大健康产业孵化器。

8. 金融领域合作方面

2018年，广州市组织赴齐齐哈尔市开展了广州金融机构"鹤城行"活动，广州银行、基金、投资、担保、融资租赁、交易所等20余家金融机构赴齐齐哈尔市实地考察，对接企业项目，观摩企业路演，辅导宣介金融产品，确定了产业基金、要素市场、债券融资、企业推介、引进机构、引入险资、农商行合作、风险防控、人才培训九个方面合作内容。广州金融风险监测防控中心、广州交易所集团与齐齐哈尔市签署了合作框架协议，将在金融风险防空、碳排放权交易等方面开展深入合作。广州市上市公司索菲亚家居股份有限公司与齐齐哈尔市华鹤集团有限公司合资在齐齐哈尔市成立了索菲亚华鹤门业有限公司，两地将对推动齐齐哈尔市华鹤集团通过索菲亚上市公司进入资本市场融资开展跟踪服务。

9. 经贸活动往来方面

2018 年，两市积极开展双向招商推介和产业合作考察等经贸活动 20 余场次，推动两市对口合作不断向宽范围、深层次发展。2018 年 3 月，两地在广州共同举办了"花城鹤舞　合作共享"齐齐哈尔—广州对口合作城市推介会，两市政界、商界、社会团体等 400 余人参加，签署 23 个项目合作协议，协议金额超过 10 亿元。各相关部门对"一带一路"发展机遇、健康养老产业、跨境电商发展、企业融资需求等方面也进行了专题推介。目前，齐齐哈尔市广州商会筹备基本完成。

10. 人才交流培训方面

截至目前，齐齐哈尔市第一批 15 名处级干部来穗挂职交流已经圆满结束，正在筹划第二批干部挂职锻炼。为学习广州市科技企业孵化器的先进管理经验和运行模式，齐齐哈尔市已选派县区科技部门和孵化器负责人 5 人到广州市挂职学习。两市工商联建立联合培训青年企业家工作制度，目前已培训齐齐哈尔市 14 名企业家。另有 11 名齐齐哈尔市医疗科研人员赴广州市深造。2018 年，广州市各部门赴齐齐哈尔举办招商人才、科技企业孵化人才、工商系统干部等培训，培训各类人才干部共 450 余人。

11. 对外开放方面

两市积极在交通、贸易等方面强化合作，共同扩大对外开放力度。2018 年 3 月，两地恢复开通齐齐哈尔至广州飞机航线，每周 2 次航班运行，利用广州航空枢纽优势推动齐齐哈尔进一步与国际对接。2018 年 11 月，广州市万菱置业有限公司与齐齐哈尔百花集团签署战略合作协议，拓展百花集团外销渠道，将产销资源有效链接，共推中蒙俄商业金三角的发展。

二、2019 年广州市与齐齐哈尔市对口合作工作计划

2019 年，两市将坚持以习近平新时代中国特色社会主义思想为指导，全面

执行《中共中央国务院关于建立更加有效的区域协调发展新机制的意见》要求，认真贯彻落实两省工作部署安排，进一步加强对对口合作的领导，紧抓产业合作、园区共建、人才交流等重点领域合作，加快实施一批带动性、示范性跨区域合作项目，不断探索创新更加有效的对口合作机制，切实提升两市合作水平和成效。

（一）加强领导，认真落实好两市对口合作协议和实施意见

以国务院拟实施的对口合作工作进展情况评估为指引，对标任务落实、组织领导、干部交流、督促检查、工作创新五大评估指标体系，以点带面深入推进各项工作。两市分别适时召开对口合作领导小组会议，总结阶段性工作情况，研究部署工作，协调各相关职能部门按照两市对口合作协议和实施意见要求抓好落实。

（二）突出重点，积极推进产业园区合作共建

两市共同组织开展产业园区合作共建调研，提出可行性方案送审，确定后抓紧实施。重点推进广州开发区与齐齐哈尔高新开发区对接合作，持续推动广州粤旺集团与齐齐哈尔市梅里斯达斡尔族区农业产业园区项目，争取在2019年上半年内落地动工，成为广州与齐齐哈尔产业园区合作第一个示范园区。协调齐齐哈尔高新技术产业开发区、三间房国际经贸产业园和梅里斯绿色食品特色产业园三大园区与广州市相关产业园区进一步对接，推动前期有合作意向的项目顺利落地。

（三）经贸合作，大力推动产业合作蓬勃发展

重点抓好产业对接合作、科技成果转化合作。根据两市的差异性和互补性，以农特产品加工销售、装备制造、旅游、现代中药、健康养老等领域为重点，积极组织经贸交流活动，适时组织企业对接，热情协助齐齐哈尔市来穗对接考察企业和招商推介，力争达成更多的项目合作协议，推动两市产业合作更上一层楼。

（四）人才交流，大力促进创新发展理念共享

两市组织部门协同实施，发动其他部门配合，继续做好齐齐哈尔市干部来穗交流挂职工作。结合实际，认真开展教育、医疗卫生、招商、旅游和农业科技等方面人才的培训交流。开展专题培训教育，结合齐齐哈尔市经济社会发展实际，围绕发展理念、管理经验、科技成果产业化经验、新区建设经验、金融产业发展经验等专题，选派、组织市直经济部门、县（市）区和国企、民企负责同志，

进行更有针对性的学习培训。

（五）完善机制，两市携手抓好对口合作工作

加强两市对口合作办公室常态化协调联动，及时掌握了解情况、提出工作指导建议、协调推动具体工作落实。进一步细化联络员制度、报送信息制度，提升对口合作工作规范化水平。加大对口合作工作宣传力度，利用简报、网络等平台及时通报宣传进展情况。按照国务院和两省统一部署，结合两市实际，积极摸索和创新两市对口合作的新渠道、新领域、新方法，不断取得两市对口合作新成绩。

（撰稿人：陈俊容 叶少威）

第二章　深圳市与哈尔滨市对口合作

深圳市扶贫协作和合作交流办公室　哈尔滨市发展和改革委员会

一、2018 年对口合作工作情况

深圳市与哈尔滨市全面贯彻落实党的十九大精神和习近平新时代中国特色社会主义思想，深入落实 2018 年 9 月 28 日习近平总书记在沈阳主持召开的深入推进东北振兴座谈会精神，根据国家发展改革委和广东省、黑龙江省统筹部署要求，以优势互补、平等合作为核心，高位部署对口合作工作、加强组织领导，搭建园区合作载体、用好交流交易平台、推动大项目合作，高规格推进挂职交流、推动发展经验互鉴、深化哈深互补合作，初步形成多主体参与、多层次协作、多领域合作的合作热潮，哈深合作迈出坚实步伐。

（一）加强组织领导

两市认真贯彻落实中央和两省对口合作工作部署要求，从落实区域协调发展战略的高度出发，坚持"全市一盘棋"的理念，将哈深对口合作纳入两市市委、市政府重要议事日程，完善两市协调机制，明确机构人员、严格责任落实，为深入推进对口合作工作提供有力支撑。

1. 成立对口合作工作领导小组

两市市委、市政府主要领导多次就哈深对口合作工作作出指示批示，强调做好深圳与哈尔滨对口合作工作，是推进新一轮东北振兴战略深入实施的重要举措，是党中央、国务院交给深圳的一项重要政治任务。要把两市优势紧密结合起来，切实把对口合作实施方案确定的重点任务件件落到实处，不断拓展合作的广度和深度，实现两地更高水平的协同发展、共赢发展。为加强全市对口合作工作统筹指导，两市分别成立对口合作工作领导小组，组长由市长担任，成员分别为市各部门和各区、县（市）政府主要领导，办公室分别设在市经贸信息委、发展改革委，落实有专门机构和人员负责日常工作，建立了统一指挥、部门联动、市区协同、运转有序的工作机制。

2. 加大两地高位协调力度

两市建立了对口合作联席会议机制，2018 年 5 月，两市主要领导召开哈深对口合作第二次联席会议，部署推进产业发展、园区建设、干部交流等重点领域工作。双方市级层面领导累计 9 次带队互访交流，其中，市主要领导互访 2 次，共同研究部署对口合作重点任务。

3. 抓实工作部署和督促检查

《哈尔滨市与深圳市对口合作实施方案（2017～2020 年）》经国家发展改革委批复并印发实施，《哈尔滨市与深圳市对口合作 2018 年工作计划》印发执行。深圳市委书记、市长等主要领导在市委常委会、市政府常务会议上多次听取哈深对口合作工作推进情况，专门听取了哈尔滨（深圳）产业合作园区筹备推进情况。深圳市分管领导 2 次赴哈尔滨调研，召开 10 余次专项工作会议，协调推动两地重大合作项目。哈尔滨市委书记多次召开书记专题会议，听取哈深工作汇报，亲自研究部署园区共建等重大合作事项，市政府主要领导 2 次赴深对接合作，走访企业，倾听诉求和建议，协调解决深圳企业在哈投资遇到的问题。哈深对口合作分别写入两市市委全会报告和市政府 2018 年度工作报告，并纳入市委、市政府督查体系，由市委、市政府督查部门定期督查进展及成效。

（二）对标学习经验做法

聚焦"推进放管服改革、互联网＋政务服务、数据共享、智慧交通、民营经济发展"等方面，两地部门间学习交流 20 余批次，推动一批经验做法互学互鉴。

1. 深化行政管理体制改革

哈尔滨市结合实际制定了《关于开展强区放权改革实施方案》，以推进"强市简政、强区扩权、强街固网"系统工程为主线，以深圳市强区放权事项目录为参照，下放事权合计 175 项；出台《关于优化工业及其他产业用地供应管理的若干意见（试行）》（哈政规〔2018〕15 号），明确鼓励发展的优惠政策、产业项目用地相关政策以及产业项目用地监管办法。

2. 加强国企改革交流

一是 2018 年 5 月 9 日，哈尔滨副市长智大勇率队在深圳市国资委调研，会上详细介绍了深圳市属国资国企基本情况、产业布局、发展特色以及园区发展战略，要求两市国资国企加强交流合作，推动优势互补、共谋发展。

　　二是推动深创投、深圳投控公司、特建发集团和哈尔滨市爱立方孵化器集团有限公司、哈城投等两市国有企业双向互访交流，积极交流改革经验做法，并达成一系列合作共识。例如，哈西集团与深圳中国燃气集团共同出资成立的"黑龙江省中燃电力发展有限公司"已启动首个"天然气冷热电三联动"分布式项目；哈尔滨交通集团与深圳前海宇夏集团合资设立"宏光汽车租赁公司"，利用新能源汽车全面升级替代哈尔滨公交系统车辆，已经正式运营；哈尔滨地铁集团与深圳玉禾田集团物业公司签订了战略合作协议；哈投集团、哈创投集团与深圳恒泰华盛投资集团共同设立 10 亿元创业投资基金，已经完成首期 1 亿元募集。

　　3. 创新政务服务管理方式

　　哈尔滨市松北区学习深圳经验，企业服务中心试点即将投入运行，使企业办事不求人成为现实；深入学习深港科技创新合作区、盐田实施 GEP 生态系统生产总值考核、坪山区"智慧政务＋智慧民生"一体化建设、深圳行政审批制度改革（深圳 90 改革营商环境改革）等，做到深圳经验"带土移植"。平房区全面复制罗湖区经验做法，借鉴罗湖区"双周发布"制度，于 2018 年 4 月 26 日启动"哈南政务主题发布"活动，每两个月一次，每次由两位区相关领导站在全区角度介绍主要工作，在政务公开、问计于民、营商环境、提升政府公信力等方面起到积极作用。同时，全面构建哈南"益·图书馆"，于 2018 年 4 月 27 日举办对外开放启动仪式，实现读者一卡通用，图书文献通借通还。

　　4. 促进民营经济发展

　　哈尔滨市参照《深圳市关于加大营商环境改革力度的若干措施》20 大改革措施，改善民营经济发展环境。

　　一是大幅度精简行政许可事项。截至 2018 年 12 月，哈尔滨市级保留行政许可事项 299 项，减少 80 项，精简 21.1%。

　　二是加快推进"互联网＋政务服务"工作，开通网上办理事项 11133 项，变"群众跑腿"为"数据跑腿"，向社会公布"最多跑一次"事项清单 12528 项。

　　三是推进商事登记制度改革。实现"一窗受理、并行办理、后台流转"流程，率先将全市企业开办时间压缩到 5 个工作日，比国家规定提速 3.5 天。申请成为开展企业名称自主申报试点，符合条件的不再实行企业名称预先核准。特别是借鉴深圳市场和质量监督管理委员会的做法，哈尔滨市探索企业集群登记模式、推进商事制度改革的典型经验做法受到国务院办公厅通报表扬（《国务院办公厅关于对国务院第五次大督查发现的典型经验做法给予表扬的通报》（国办发〔2018〕108 号））。

　　四是坚决查处破坏营商环境的行为。排查出 392 个问题，逐条整改；专项整治不作为乱作为，问责 211 人；通报形式主义和官僚主义、窗口单位突出问题、

"不作为、乱作为"、破坏营商环境等典型案例 57 起。

（三）开展产业项目合作

两地着眼装备制造、新兴产业、农业和绿色产品、生产性服务业、文化旅游等互补性强、合作潜力大的产业，遵循市场化运作原则，采取多种举措加强区域间产业互动交流，推动两市签约的机器人、3D 打印、电子商务、无人机、新能源、现代物流、文化旅游综合体、特色小镇等合作项目 102 个，总投资 1176 亿元，其中已投产运营项目 14 个，在建项目 33 个，已完成投资 133.8 亿元。

1. 推动两地产业融合互通

一是发挥知名展会作用。强化展会促进两地产业发展、技术宣传推广和交流合作功能，深圳市组织 88 家深圳企业参加第二十九届哈洽会、第十八届制博会、第五届新博会和第七届哈科会，支持在第十四届深圳文博会布置哈尔滨展馆，面积 342 平方米，推动两地制造业、新兴产业和文化旅游业等优势领域充分对接。哈尔滨市组织企业参加第十四届中国（深圳）国际文化产业博览交易会、第二十届深圳高交会、第四届深圳国际现代绿色农业博览会，两市积极组织企业参展，签约总额超百亿元。

二是搭建交流和交易平台。联合举办"第二届哈尔滨绿色食品（深圳）博览会""首届东北亚文化艺术博览会暨深哈文化产业战略合作论坛""文化产业专项债券及产业基金对接交流活动"项目预选东北站，"中国优质稻米之乡·五常大米节""中国稻乡·生态五常"走进鹏城产业项目招商推介会等 10 余次交流推介专场，促进两地企业强强联合，特别是充分发挥哈尔滨作为优质稻谷之都的影响力，组织企业参加首届"中国优质稻米之乡·五常大米节"，协助举办"中国稻乡·生态五常"走进鹏城产业项目招商推介会，来自五常的 20 多家农业企业带来了六大类 130 多种优质特色农产品，得到了广大市民和企业的热烈欢迎。此外，哈深合作日渐深入人心，两地协会、商会、企业家 300 余人次开展互访交流。

2. 推动重点领域产业合作

两地紧扣对口合作目标要求，聚焦优势细分领域，通过开展双向交流合作，实现储备一批、签约一批、开工一批、投产一批的项目滚动推进态势。例如，在装备制造业领域，点医科技"医伴宝"医疗机器人、液罐车轻量化运输项目、熔敷机器人生产基地项目等新项目已开工。在农业和绿色农产品领域，五常大米交易中心项目、有机水稻种植项目、秸秆气化清洁能源利用项目等已签约；金新农秸秆综合利用项目、龙凤山泉饮料、腾泰农业科技项目、隆华淀粉作物加工项目等重点项目已完成主体工程建设或开门迎客；五常农产品企业在坪山设立为期

4 个月的销售专柜。两地企业签订农副产品意向协议 55 份，签订供销合同 18 份，实现成交额 3.88 亿元。在新兴产业方面，高热通量石墨烯基散热材料产业化项目、万鑫石墨谷石墨烯应用研发项目等落地。另外，推动丰域烯碳集团、哈尔滨鑫科纳米公司等 5 家企业与深圳龙华区锦绣科学园对接并签订落户协议，支持深圳石墨烯产业发展升级。在生产性服务业方面，深圳市创新投资集团与黑龙江省科技厅共同发起规模为 2 亿元的黑龙江省红土创业投资基金完成注册，约定投资哈尔滨市的资金不低于资金实缴注册资本的 50%。哈尔滨乾龙电商物流信息产业园，华南城东北亚国际酒店宾馆用品产业园、医疗产业园、辅料产业园加快建设，在 2019 年陆续开业运营。在健康、文旅产业方面，宜康旅游及养老度假中心、哈尔滨双品医药物资商城、健康管理体系问检测试剂产业化项目等健康产业项目加紧协议落实，在第十四届文博会期间，"印象·冰城大型冰雪实景演艺"项目等 13 个重点文化产业项目成功签约，签约总额达 105.6 亿元。

3. 发挥大企业大项目引领带动作用

两市将大项目作为支持哈尔滨产业发展和集聚的重要牵引，正威集团、宝能集团、华为公司、顺丰集团、平安集团等一批深圳企业拟在哈尔滨市落户，其中，总投资 200 亿元的正威东北亚总部基地已正式签约；总投资 162 亿元的招商蛇口金融中心项目已开工建设；总投资 16.5 亿元的中国宝安集团哈尔滨万鑫石墨谷项目已部分投产，其中，石墨烯原料生产基地导电浆料达产 1 万吨；哈尔滨华南城物流园累计完成投资 150 亿元，建成面积 210 万平方米，投入运营面积 193 万平方米。

4. 搭建深哈合作信息平台

深哈合作信息平台上线运行，设置资讯中心、经贸合作、在线办事、大数据、智库、概况 6 个栏目，实现平台数据存储、资源共享、交流咨询等功能，为合作企业提供政策、资源、行业发展、产业转移等信息供给侧服务，吸引两地的政府、企业更多参与到对口合作中。

（四）共促科技成果转化

1. 加强科技创新合作

按照加强两地产学研用合作，促进跨区域科研合作和成果转化的目标要求。

一是扶持搭建合作载体。哈尔滨工业大学特种陶瓷研究所参与建设的智合（深圳）新材科技有限公司和"深圳先进材料应用技术研究院"落户龙华区，预计总投资 7 亿元，占地 12000 平方米，聚焦研发新型多功能航天防热新材料、军民两用高性能功能性陶瓷涂层、防弹装甲、陶瓷材料 3D 打印等新材料及技术的应用研究与产业孵化。深圳前海创投孵化器与哈尔滨市南岗区政府签订协议，入驻哈尔滨金融资本创新大厦，打造区域创投中心。中俄联合创新中心深圳中心、中俄联合创新哈尔滨中心相继揭牌启动。深圳天格科技园与俄罗斯仪器制造和信息通讯国际联盟签订了战略合作协议，双方将以中国—俄罗斯联合创新（深圳）中心为平台，建立长期技术转移合作关系。

二是组织开展科技对接交流等活动。成功举办中俄联合创新交流会，中国机械进出口深圳公司、哈尔滨科谷国际采购服务中心和俄罗斯"GEMMA"国际经济合作组织签订了技术及产品贸易合作协议。

2. 开展双创交流合作

2018年3月15日，第十届中国深圳创新创业大赛正式召开，哈尔滨高校分赛区共有201个项目报名，增幅达183.1%。经过激烈角逐，哈尔滨高校赛区12支优秀团队成功晋级深创赛行业决赛，并获得行业决赛二等奖、三等奖各1个。

3. 促进高等院校交流合作

以哈尔滨工业大学深圳研究生院为基础，共建的哈尔滨工业大学深圳校区已完成扩建工程，2018年招收本科生700名。依托哈尔滨工程大学在船舶与海洋工程领域的优势，拟共同筹建哈尔滨工程大学深圳海洋研究院，目前已完成深圳市与哈尔滨工程大学战略合作框架协议签署，《哈尔滨工程大学深圳海洋研究院组建方案》加快推进，依托该学院，将有效支撑深圳全球海洋中心城市建设。深圳大学与哈尔滨市发展改革委共同建立的理论经济学博士后流动站已启动招收首批博士后。

4. 加强高端人才交流

支持黑龙江省以及哈尔滨市参加第十六届中国国际人才交流大会。推动社会力量积极参与哈尔滨发展交流活动，多批次组织各领域专家学者提供智力支持。例如，万科集团在哈尔滨成功举办"城市美好生活场景师"分论坛。深圳中芬设计园联合哈尔滨方面举办2018年黑龙江省工业设计论坛，召集设计及科技领域的领军人物就设计与制造业共生长主题进行头脑风暴，500余名人员参加论坛。深圳市工业设计行业协会联合哈尔滨工信委联合举办工业设计专题培训，各区县（市）工信部门负责同志，重点产业的企业代表、重点企业技术中心负责人等170余人参加了培训。

（五）合作共建园区和平台载体

1. 进一步深化多层级合作

在市区两级合作方面，新增签署贸促、法制部门间战略合作协议，各级各部门累计签署以《哈尔滨市与深圳市对口合作框架协议》为龙头的16份战略合作协议，两地 7 个区（市）建立战略合作关系，结合各自优势创新合作形式，深入推进对口合作。在功能区对接方面，哈尔滨市香坊区区长赵罡同志挂职前海管理局副局长，畅通广东省自贸区前海蛇口片区与哈尔滨方面的对接交流渠道。哈尔滨方面多批次赴广安（深圳）产业园等深圳异地产业园对接交流，借鉴园区规划和建设管理经验。此外，2018 年 5 月 17 日，经深圳市民政局批准，由哈尔滨籍人士在深圳投资举办的企业发起成立了深圳市哈尔滨商会，搭建起两地企业的合作桥梁。

2. 推动园区合作共建

发挥深圳国企建园先进经验，两市确定深圳特建发集团、哈尔滨水务投资集团有限公司为园区合作主体，哈尔滨市发展改革委、松北区、哈尔滨水务投资集团有限公司等多轮开展对接，深圳特建发集团 4 次组织专业团队赴哈尔滨市实地考察，深入研究园区合作模式、选址、投资等重点合作事项，两市国企按照"政府引导、市场运作"的原则，签署了战略合作意向书，共同推进园区规划建设。哈尔滨松北（深圳龙岗）科技创新产业园揭牌成立，深圳区属国企——龙岗区产服集团与哈尔滨方面联合组建的 9 人运营管理团队进驻园区，园区合作运营面积 8.9 万平方米，支持导入深圳园区先进运营发展理念和模式，创新开设园区深圳窗口，实现跨区域办理企业注册服务，目前已引进 18 家科技型企业。

（六）深化干部人才、社会事业等多领域合作

1. 加强干部人才交流

一是精心做好干部双向挂职安排。把干部交流作为促进观念互鉴、经验共享，激发哈尔滨发展内力和活力的牛鼻子，哈尔滨市先后派出 2 批次 20 名市管部门和区县领导到深圳挂职，局级以上干部占比 90%，其中，第一批 12 名已于 2018 年 4 月完成挂职任务，第二批 8 名挂职干部分别安排在深圳市各区和市直相关单位挂任副职，直接分管相关领域工作。另外，深圳市选派 8 名干部分 2 批次赴哈尔滨挂职交流。同时，市直各有关单位、各区也按照战略合作结对关系积极开展挂职交流。例如，哈尔滨市香坊区、宾县等 21 名副处级以上干部到龙华区挂职锻炼，龙华区选派 1 名干部赴宾县交流。五常市 15 人次干部到坪山区挂职。方正县 1 名主要领导赴罗湖区挂职交流，罗湖区选派 1 名处级干部到平房区挂职锻炼。龙岗区选派 3 名国企管理人员支持松北区园区发展。

二是组织干部学习培训。依托市委党校、西南政法大学、哈尔滨工业大学，联合开设进修班，以研讨学习、专题调研等方式进行各类培训活动 6 次，哈尔滨市各区、县（市）和市直部门共组织 600 余名干部赴深圳参加各类座谈、会议、调研、考察和学习交流。40 多名深圳罗湖企业家到哈尔滨，参加了在哈尔滨工业大学举行的罗湖区非公有制经济人士综合素质提升培训班。

2. 加强互补领域合作

加强两地各领域互推互介，相关部门、行业协会、专业机构互访交流 40 余批次，推动了一批合作事项落地。

一是文化领域。在深圳开展了"亲情中华"文化交流活动；哈尔滨交响乐团赴深圳演出；联合举办了美术书法作品展；举办了"深哈同台共奏改革开放新乐章"专场音乐会；共同搭建"数字中国"数字艺术作品展。

二是旅游领域。2018 年冬季深圳市民凭二代身份证可在哈尔滨冰雪大世界等 6 家冰雪景区享受与本地居民同等优惠。

三是教育领域。深圳市广播电视大学与哈尔滨广播电视大学签署了《深圳哈尔滨广播电视大学东西协作行动计划落实》协议书，相互开放两地终身学习平台，利用腾讯云平台，在深圳电大演播室面向哈尔滨电大残疾人教学点进行了实时直播的尝试。

四是卫生领域。哈尔滨市印发《哈尔滨市公立医疗机构药品跨区域集团采购改革试点实施方案》，探索建立哈尔滨与深圳两市公立医疗机构药品跨区域联合带量采购新模式，减轻群众用药负担。光明新区医疗集团引进了黑龙江省中医药大学龙江韩氏妇科名医团队，并建立了传承工作室，韩氏妇科专家韩延华教授、韩延博教授和李英全教授每月来深坐诊 2 次，至今共诊疗患者 5000 余人。

五是交通物流领域。哈尔滨市政府与深圳航空公司已签署战略合作框架及补充协议，深圳航空公司已开始着手进行分公司的选址工作。深圳至哈尔滨航线共有 5 家航空公司运营，每天合计出港 12 班。

六是机关党建领域。创新以文化促党建的方式，联合举行的大型廉政话剧《不忘初心》在深圳交流演出 3 场次，累计 3000 多名党员干部在演出现场随剧中人物一起重温了入党誓言。

（七）营造哈深合作良好氛围

深圳报业集团、深圳广电集团加大报道力度，围绕加强文化交流、展示哈深合作成果等，推出专题专栏、系列报道、访谈。2018 年，深圳报业集团旗下各新闻单位共刊登相关稿件 100 余篇；广电集团旗下各频道共播发相关报道 30 多条，总时长约 80 分钟，为哈深合作营造了良好的舆论氛围。

1. 组织记者赴哈尔滨专访，感受哈深改革发展活力

2018 年 8 月 13 ~ 18 日，深圳市委宣传部会同深圳新闻工作者协会组织、深圳媒体（包括深圳特区报、深圳商报、都市频道、新闻频率等各主流媒体）赴哈尔滨专题采访，围绕哈尔滨新区发展、哈尔滨乡村振兴战略、市属重点大型国

有企业发展、城市管理、智慧城市建设等问题进行了深入访谈。集中刊发稿件32 篇，形成《哈市干部赴深挂职，播下振兴的"火种"》《深企北上，为哈尔滨创新发展注入活力》《看深哈合作　优势互补助力产业创新》《缔结友好城区　实现两市多方合作》等一系列高质量专题报道。

2. 发挥网络平台优势，提升哈深对口合作宣传影响力

截至目前，深圳发布厅、深圳新闻网等网络媒体围绕哈深对口合作共发稿文图 103 篇（条），总点击量逾 430 万人次。其中，深圳发布厅在新浪微博上开设哈深合作专栏，在深圳微博发布厅、深圳发布平台和深圳新闻网首页分别推出《哈深两市召开对口合作联席会议》《共创新业态　迈进新时代　哈深文化产业战略合作论坛举行》《哈尔滨在文博会设馆展示深哈对口合作工作成果》等重点信息，并及时整合转发央媒、深圳报业集团《深哈合作孵化未来》《"半个深圳人"眼中的深哈合作》等报道，引起市民网友广泛关注。

3. 全方位深层次开展哈深联合宣传，成效显著

2018 年 5 月 12 日，哈尔滨日报报业集团与深圳报业集团签订战略合作协议，共同制定了近期、中期和远期合作报道计划，同时启动"新时代　新合作　新征程"庆祝改革开放 40 周年深哈合作大型全媒体联合采访行动。此外，两家报业集团共同举办"冰城·鹏城万里行"深哈合作大型全媒体联合采访、"问道深圳·寻机冰城"深哈合作发展论坛、"深商龙江行"投资对接会、"一带一路"跨国联合考察采访等一系列联合宣传活动，取得了较好成效。

二、2019 年工作思路

两市将认真落实 2018 年 9 月 28 日习近平总书记在沈阳主持召开的深入推进东北振兴座谈会精神，深入贯彻国家发展改革委和广东省、黑龙江省对口合作工作决策部署，以更务实的措施、更大的力度，推动两地更高质量合作，促进两地在合作中相互借鉴，共谋发展。

（一）加快推进一批重点合作项目落地

按照"优势互补、合作共赢"原则，重点加强航空航天、新材料、新能源等先进制造业合作，加快推进万鑫石墨谷等一批重点项目建设。

（二）共建深哈产业合作园

按照"政府引导、市场运作、企业主体、合作共赢"原则，由深圳市属国

企特建发集团与哈尔滨水投集团合作建设深哈产业合作园。在此基础上，将此园区作为主导园区，通过创新优化园区的服务体制和运作模式，辐射带动哈尔滨松北（深圳龙岗）科技创新产业园、华南城物流园等园区建设。

（三）拓展科技、高教领域合作空间

引导黑龙江省红土创业投资基金投资一批产业项目。与此同时，两地将重点探索共建新型研发机构、产业技术联盟、技术转移平台等，推动科研成果加速产业化。

（四）加强两地现代农业合作

哈尔滨的现代农业比较发达，农产品品质很高，与深圳的市场互补性强。积极探索合作推动生物农业发展，推进两地特色农产品合作，共同建立稳定的粮源基地和加工基地。

（五）积极搭建经贸合作交流平台

继续支持两市企业互相参加各类展会，包括高交会、文博会、哈尔滨国际装备制造业博览会等，共同举办哈深对口合作经贸洽谈推介会等系列活动。继续办好中国深圳创新创业大赛哈尔滨分赛区，推动更多优质项目落地。

（六）深入开展干部挂职交流和系统培训

做好双方互派干部挂职工作，采取谈心谈话、座谈交流等形式关心干部工作生活情况，提供良好条件，协调好哈尔滨干部来深圳参加培训学习交流。根据两地干部培训需求，聚焦行政管理体制改革、民营经济发展、对内对外开放等方面，研究运用多种培训方式方法，完善课程内容体系，强化新知识学习培训，增强培训的系统性、有效性和针对性，不断提升两地干部适应新时代、贯彻新发展理念的素质能力。

（七）持续做好哈深合作新闻宣传

继续组织深圳市主流媒体记者赴哈尔滨开展集体专访，全方位反映两地在经济、科技、文化等领域的交流合作举措及成效，并做好哈尔滨市在深圳市举办各类推介活动的宣传报道工作。另外，加强哈深合作的网络宣传报道，进一步扩大哈深合作信息覆盖面，提高新闻宣传影响力。

（撰稿人：陆东　邹文　舒杨　何庆龙）

第三章 珠海市与黑河市对口合作

珠海市发展和改革局　黑河市经济合作促进局

2018 年，珠海市与黑河市对口合作工作以习近平新时代中国特色社会主义思想为指导，深入贯彻落实党的十九大精神和习近平总书记重要讲话精神，在两省省委、省政府的正确领导下，在两省发改委的大力支持和通力合作下，按照珠海市与黑河市市委、市政府的决策部署，通过市场化合作有力促进珠海市与黑河市要素合理流动、资源共享、经贸往来，积极开展干部交流培训。

一、工作情况

珠海市和黑河市市委、市政府将对口合作工作纳入重要议事日程，精心组织、主动作为，积极探索、力求实效。两市在相关方面深入开展互访交流、项目洽谈、企业考察等活动，对口合作取得了良好成效。

（一）坚持顶层设计，全力推动对口合作工作开展

两市市委市政府高度重视，多次召开市委常委会、市政府常务会专题研究部署对口合作工作。尤其是 2018 年 3 月，珠海市委书记郭永航同志就任后，多次就对口合作工作做出指示，强调东北地区与东部部分省市建立对口合作机制，是以习近平同志为核心的党中央为实施东北振兴战略作出的重大战略部署，对推进跨区域合作、促进区域协调发展意义重大，是省委、省政府交给珠海的重大政治任务，珠海市与黑河市同属边境开放城市，合作空间广阔，充分发挥各自特点与优势，共同培育利益共享的产业价值链和经济体，实现优势互补、合作共赢。2018 年 6 月中旬，黑河市委书记秦恩亭专程率团到珠海市推进对口交流合作事宜，珠海市委书记郭永航，市委副书记、市长姚奕生分别与秦恩亭进行了工作会

谈，双方围绕进一步完善对口合作机制，深化两市经贸往来、合作交流等事宜进行了座谈交流。在具体合作事项方面，两市就开设珠海—黑河交通航线、两市旅游产业融合发展、为企业搭建经贸合作平台、发展飞地园区、中医药作物种植业等多项重点工作、重大项目达成一致意见。珠海市委副书记、市长姚奕生在市政府常务会议上强调，要按照省委、省政府工作部署要求，积极谋划和推进与黑河市的对口合作，进一步加强对接交流，把各自重点与优势充分发挥出来，实现优势互补、合作共赢。要加强装备制造、科技创新、旅游会展等重点领域对口合作，积极搭建更广泛的合作平台，加强两市干部人才交流力度，推动与黑河市对口合作取得实效。黑河市委副书记、市长马里与珠海市长姚奕生就加强两地对口合作工作、加快重点项目推进进行了专题会谈，确定了按照政府引导、市场运作、企业主体、互利共赢的原则，推进农业、旅游、金融等各领域合作。

根据两省实施方案提出的目标任务，经两市政府同意，两市于 2018 年 7 月 23 日联合印发了《黑河市与珠海市对口合作工作实施方案》、2018 年上半年下发了《黑河市与珠海市对口合作工作三年行动计划》和《2018 年对口合作工作要点》，明确了对口合作的方向和任务。按照方案要求，两市分别成立了由珠海市长姚奕生、黑河市长马里担任组长的对口合作工作领导小组，为对口合作的顺利开展提供了有效的组织保障。珠海市委常委、常务副市长王庆利和副市长刘嘉文等领导先后率团赴黑河市开展对口合作考察活动，与黑河市党政主要领导进行会谈，召开了两市对口合作座谈会，推进农业、旅游、金融等各领域合作。黑河市委常委、常务副市长孙恒义率团赴珠海就开通两市直飞航线、共建中草药园区、利用会展平台宣传推介黑河等事宜与珠海市政府进行了深入对接。黑河市人大、市政协、市委宣传部等部门分别赴珠海与珠海市对口部门进行对接，就加强立法、宣传等工作达成共识。

开展对口合作以来，双方市级领导带队互访对接 12 次，其中珠海 4 次、黑河 8 次，两地通过加强顶层设计，为深化合作奠定了坚实基础。两市所辖的区（市、县、功能区）也积极结对子，珠海市各行政区（功能区）分别与黑河市各区县（经济区）相继确定对口合作关系，签订对口合作框架协议。到目前为止，两地市区部门间共开展互访对接 21 次，其中黑河 12 次、珠海 9 次，形成了全方位、多层次的对接合作关系。

（二）加强改革经验交流，促进观念转变和体制机制创新

1. 加强干部挂职交流和跟班学习

两地组织部门建立干部交流机制，促进两地干部交流互动、经验互鉴，实现两地干部在不同的工作环境中得到锻炼提高。2018 年，黑河市共派出 39 名干部到珠海市直部门、行政区（功能区）相关部门岗位挂职锻炼或跟班学习，其中副厅级1名、副处级20名、科级18名。黑河市共选派35名干部到珠海委党校、中山大学分校培训学习。同时，珠海结合开展的中青年干部"三同计划"（与基层群众同吃、同住、同劳动），组织18名干部赴黑河市五大连池市朝阳乡边河村、梁家村参加为期15天的实践锻炼。双方通过学习、考察、实践、交流，学到了经验、开阔了视野、得到了锻炼、促进了合作；黑河干部通过到珠海挂职，返回岗位后给当地带来了新的理念、经验、精神，成为了两地合作的使者。

2. 加强体制机制改革经验交流

两市不断加强在转变政府职能、降低制度性交易成本等方面的经验交流。黑河市发改委组织认真学习珠海市发改局在投融资体制、重点项目建设和现代产业发展等方面经验，现正着手进行黑河市审批制度改革，提高投资便利化，促进重点产业发育。珠海市工商局与黑河市场监管局在异地办照和商事制度改革方面进行了探讨交流，为双方投资企业更好服务提供了借鉴经验。黑河市经合局在学习珠海市投资优惠政策方面的先进经验后，结合黑河实际起草了《黑河市促进对外开放合作若干政策（试行）》，已于2018年5月22日以市政府文件正式发布试行。

3. 促进民营经济创新发展新动力

加快完善黑河市民营经济发展的政策环境、市场环境、金融环境、创新环境、人才环境和法制环境，加快构建亲清新型政商关系，加强两市民营企业间的交流合作，并使之常态化、制度化。

一是黑河市工商联与珠海市工商联建立良好互动关系。

二是引导珠海民营企业积极参与"一带一路"与中蒙俄经济走廊建设。

三是组织推动两地民营企业、商会协会"黑河行""珠海行"经贸交流活动。

四是引导珠海市民营企业参与推动两市企业建立农业和绿色食品精深加工和营销方面合作。

五是珠海工商联于2018年7月，出资约20万元为当地50家民营企业进行业务培训，开办针对小微企业发展而设置的IYB（改善你的企业）培训班，增强小微企业抗风险能力。2018年8月，珠海黑龙江商会组织"一路向北"活动，赴黑河就矿泉水开发、绿色食品销售、旅游康养、对俄贸易等领域进行洽谈合作。

（三）开展重点领域合作，加快形成合作成果

两市建立对口合作关系以来，深入分析研究资源禀赋、产业基础、互补空间和市场前景，围绕农业、商务、科技、旅游、中医药等产业发展，谋求务实合作，力争互惠共赢。

1. 农业合作方面

两市部分合作意向已取得阶段性成果：

一是促进农业龙头企业精准对接。珠海农产品流通协会、珠海羽人农业航空有限公司、珠海粤琪食品有限公司等6家企业（协会）与黑河市的6家企业（合作社）签订合作意向。其中，签订农产品购销意向4项，涉及金额1.5亿元；签订合作服务意向2项。例如：珠海粤琪食品有限公司向黑河市相关企业购买10000吨大豆，交易金额近4000万元，以后还将加大采购数量；该公司与五大连池市隆达豆制品公司达成了委托加工豆皮的合作协议，正在设计产品包装。

二是重点打造农业四大平台。包括农产品展销平台、农业新技术交流应用推广平台、优良新品种研发推广应用平台、农业园区合作平台。

三是首个种植项目落地黑河。2018年10月，珠海花之俏苗木公司与黑河辰兴商控共同出资在黑河注册成立了黑河海河之恋生物科技有限公司，在黑河种植兰花，出口俄罗斯，投资规模2亿元，主要是通过黑河口岸将该公司主打产品蝴蝶兰出口俄罗斯，该项目是两市对口合作以来珠海首个在黑河落地的项目；珠海文德兰农业科技有限公司就热带兰花催化基地在黑河中俄林业科技合作园区进行考察调研，黑河林业部门正在积极对接。

四是办好农业四项活动。包括合作举办珠海与黑河农产品展销会；开拓一条黑河农产品供港澳销售渠道；进行一系列南北优良品种互种实验，争取实现"南果北种""南苗北植"或"北果南种""北苗南植"；合作举办一次农业科学研究成果交流会。

2. 教育合作方面

为两市教育搭建交流平台，共同推进教育与就业深度融合。2018年8月，珠海高栏港区公开招聘小学教师，两市对口合作牵头部门得知信息后，通过与珠海高栏港经济区密切沟通协作，促成高栏港经济区与黑河学院双方达成人才合作意向，即在2018年开学季之前，在黑河学院毕业生中遴选小学临聘教师。在黑河学院和相关教育部门积极配合下，2018年8月底，经过高栏港区教育部门视频面试，最终确定一批毕业生到珠海工作，分别在珠海市平沙镇华丰小学、珠海市平沙镇中心小学上岗授课。此举首开两地教育领域交流合作的先河，对拓宽黑河市毕业生就业渠道、加强两地人才交流合作有着重要的意义。2018年12月11日，两市教育局在珠海召开教育工作对口合作交流座谈会并举行《对口合作会谈备忘录》签订仪式，标志着珠海与黑河的教育对口合作全面展开，进入实质性推进

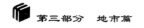

阶段。

3. 粮食合作方面

两市粮食部门及相关企业积极对接，探索进一步合作的方式和路径。2018年1月25日，黑龙江省和广东省粮食局在哈尔滨举行2018年龙粤粮食产业合作洽谈会暨签约仪式。会议期间，珠海市储备粮管理中心与黑河市粮食局就两市各自的粮食产销优势、产销特色、优惠政策等相关情况进行了交流，对找准两地粮食产业合作的切入点，以市场运作为机制，突出企业的主体作用，务实推进粮食产销对口合作等事宜进行了初步探讨。另外，为响应国家"北粮南运"战略和推动黑龙江省好粮油进珠海，珠海市粮食集团有限公司与黑龙江省五米常香农业科技发展有限公司签订了优质大米购销《意向合作协议书》，为进一步拓展和深化黑龙江省优质大米与珠海消费市场有效对接，达成产销优势互补、合作共赢的局面奠定了良好基础。珠海市粮食集团下属企业粮食储备公司与黑河辰兴商控签订了仓库租赁协议，将九洲粮库部分仓库租赁给该公司做物流中转使用，解决其物流仓储难题。

4. 商务合作方面

两市不断强化经贸合作，抢抓机遇，开展对俄经贸、粤港澳大湾区建设合作，共同拓展俄罗斯及东北亚市场。2018年5月中旬，珠海商务局组织免税集团、珠海亿商宝库跨境电商有限公司等10余家国有、中小民营企业和各区商务部门及商（协）会组成珠海经贸代表团赴黑河市，参加"2018中俄边境城市展览会暨黑河市大黑河岛国际经贸洽谈会"。两市商务部门正筹划在大黑河市黑河岛国际商贸城建立珠海及珠三角产品展示交易中心，利用"互联网＋外贸"的跨境电商B2B模式，实现线上沟通交易及线下产品体验，搭建黑河、珠海乃至粤港澳大湾区多方经贸合作平台，共同推进粤港澳及俄罗斯互联互通，助力企业开拓"一带一路"国际市场。还计划打造珠海知名品牌商品线上线下一体化购物平台，"珠海知名品牌商品体验馆项目"实施方案已论证完成，由珠海市进出口商会和黑河市中小企业协会具体负责实施，珠海市商务局为此项目争取了80万元的资金支持，项目进入了具体实施阶段。

2018年11月6~11日，第十二届中国国际航空航天博览会在珠海成功举行，珠海会展局在本届航展馆免费提供一个30平方米室内展位（价值11.1万元）和一个经营展位（价值15万元），供黑河市宣传展示城市形象和销售特产，达到了宣传黑河、提高黑河城市影响力的预期效果。2018年12月中旬，珠海横琴新区与黑河市五大连池在珠海举行对口合作招商引资项目推介会。此次推介会有16个省的商会和60余家企业负责人共140余人参加，会上敲定了五大连池市矿泉产品、特绿色农产品种植加工、休闲旅游、康疗养生、养老、农产品电商平台、新能源汽车试车、航空培训等细分行业领域 27 个大类合作项目，近期各企业将赴五大连池市进行实地考察、项目落地签约。

5. 科技合作方面

一是组织珠海民营企业代表赴黑河考察调研。2018 年 5 月下旬，珠海市科工信局组织 7 家与黑河相关产业联系密切的企业、商（协）会等单位赴黑河考察调研，并与当地多家农业、装备制造、医疗、旅游企业进行座谈，探索开展相关项目合作交流。

二是黑河市工信委组织中小企业赴珠海接洽。2018 年 11 月下旬，黑河市工信委副调研员邱学红及有关人员赴珠海调研中小企业公共服务平台建设、金融服务等有关工作，双方围绕中小企业信息化公共服务体系建设及中小微企业融资担保体系等问题进行了座谈交流，就合作建设互联网政务信息服务平台进行了初步沟通。

三是组织黑河市企业家参加民营企业家培训班。2018 年 12 月中旬，珠海在深圳大学组织开展珠海市民营中小企业粤港澳大湾区创新驱动发展培训班，黑河市派出 2 名当地企业高管全程参加培训。

6. 产业合作方面

一是物流电商项目。珠海汇华基础设施投资有限公司作为出资主体，以货币出资形式，计划投资 600 万元与黑河边境经济合作区全资国企黑河龙合投资管理有限公司在黑河边境经济合作区注册设立合资公司，开展仓储物流和跨境电商等业务，协助黑河边境经济合作区发展项目孵化和物流平台。同时，两市为有在俄罗斯投资意向的企业共同开展俄罗斯全境配送业务，吸引更多的跨境电商上下游企业进驻，为跨境电商企业开拓国际市场提供综合性配套服务。

二是海外仓、边境仓项目。珠海高栏港区与黑河边境经济合作区签订了《跨境电商布市海外仓、黑河边境仓智能化建设项目合作协议》，支持对方培育中俄双向流动的跨境电子商务综合平台，建设边境仓、海外仓项目，为电商企业提供全方位、智能化服务，全力打造跨境物流大通道，完善中俄黑河市—布拉戈维申斯克市通道，为延伸电商新业态产业链、提升价值链、构建全产业链提供新方案，预计项目建成后海外仓年交易量达到 3 亿元，边境仓达到 2 亿元。

三是中俄边境索道项目。2015 年，中俄两国政府签订了《中华人民共和国与俄罗斯联邦政府关于在中俄边境黑河市（中国）与布拉戈维申斯克市（俄罗斯）之间建设、使用、管理和维护黑龙江省（阿穆尔河）索道的协定》，明确了两国政府将在黑龙江省（阿穆尔河）上建设索道项目。中方黑河口岸索道建设项目的承建单位为金龙港公司，俄方布拉戈维申斯克口岸索道建设项目的承建单位为 Zed Development 公司。中俄两方的联检大楼内都设有免税商业，于 2019 年春季同时开工建设。2018年5月，珠海免税集团已与金龙港公司签订了合作框架协议，计划在黑河市成立合资公司，共同运营黑河索道出入境免税店项目，并将遵照协议精神逐步推进该项目的顺利实施。目前，珠海免税集团在积极推进黑河市大桥口岸免税店的报批工作，争取2019年能够获得国家的批复，稳步推进该项目的落地工作。

四是特色商品店体验馆项目。2017年底，珠海市农控集团与黑河辰兴集团合作的"俄罗斯黑河特色商品体验馆"在珠海星园市场正式落地营业，成为黑龙江省与广东省对口合作首个落地项目。2018年初，黑河辰兴集团与珠海免税集团再次合作，在汇优城开设第二家"俄罗斯黑河特色商品体验馆"。

7. 金融合作方面

珠海市国资委与黑河市财政局在国有企业合作方面达成共识，将在国资国企合作、金融工作等方面进行深入交流。黑河市国投公司与珠海金融投资控股集团签订了战略合作框架协议，将在设立金融机构、产业基金、并购基金等方面开展合作。

8. 交通航线合作方面

黑河市位于黑龙江省东北部，珠海至黑河交通十分不便。双方认为开通航线有利于两地合作，促进人流、物流、资金流往来，对深化沿海特区与工业老区在产业、经贸、口岸、旅游、人才等方面的对口合作具有重大意义。2018年11月，经过近半年的磋商，双方签订了开通珠海至黑河交通航线的合作协议。

一是由南方航空珠海公司具体负责该项工作，负责与民航主管部门沟通协调航线时刻等问题，做好内部航班运力调整，2019年春节前开通珠海经停郑州至黑河市机场的航线。

二是鉴于该航线的预估客流量不足、市场培育仍需一定时间，同意采取保底补贴的方式，并按珠海、黑河2∶1的资金分摊方案对珠海—郑州—黑河的整段航线进行实亏实补。

9. 旅游、文化和健康产业合作方面

两市旅游主管部门就推动互为旅游客源地、目的地达成共识，就建立旅游合作联盟签订了战略合作框架协议。

一是组织旅游企业前往黑河举办珠海旅游推介会。2018年1月初，珠海积极响应省旅游局号召，组织业界代表参加了第34届中国哈尔滨国际冰雪节和"寒来暑往 南来北往"旅游季广东（黑龙江）冬季旅游推介会。会后，珠海即组织横琴、斗门、金湾、万山区等区旅游部门及19家珠海市重点旅游企业和市旅行社行业协会远赴黑龙江省黑河市，举办"悦享暖冬，浪漫珠海"2018珠海（黑河）旅游推介会，为今后推出相应的旅游线路打下良好的基础。

二是成功举办 2018 年中国旅游日珠海黑河旅游推介活动。2018 年 5 月中旬，在广东省旅游局的指导下，由珠海文体旅游局和黑河市旅游委、珠海市旅游发展中心主办"2018 年中国旅游日·珠海黑河旅游推介"活动，2C 余家旅行企业和新闻媒体等出席推介会。黑河市旅游发展委员会向珠海市民推介了包括黑河、五大连池、俄罗斯布拉戈维申斯克市在内的旅游产品，来自珠海的横琴长隆国际度假区、珠海九洲控股集团产品、广东省拱北口岸中国旅行社、海泉湾度假区等企业也分别上台推介珠海的特色旅游产品及线路。

三是航展期间以"对口合作—海河之恋—携手发展—互惠共赢"为主题，搭建特装展区，积极开展两地旅游宣传活动。2018 年 11 月 6～11 日，第十二届中国国际航空航天博览会（珠海航展）在珠海国际航展中心举办。航展期间，珠海和黑河共设展区，通过现场发放两地旅游宣传册、旅游纪念品，通过俄罗斯歌舞表演、旅游吉祥物"嘿嘿熊"互动、视频宣传片、招商洽谈等宣传两地旅游产品，吸引众多参展人员、观众驻足。此次宣传活动，让广大游客进一步了解了黑河旅贸产业，熟悉了"不一样的黑河冬天"冰雪旅游，构筑了黑河与珠海及其他城市、地区、国家贸易洽谈平台、招商引资平台和相互交流平台，促进黑河与珠海对口合作向更高领域、更深层次发展。

四是东北专列增加黑河线路。根据珠海市旅行社行业协会统计，2017 年至今，通过旅行社组织前往黑河的游客约 300 人（次）；2018 年 6 月，珠海市华美达旅行社发往东北的旅游专列，新增五大连池、黑河、俄罗斯布拉戈维申斯克市旅游线路。

（四）推进共建产业园区，探索创新合作思路

两市不断深化园区交流合作，探索合作共建示范园区模式。

一是两市初步达成共识，利用黑河市农产品、中草药资源优势和黑河口岸中草药进口的政策优势打造"生物制药和农产品深加工专业园区"，发展中草药种植及建设中药产业园区，共同引入企业，推进中草药种植、加工项目和集散服务平台建设。

二是两地就共建"珠三角产业园区"达成共识，拟推动珠海市有实力的园区在黑河黑龙江大桥桥头区设立珠三角（珠海）对口合作示范园区，吸引电子信息、生物医药、装备制造、绿色食品加工等优势产业集聚。

三是利用黑河边合区五秀山俄电加工区低廉电价优势，发展高载能项目，采取置换园区建设用地的模式，拓展现有园区规模，提升"俄电加工区"基础设施水平，共同开展招商工作，研究收益分配机制，共建两地产业项目合作"飞地

园区"，或利用黑河天然气价格低廉的优势，结合珠海石化产业优势，探索两地利用俄气发展石化产业，承接珠海化工产业项目转移。

二、2019 年工作目标和思路

按照《黑河市与珠海市对口合作实施方案》确定的工作任务，一项一项对接，一件一件落实，推动对口合作工作取得实实在在的成效。

（一）完善对口合作工作机制

充分发挥对口合作工作领导小组职能作用，定期召开工作会议，围绕国家、省有关工作部署，研究推进对口合作重要事项，督促辖区（功能区）、有关部门建立高效顺畅的信息联系，加强情况沟通和信息共享。建立地方党委政府年度互访机制，定期开展会商，通报各项对口合作措施推进落实情况，协调解决面临的困难和问题。

（二）推动重点领域实现突破

深化人才交流合作，持续开展两地干部挂职锻炼和干部培训活动。对双方已达成共识的共建产业园区、中俄边境索道、旅游康养、开通航线、中草药种植加工等合作项目，争取早日落地开工。加快黑河—珠海农产品食品类仓储物流分拨中心建设进度，启动黑河—珠海农副产品加工园区项目落地前期工作，力争2019年项目开工建设。助力黑河市在珠三角新建特色商品体验馆，探索开展物流、冷链合作，打通黑河至粤港澳地区农产品快速运送通道。

（三）加强经贸商务交流合作

两市联合组织对口合作经贸交流、项目对接活动，支持、引导两市商会、行业协会组织两地企业"珠海行""黑河行"等多种形式的考察交流活动，加强黑河企业对接交流，推动合作项目落地。组织两市相关单位及企业参加第六届中俄博览会、中俄边境城市展览会、中拉博览会、粤港经济技术贸易合作交流会、21世纪海上丝绸之路国际博览会等展会活动。

（四）加强对口合作的督查评估

2019 年，珠海要建立督查评估机制，制定督查方案，形成科学的评估体系，结合两省关于对口合作工作三年行动方案和两市方案确定的目标任务，分年制定工作计划，定期开展督查评估，发现问题，及时解决，推动工作，切实把对口合作工作抓实、抓出成效。

（撰稿人：李锦镇　白宇涛）

第四章　汕头市与鹤岗市对口合作

汕头市发展和改革局　鹤岗市发展和改革委员会

一、两市对口合作进展情况

（一）开展对口合作的优势

　　汕头市是国家经济特区、海上丝绸之路重要门户，粤东中心城市，现辖六区一县，总面积2198.7平方千米，常住人口558万人。2018年4月，习近平总书记在海南建省办特区30周年庆祝大会上发表了重要讲话，充分肯定了经济特区建设的历史功绩，赋予经济特区新的战略定位和历史使命。2018年10月，习近平总书记考察广东省时提出加快珠海、汕头两个经济特区发展，把汕头、湛江作为重要发展极，打造现代化沿海经济带，进一步为汕头的发展指明了方向。广东省委十二届四次全会明确要求，要将汕头打造成为广东省沿海经济带重要增长极，区域经济中心、科教中心、高水平的全国性综合交通枢纽。中共中央政治局委员、广东省委书记李希同志莅汕调研，充分肯定市委、市政府政治坚定、思路清晰、重点突出、措施有力，要求汕头充分发挥特区优势、区位优势、侨乡优势，建设名副其实的省域副中心城市，打造内秀外名的活力特区、和美侨乡、粤东明珠。

　　鹤岗市因"鹤立高岗"而得名，位于黑龙江省东北部，北与俄罗斯犹太州隔江相望，有235千米边境线；南有松花江，流经鹤岗196千米；西枕小兴安岭；东抱三江平原，处在黑龙江、松花江、小兴安岭"两江一岭"围成的金三角区域。鹤岗自然资源富集，煤炭储量26.6亿吨，曾是全国四大煤矿之一；萝北云山石墨储量10.26亿吨，居世界前列、亚洲第一；有黑土良田800多万亩，年产粮食 80 亿斤以上；拥有大界江、大森林、大冰雪、大湿地、大农业、大矿山，原生态自然景观秀美。辖区面积 1.5 万平方千米，下辖两县和 6 个行政区，人口 100 万人。近年来，鹤岗迎来重大发展机遇，先后被国家列入"新一轮东北老工业基地振兴""资源型城市可持续发展"等战略。为抢抓机遇，鹤岗市委十二次党代会确定了实施"生态立市、产业强市、开放活市、人才兴市"四大战略，培育和壮大"绿色矿业、生态农业、文化旅游、外贸物流、战略新兴"五大产业的城市定位，正奋力向建设新时期新鹤岗的宏伟目标迈进。

　　汕头与鹤岗两地经济产业关联性强、资源互补性好，合作空间广阔，发展前景可期，令人充满信心。两市开展对口合作，既是深入贯彻党中央、国务院关于新一轮东北老工业基地振兴发展的战略部署，又是促进两市相互交流借鉴、优势互补、共谋发展、实现共赢的重要举措。

（二）两市对口合作制度设计

　　1. 工作机制

　　对口合作是以习近平同志为核心的党中央为实施新一轮东北振兴战略作出的重大战略部署，是中央在深化区域合作、促进协调发展方面的一项重要举措，也是一项重大的政治任务。汕头、鹤岗两市高度重视对口合作工作，始终把开展对口合作工作作为贯彻落实党的十九大精神的具体体现，作为促进两地经济社会持续发展的一件大事来抓。汕头市委常委会、市政府常务会多次召开工作会议进行研究部署，要求各级各部门要充分认识与鹤岗市开展对口合作的重要意义，强调要把对口合作工作当成一项重要的政治任务来抓，按照"真诚、务实、有效"的原则，精心部署，精心组织，精心落实，力求干一件成一件，确保抓好抓出成效。鹤岗市委、市政府多次组织赴汕头考察洽谈，在双方了解不断加深的基础上，两市共同提出了粮食仓储、绿色食品、园区共建、轻工纺织、电商合作等重点合作领域并持续推动向纵深发展。在两市党政代表团对口合作座谈会上，鹤岗市委书记张恩亮同志表示，希望双方建立起符合市场经济要求、有利于两市共同发展的合作机制，推进双方建立起长期、稳定、全面的合作关系，推动两地共同发展。目前，汕头市、鹤岗市分别成立了对口合作领导小组，由两市市长亲自担任领导小组组长，成员为发改部门、经信部门、商务部门等"一把手"，领导小组下设办公室，负责日常对口合作工作。

　　2. 联席会议

　　本着"政府搭台、社会参与，优势互补、合作共赢，市场运作、法制保障"的原则，经充分协商，2017 年 12 月 14 日，汕头市与鹤岗市在广州签订《汕头市与鹤岗市对口合作框架协议》，明确了两市对口合作的方向和内容。2018 年 8 月

4～7日，由汕头市委书记方利旭同志带队的汕头市党政代表团赴黑龙江省鹤岗市开展对口合作工作交流，在鹤岗市期间，两市举行对口合作座谈会，会上两市领导分别介绍各自经济社会发展情况。2018年9月9～12日，黑龙江省鹤岗市委书记张恩亮率领党政代表团莅汕参观考察。2018年9月11日下午，汕头市、鹤岗市举行对口合作座谈会暨经贸项目签约仪式，标志着两市对口合作工作迈入实质性发展阶段。考察期间，两市还召开多场座谈会，全方位、多层次加快推进汕头与鹤岗结对合作交流工作。

3. 顶层设计

汕头市对口办先后下发了《汕头市与鹤岗市对口合作重点工作的通知》《关于报送汕头市与鹤岗市对口合作项目进展情况的通知》《关于报送汕头市与鹤岗市对口合作有关信息的通知》，明确在行政管理体制改革、民营经济发展、产业合作共赢、农业和绿色食品产业、金融、文化、旅游和健康产业、科技和高校交流合作、园区合作共建、区（县）合作共建、干部人才交流培训11个方面开展合作。同时对框架协议的内容逐项进行分解，把责任具体落实到各区（县）、各有关单位，要求各区（县）和各单位要结合实际，制定对口合作工作具体实施方案，细化工作措施，着力构建紧密合作关系，实现互利共赢、共同发展，使责任真正落到实处。这是汕头市政府从全市发展大局出发，抓住历史发展机遇，对两市对口合作内容做出的顶层设计。

鹤岗市先后起草了《黑龙江省鹤岗市与广东省汕头市对口合作实施意见（2018～2020年）》《关于统筹抓好与广东省汕头市对口合作事项的通知》等文件，明确了合作的对接方式、任务目标、重点领域、保障措施和协调机制等内容，为工作提供了制度支撑。印发了《中共鹤岗市委鹤岗市人民政府关于成立鹤岗市与汕头市对口合作领导小组的通知》（鹤委〔2018〕15号），明确了对口合作领导小组职责和7个重点领域专项推进组。建立了工作任务台账，全市41家单位，围绕重点合作领域，提出48个合作意向，正在抓紧谋划项目，寻求与汕头合作。目前，鹤岗市与汕头市各县区也实现了同步对接，正在加速推动各项任务持续深化。

（三）推进体制机制创新

1. 行政管理体制改革经验交流

加强两市在加快转变政府职能、分类推进事业单位改革、降低制度性交易成本等方面的经验交流，深化简政放权、放管结合、优化服务改革，提高两市政府和事业单位公共服务水平。加强在优化投资营商环境，开展"一门一网式"政务服务（即政府服务事项尽可能集中到政府服务中心或者网上办事大厅办理）、承诺制审批、实行企业投资项目管理负面清单等方面的经验交流，目前，汕头市已将在营商环境方面的经验做法复制推广到鹤岗市。

2. 民营经济发展

加强两市民营经济发展经验交流，加快完善鹤岗市民营经济发展的政策环境、市场环境、金融环境、创新环境、人才环境和法制环境，加快构建亲清新型政商关系。鼓励汕头具备条件的社会资本在鹤岗市依法发起设立中小型银行、金融租赁公司和融资担保公司等。经与鹤岗市金融办对接，鹤岗市希望推荐汕头2B级以上地方法人金融机构与鹤岗市社会资本共同组建村镇银行，汕头市金融局积极联系汕头相关金融机构，深入探讨与鹤岗市共同组建村镇银行相关事宜，目前，汕头市暂时没有符合条件的地方法人机构。

3. 对内对外开放

利用汕头市对外开放合作资源，共同拓展东盟市场，参与海上丝绸之路建设，共建对外开放平台。两市积极筹备在汕头国际食博会设立鹤岗农产品专馆，推介、宣传鹤岗市绿色健康食品；筹划对东南亚联合招商，帮助鹤岗市加快对外开放水平。

（四）开展产业务实合作

1. 新兴产业合作

2018年9月3～5日，汕头市科技局党组书记、局长邝长奕带领市科技局和汕头大学科研处有关人员赴鹤岗市开展科技对口合作交流活动。期间在鹤岗市举行汕头—鹤岗科技合作交流座谈会，双方就科技创新、人才建设、战略性新兴产业发展、科技企业孵化培育、科技成果转化、平台建设等方面进行了深入探讨，表示今后两市科技部门要密切加强沟通联系，为企业创新发展搭建沟通合作平台；对鹤岗市科技局及企业代表提出的就石墨新材料开发、豆制品联合研发和市场开拓、农产品深加工、轻工机械制造、北药联合开发、初创期企业融资省级高新区申报等问题进行交流和探讨，研究进一步跟进落实。

汕头市澄海区心瓷科技公司、飞翔达科技公司与鹤岗市萝北县签订对口合作框架协议，启动实施对口合作项目。萝北特色馆等对口合作项目顺利推进，心瓷科技公司已搭建萝北馆农产品展示区，全力打造对口合作窗口。飞翔达科技公司与萝北县起航农业科技服务有限公司签订框架协议书，将合作成立新公司，并提供无人机操作培训、无人机考证培训、无人机设备维修保养更换更新等技术培训。

2. 农业合作

为进一步密切两地的农业交流合作，本着"优势互补、突出重点，互惠互利、共同发展"的原则，经深入交流探讨，认真分析两地的农业资源、农产品市场、农科技术、三产融合等情况以及合作的方向，两市确定在农业经营、农产品产销对接、技术推广、人才培养等方面加强合作。

经过双方共同努力，汕头市粮丰集团有限公司与黑龙江省迦泰丰粮油食品有限公司于2018年8月首次实现粮食购销合作业务。双方将建立更高层次绿色优质农业粮食产业园区，建立健全粮食长期产销对接关系，促进农业增效、农民增收、企业增益。与此同时，汕头市还邀请鹤岗市农业委员会参加2018年11月8～11日广东省农业厅在广州举办的第九届广东省现代农业博览会，在汕头展区设立了鹤岗市优质农产品展示区，集中展示大米、木耳、豆皮等鹤岗优质特色农产品，加强两地农产品的营销推介，展示两地交流合作的成果，真正实现"南货北运，北货南销"，活动引起广泛关注，媒体也进行了采访报道。

3. 粮食合作

2018年8月，由汕头市委书记方利旭带队到鹤岗市进行对口合作考察调研。期间，汕头市粮食局与鹤岗市粮食局签订了《鹤岗市粮食局与汕头市粮食局关于建立粮食安全对口合作关系的框架协议》、汕头市粮丰集团有限公司与黑龙江省迦泰丰粮油食品有限公司签订了《粮食产业化联盟合作协议书》。

2018年8月18～20日，汕头市粮食局在哈尔滨参加2018年中国粮食交易大会期间与鹤岗市粮食局及下属单位进行了座谈交流，进一步增进相互间的了解。

2018年9月11日，黑龙江省鹤岗市到汕头市进行互访，期间汕头的粮食企业汕头粮丰集团有限公司与黑龙江省万源粮油食品有限公司签订引资重整的投资框架协议；汕头市龙湖区恭发粮店与鹤岗市金龙米业有限公司签订3000吨大米购销项目。

2018年12月11～15日，汕头市发改局副局长、粮食局局长吴海澜同志带队赴鹤岗市开展对口合作交流考察调研活动。

4. 文化和旅游合作

从2018年8月22日起，汕头市旅游局将鹤岗旅游风光视频上传汕头旅游网站和微信公众号进行播放，宣传鹤岗旅游风光。落实旅行社推出"中俄界江旅游胜地　北方鱼米之乡——鹤岗"旅游线路，宣传组织汕头游客赴鹤岗旅游度假。2018年9月8～22日，汕头市旅游局出资40000元，在汕头电视台投放鹤岗旅游风光广告，每天在汕头一套、汕头二套黄金时段各播放2次，时长15秒，共60次。在汕头市旅游局的积极协调下，9月下旬开始，《海风潮韵　休闲之都　精彩汕头游》风光宣传视频在鹤岗市电视台鹤岗新闻综合频道（智慧鹤岗手机台同步）、鹤岗市政府网站、鹤岗市人民广场大屏幕播放，开展汕头旅游宣传推广。

2018年11月25～30日，由汕头市文广新局组织文化系统各单位组成文化交流团赴黑龙江省鹤岗市举办"情牵千里　携手共赢"汕头与鹤岗专题文化交流活动。

5. 搭建各类平台载体

为帮助黑龙江省优质大米开拓在汕头、粤东地区的市场，汕头派一电商公司与易初莲花公司签订协议，在易初莲花粤东地区的商场设立黑龙江省大米专柜，请专业公司设计具有浓郁黑龙江省风情格调的柜台，主推鹤岗市的大米和木耳、香菇等山货。

（五）推动两地各领域对口合作、优势互补

1. 科技创新合作

2018 年 10 月 8 日，汕头市科技局印发《汕头市科学技术局与鹤岗市科学技术局科技对口合作工作方案（2018～2020 年)》，该方案确定了科技交流与合作、产学研合作对接活动、创新创业载体建设、科技金融合作、科技人才交流和政策支持等方面开展交流与合作，更好地促进两市企业创新发展。根据鹤岗市产业和技术发展、资源禀赋现状，初步拟定将重点围绕食品医药、装备制造、环保节能和农产品深加工等领域，加强产学研合作，鼓励和支持汕头市高校、新型研发机构、高新企业与鹤岗市相关企业进行对接交流，带着需求寻找双方校企、企企合作路径，探讨双方合作的可能性，促进科技成果转化和产业化；开展两市科技孵化器建设和科技金融的合作与交流，提升两地创新创业能力；协助鹤岗市申报黑龙江省级高新区。

2. 干部人才交流培训

根据安排，鹤岗市选派 1 位副市长挂任汕头市副市长；11 名县（处）级干部，其中 4 名市直单位县（处）级干部分别挂任市直对口部门班子副职，7 名区（县）党政班子成员分别挂任 7 个区（县）的常委、副区（县）长；11 名科级干部挂职汕头市各区（县）部门副职。

二、2019 年工作目标与思路

（一）工作目标

2019 年，汕头市与鹤岗市将继续贯彻落实广东省委、省政府和黑龙江省委、省政府关于推进汕头、鹤岗两市对口合作的工作部署，建立健全工作机制，深化两市各领域的交流合作，进一步推进两市的对口合作工作落到实处；进一步加强对对口合作工作的领导，树立"一盘棋"思想，增强核心意识、大局意识、责任意识和发展意识，加大力度，采取措施，扎实推进，狠抓落实。汕头市与鹤岗市共同努力，按照真诚、务实、有效的原则，加强全领域、全方位合作，力促已签订项目尽快落地见效，不断提升对口合作整体水平。

（二）加快推进一批重点合作项目落地

一是促进制药业项目合作。发挥汕头市与鹤岗市两地在药材种植、制药业方面的各自优势，引导汕头市金平区骨干制药企业到鹤岗市建立药材种植及加工基地，深度开发鹤岗市医药资源，推动两地医药产业优势互补。

二是促进化工、矿业加工类项目合作。发挥两地在化工、矿产深加工方面的优势，引导汕头市金平区化工、石墨新材料等企业到鹤岗市建立加工基地，深度开发鹤岗市矿产资源，促进化工、矿业加工两地全方位合作。

三是促进食品加工类项目合作。发挥两地在食品加工业方面的优势，引导金平区食品加工企业到鹤岗市建立加工基地，深度开发鹤岗市粮食资源，共同发展，优化产业结构。

（三）探索合作建设产业园区

进一步加强两市专业园区、特色园区间的交流和合作，创新园区管理，优化园区服务，推动产业聚集，促进园区创新发展、优化发展。

（四）拓展科技、教育领域合作空间

根据鹤岗市收集到的信息，在项目联合研发、产学研合作、科技成果转化、创新平台共建等方面寻求紧密合作。重点支持汕头企业、汕头大学、广东以色列理工学院与鹤岗企业开展产学研合作，支持双方初创期企业到对方孵化器进行孵化，推动广东省粤科金融集团等金融机构与鹤岗科技型企业对接，以务实的工作，促进两市在科技合作中互相借鉴、优势互补、互利共赢、共谋发展，推动对口合作取得实实在在的成效。

（五）加强两地现代农业合作

进一步推动两地建立农业和绿色食品长期产销对接关系，强化两地在粮食精深加工、绿色食品产业方面深度合作。

跟踪落实两地农业企业合作项目实施情况，落实两地农业部门合作框架协议的签订和实施，进一步加强两地农业职能部门和企业的交流互访，建立密切、长

期、融洽的战略合作关系，充分发挥各自优势，在共创特色产业、共享交流信息、共推科技创新、共建乡村旅游、共办人才交流、共助农村一二三产业融合发展多个领域开展合作，切实推进两地之间农业的交流发展，实现资源共享、优势互补。

（六）积极搭建经贸合作交流平台

充分发挥汕头市供销合作总社社属企业具有农副产品传统经营和遍布全市经营网点的优势，汕头市供销社计划为鹤岗市供销社提供平台，开展合作，共同在汕头市建设运营鹤岗市绿色优质农产品展示中心，助推鹤岗市绿色优质农产品开拓汕头市场。

进一步促进两地民营企业进行产业对接，推动两地社会资本相互流动，搭建两地商协会沟通交流平台，指导两地商会开展会务交流合作，引导两地异地商会和行业协会实现互访交流考察；促进两地新兴产业对接，形成协同放大效应。推动两地依托已有产业基础，在产业链上下游整合和产需对接上加大合作力度。

（七）加强干部人才的挂职、交流和培养

进一步建立干部人才对口交流机制，积极推动市区县间党政领导干部挂职交流学习；加强教育人才交流对接、教育资源共享，结合教师招聘工作，加大力度引进鹤岗市优秀师范毕业生到汕头市工作，选派优秀中小学校长、教师到鹤岗市学习交流、挂职支教。

（撰稿人：张源锋　杨化铭）

第五章 佛山市与双鸭山市对口合作

佛山市发展和改革局 双鸭山市发展和改革委员会

根据党中央、国务院关于新一轮东北地区等老工业基地振兴战略的总体部署，按照《国务院办公厅关于印发东北地区与东部地区部分省市对口合作工作方案的通知》《黑龙江省与广东省对口合作框架协议（2017~2020年）》等文件要求，2017年11月，佛山市与双鸭山市确立对口合作关系。佛山市与双鸭山市始终坚持以习近平新时代中国特色社会主义思想为指引，深入贯彻落实党的十九大精神，坚持"政府搭台、社会参与，优势互补、合作共赢，市场运作、法制保障"原则，积极沟通，深入对接，扎实推进各项工作务实高效开展，并取得重大实质性进展。

一、两市对口合作进展情况

自佛山市与双鸭山市对口合作工作开展以来，两市始终保持频繁互动、密切交流。截至2018年底，两市共召开联席会议4次，市级以上领导带队互访交流35次，部门对接互访交流98次，举办各类招商会、恳谈会、展销会等活动17次，形成了频率高、范围广、效果好的互访对接交流局面。两市推进重点项目共计27个，其中民生及基础设施建设项目7个，产业项目9个，其他合作项目11个。

（一）完善制度建设，保障对口合作高效推进

1. 明确顶层设计

两市签署了《双鸭山市与佛山市对口合作框架协议》，确定了行政管理体制改革、产业合作等8方面重点工作内容。联合印发了《双鸭山市与佛山市对口合

作工作方案（2017～2020 年）》，将对口合作内容细化为 17 项重点任务，明确了各部门对口合作任务分工与主攻方向。

2. 建立工作机制

一是建立联席会议机制。为保障对口合作工作顺利推进，两市联合印发《双鸭山市与佛山市对口合作联席会议及工作协调机制（试行）》，建立了以政府主要领导为总召集人的对口合作联席会议制度，成立了行政管理体制改革等 17 个联席会议专责小组，负责对口合作中各专项领域工作的推进及协调事宜。

二是建立部门对接机制。结合工作实际，两市教育、卫生计生、商务、团委、粮食、科技、金融等部门分别签订了对口合作协议，建立起专项领域对口合作协调沟通和会商机制，2018 年共召开部门间协商会议 90 余次，为部门间深入对接沟通、研究推动合作提供了平台和保障。

三是建立信息共享机制。两市对口合作牵头部门建立了定期沟通对接以及重大合作项目进展定期报送制度，做到每周有信息交换，每月有情况沟通，每季度有会议协商，实现信息共享。截至 2018 年末，两市交换信息意见近千条，联合更新对口合作进展情况资料 30 余篇，报送重大合作项目专报 3 篇。同时，通过不定期召开工作协调推进会、函询等形式，及时掌握两市各有关部门合作进展信息，为统筹推进对口合作工作提供坚实的信息支撑。

3. 制定扶持政策

为鼓励引导更多的社会力量参与对口合作工作，形成"政府搭台、社会参与"的良好局面，两市积极发挥政策的导向作用，制定出台了一批辐射面广、带动力强的优惠政策，推动两地企业积极参与对口合作工作。产业转移方面，为鼓励引导佛山市产业与项目梯度有序向双鸭山市集聚转移，佛山市制定了产业转移资金扶持政策，对佛山转移到双鸭山市的工业企业固定资产投资给予适当补贴，对企业贷款进行贴息。旅游政策方面，佛山市出台奖励扶持政策（只要成功组团到双鸭山市景点旅游并过夜的旅行社，旅游部门给予 500 元/人的扶持），激励佛山市旅行社积极开展双鸭山市旅游营销推广，扩大佛山市民前往双鸭山市旅游的数量。农业政策方面，佛山市制定了《佛山扶持对口帮扶（扶贫、协作、支援、合作）地区农业产业实施方案》，拟对佛山市企业与双鸭山市企业开展产销合作、在双鸭山市建立生产基地以及在两地建立农产品集散中心的项目给予一定补助。在发展服务方面，双鸭山市出台了《双鸭山市生产加工产业项目扶持办法》，为赴双鸭山市投资企业提供了包含土地、财政、人才优惠的全方位支持。

（二）加强民生及基础设施建设合作，改善群众生产生活

以《黑龙江省与广东省对口合作实施方案》关于"两省结合实际，探索在基础设施、生态环境、扶贫开发和社会事业等方面创造性地开展形式多样的合作交流"为指引,两市积极探索在民生及基础设施项目建设方面开展合作。目前,经两市充分沟通协商,佛山市于 2018～2020 年 3 年共计支持双鸭山市 3.3 亿元,用于双鸭山市城市科技馆、双山全民健身中心等 7 个民生及基础设施项目建设,以提升双鸭山市民生及基础设施建设水平。其中,双山全民健身中心、双鸭山市城市科技馆、四方台区南环路、连接路 4 个项目已开工建设,其他 3 个项目正在积极推进中。

(三) 探索体制机制改革合作,提升管理服务水平

1. 行政管理体制改革合作稳步展开

佛山市禅城区将自主打造的"一门一网式"核心软件免费提供给双鸭山市使用,并在双鸭山市举办专题讲座,积极推动在双鸭山市复制推广"一门一网式"政务服务改革新举措。佛山市民政局、南海区计划采取政府出资支持的形式,将南海区信息化智慧养老综合服务管理平台核心软件提供给双鸭山市使用,提升其民生事业管理水平,现已签署协议并在积极推进中。

2. 园区管理体制改革合作积极推进

在积极协助双鸭山市经开区引进 5 家佛山企业入驻的同时,两市着力加强园区管理体制改革的互学互鉴,以进一步提升两地园区管理及运行服务水平。佛山高新区组织干部及企业负责人赴双鸭山市开展了对接交流,双鸭山市经开区管委会主任、副主任先后到佛山高新区挂职,两地干部就优化政务服务、实施工程建设项目联合审批改革、推进商事登记制度改革等内容深入探讨交流。佛山高新区还将自身在园区管理体制改革方面的探索举措,以文字资料形式提供给双鸭山市参考。同时,佛山高新区与双鸭山市经开区签订了友好合作园区备忘录。

(四) 开展产业务实合作,实现共赢发展

两市坚持"政府搭台、社会参与"原则,充分发挥政府在对口合作中的引导带动作用,优化政策环境,搭建合作平台,吸引社会资源积极参与对口合作。目前,两市重点推进产业项目共 9 个,总投资 15.68 亿元。其中,总投资 1.58 亿元的宝清北大荒米高农业科技有限公司年产 8 万吨高效钾肥项目已于 2018 年 12 月建成投产(未达产);总投资 4 亿元的佛山市百冠科技有限公司 8 万吨不锈钢管材项目于 10 月 28 日开工建设,正在进行土建工程施工;中国中药(双鸭山)产业园项目,正在开展前期工作,预计 2019 年开工建设;广东省九江酒厂有限公司 10000 吨/年碎米(大米)制酒基项目、佛山市缘喜房车文化有限公司房车营地建设项目、碧桂园凤凰优选农产品直采基地等项目也正在积极推进。

1. 农业和绿色食品产业合作持续深化

在特色农副产品推介方面：佛山市通过设立双鸭山市优质农产品展销中心、双鸭山市优质农副产品上线广东省南海小农丁电商销售平台等线上、线下渠道积极推介双鸭山市特色农副产品。在此基础上，佛山市南海区开展了"双鸭山市特色农产品推广周"活动，采购双鸭山市大米、杂粮、蜂蜜等八大类33种，推介带动20余家企业和单位采购双鸭山市优质农产品。在粮食产锘合作方面：2018年4月，两市粮食部门举办了"黑龙江省双鸭山市好粮油进佛山"专题活动，两地粮食主产品市场化营销合作正式开启。广东省碧泉食品科技有限公司与双鸭山市签订年供应1.2万吨大豆原料意向协议，至2018年底，该公司已购销双鸭山大豆600吨；双鸭山市富久宏和永军两家米业公司已在佛山设立9家直营店，年销售优质大米5.6万吨以上；佛山市南海区玉豪米业加工厂与双鸭山市共签订1.15万吨大米购销合同，合同金额约5000万元。

2. 文化和旅游产业合作成效显现

旅游产业合作方面：两市旅游部门先后通过2018年"中国黑土湿地之都·双鸭山"旅游推介会、"寒来暑往　南来北往"旅游推介会及邀请双鸭山市参展2018年香港·佛山节等举措，策划推出了一批"寒来暑往　南来北往"优质旅游路线，并出台奖励扶持政策，激励佛山市旅行社企业积极开拓双鸭山市旅游市场。2018年佛山市已累计向双鸭山市输送游客206人。文化交流方面：2018年在双鸭山市举办了"岭南乡愁——佛山木版年画特展"，共展出展品80件，并先后组织了2期文化交流专题讲座；双鸭山市赫哲族萨满舞代表团受邀参加2018年广东省（佛山）非遗周暨佛山秋色巡游活动，两地文化交往交流日益紧密。

3. 中医药与健康产业合作取得实质进展

两市推动建设中国中药（双鸭山）产业园项目，总投资2亿元，正在开展前期工作，预计2019年开工建设。该项目通过"公司＋基地""公司＋农户""公司＋农业合作社＋农户"等不同合作模式，在区域内进行道地中药材定点采购，将直接带动当地农户增收，提高当地群众生活水平。

（五）拓展合作领域，深化各专项合作

1. 干部人才交流培训深入开展

两市多措并举，组织开展多种形式的活动促进两地干部交流合作。2018年3月24日、7月19日，佛山市先后接收2批共18名双鸭山市选派的处级领导干部，到佛山市各区、相关部门进行为期4个月的挂职交流。佛山市还举办3期专题培训班，共139名双鸭山市党政干部、企业家参加了培训，促进了两市干部观念互通、思路互动、作风互鉴、办法互学。同时，深入贯彻两省关于深入开展

"五个一"活动的要求，2018年两地组织开展了"龙江行""广东行"专题考察交流活动，共有39名机关干部参加。

2. 科技创新合作持续深化

两市科技部门签订了《佛山市与双鸭山市科技合作协议》，建立起长期合作关系并积极构建新型的"政产学研"协同创新机制。两地9家高等院校、科研院所与双鸭山市9家农副食品企业共同组建了技术创新战略联盟，致力于突破制约双鸭山市粮食等主要农副食品产业发展的共性关键技术难题。同时，佛山力合创新中心有限公司、中国科技开发院佛山分院分别与双鸭山市经开区签订科技创新孵化平台建设和科技创新孵化器运营管理合作协议。

3. 金融合作扎实有序推进

在两市金融部门签订《金融合作协议》基础上，两市的工商银行、中国银行以及佛山农商银行与双鸭山农信社分别签订了对口合作协议，在加强对双方企业金融服务、互设金融机构、人才交流培训和共建活动等方面开展合作探索；佛山市金控公司与双鸭山市金融服务中心多次对接，就双鸭山市产业发展引导基金相关问题进行了探讨，截至2018年末，《双鸭山市产业发展引导基金管理暂行办法（讨论稿）》已经双鸭山市政府常务会议审议通过。

4. 教育、医疗、青创等领域合作齐头并进

教育合作方面：截至2018年12月，佛山市已接收2批次合计51名（其中2018年20名）双鸭山市学校校长、教师到佛山挂职和跟岗学习；佛山职业技术学校、顺德职业技术学院与黑龙江省能源职业技术学院建立了结对关系，佛山职业技术学院和双鸭山技师学院联合共建两个专业，创建绿色食品产学研基地；两市各6所中学已结成合作对子。医疗合作方面：两市各5所医疗机构建立对口合作关系。其中，佛山市第二人民医院帮助双鸭山市人民医院建成眼科中心，已接诊眼科患者1500余人次，完成、指导手术共86台，其中疑难手术7台；佛山市妇幼保健院派出技术骨干赴双鸭山市妇幼保健院开展为期一个月的新生儿科技术指导，并接收了该院6名医护骨干到佛山进修；双鸭山市中医院成为佛山市中医院中医联盟成员单位；佛山市第三人民医院派出2个专家团队到双鸭山市精神病医院开展技术指导；佛山市第四人民医院与双鸭山市传染病院建立结核病专科联盟。青年创业合作方面：由两地团市委牵头，两地青年企业家计划组织发起"两山青创合伙人计划"，为三大类合伙人提供智力和融资支持，全程指导项目孵化。

二、2019 年工作目标与思路

2019 年是佛山市与双鸭山市对口合作工作的深化年、提升年、进位年，两市将紧紧围绕《黑龙江省与广东省对口合作实施方案》明确的 18 项重点任务，结合两市资源禀赋、区位优势、文化差异等实际，找准合作方向，精准发力、重点突破。在完善对口合作沟通协商、信息交互等工作机制的同时，进一步加大对接交流力度，拓展合作领域，深化合作成效。推动一批较为成熟的行政管理体制改革经验做法在双鸭山市复制推广，加速落地一批具有代表性的重点合作项目，形成常态化干部人才交流学习机制，构建起政府、企业、科研院所等社会力量共同参与的多元化交流合作体系，形成科技、金融、旅游、文化等各领域合作"百花齐放"的局面。努力把两市对口合作打造成为东北地区与东部地区部分省市对口合作的典范和标杆。

（一）聚焦合作项目，抓好项目落地

对口合作工作开展以来，佛山市与双鸭山市达成重点合作项目共 27 个。两市将在加速推进已签约合作项目落地的基础上，深入挖掘新的合作可能，扩大合作成效。

一是对于佛山市支持双鸭山市民生及基础设施项目，由双鸭山市负责加快推进项目建设和配套制度建立，抢抓有限的施工期，确保各项目如期保质完成；对于产业合作项目及其他类合作项目，两市将进一步加大对接力度，提升服务保障水平，协调解决项目建设过程中遇到的困难与问题，为合作项目落地见效保驾护航。

二是两市按照"三个一批"，即开工建设一批、洽谈磨合一批、谋划储备一批的指导思想，建立了"有进有出"的动态对口合作项目库，共有线索项目 58 个、储备项目 78 个、对接合作企业 103 个。接下来，将依托对口合作项目库，进一步加大宣传对接力度，发动社会各界参与到对口合作中来，形成推动共同发展的强大合力。

（二）搭建交流平台，推动经贸合作发展

充分利用两地资源禀赋、区位比较优势和特色展会展馆平台，加大交流对接力度，积极组织相关企业参展参会，共同拓展周边市场，共建对外开放平台，促进两地经贸交流进一步深化；在充分利用佛山电子商务平台宣传推介双鸭山优势

特色产品的同时，支持双鸭山市电商平台建设步伐，提升市场开拓能力；积极发挥两市已出台优惠政策的引导带动作用，加大优惠政策的宣传力度，引导更多企业参与对口合作。

（三）加强干部人才交流培训，促进理念观念更新

一是继续做好干部挂职培训工作。根据工作需要适时做好双鸭山市党政干部、专业技术人员到佛山挂职交流和跟岗学习等工作，并依托佛山市的各类培训平台和优质师资力量，开展专项培训。

二是继续推动"五个一"活动深入开展。根据省的工作部署，结合两市实际，以领导交流互访、干部挂职交流、经贸交流、"广东行 龙江行"等主要形式为依托，加强对接交流，深化共识与合作。

（四）加强科技创新合作，共促科技成果转化

坚持以市场为驱动、企业为主体、平台为载体、技术为支撑、项目为纽带，建立开放式"产学研协"合作模式，协助双鸭山市加强科技创新服务平台建设，引导高层次创新资源向双鸭山市集聚，重点推动两市高校合作，使科技成果应用于产业发展；同时，以突破制约双鸭山市粮食、水果等主要农副食品产业发展的共性关键技术为主攻方向，整体提升其产业自主创新能力和服务能力。

（五）深化园区合作，提升园区管理水平

进一步加大园区管理体制和运行机制改革的学习交流力度，加强在园区规划、政策措施等领域的共享与合作，通过理念创新、管理创新、服务创新，提升双鸭山市园区建设管理软实力。以项目引进为抓手，积极营造更加优良的营商环境，制定更加普惠的优惠政策，鼓励引导佛山企业入驻双鸭山市经开区，提高双鸭山市经开区的综合竞争力。

（六）加强旅游产业合作，构建旅游共同体

以市场为导向，依托双鸭山市的旅游资源禀赋，协助当地做好旅游整体规划，策划和包装精品旅游产品线路，持续加强旅游品牌建设；进一步加强旅游营销合作，深入挖掘双鸭山市的旅游文化资源，注重与周边重要旅游景点的整合提升，增强旅游品牌的吸引力；推动佛山旅行社围绕双鸭山市特色旅游资源进一步开发旅游线路，吸引更多游客前往双鸭山市旅游观光。

（撰稿人：李亚熙 李金梁）

第六章　惠州市与大庆市对口合作

惠州市发展和改革局　大庆市发展和改革委员会

　　按照黑龙江省与广东省关于对口合作的统一部署，2017 年 11 月大庆市与惠州市在哈尔滨市签订对口合作框架协议，正式结为对口合作关系。结对以来，两市深入落实《国务院办公厅关于印发东北地区与东部地区部分省市对口合作工作方案的通知》《黑龙江省与广东省对口合作实施方案》等文件精神，按照优势互补、互利共赢的原则，坚持政府引导，遵循市场规律，着重在产业发展、粮食产销、文化旅游、体制改革等领域深挖合作潜力、谋划共同发展，对口合作实现良好开局。

一、对口合作的现实基础

　　大庆是东北重要的老工业基地，惠州是珠三角东部门户城市，历经 40 年的改革开放，两市经济社会发展都取得长足的发展，为对口合作奠定了坚实的现实基础。

（一）两市经济体量相当

　　2017 年，大庆实现地区生产总值 2680 亿元，居黑龙江省（13 个地市及地区）第 2 位；惠州实现地区生产总值 3830 亿元，居广东省（21 个地市）第 5 位。总体来看，两市经济体量相当，对本省的经济贡献能力也较为接近，确保了两市对口合作工作的平衡性。

（二）两市产业结构互补

　　近年来，大庆在加快培育石化、汽车等 5 个千亿级和食品、新能源等 5 个超五百亿级"雁阵式"产业板块上聚焦发力。2017 年，大庆生产原油 3400 万吨、天然气 40.1 亿立方米，沃尔沃整车下线 5.3 万辆，粮食总产 108.5 亿斤。惠州着力打造石化能源新材料、电子信息两大万亿级产业集群，积极推动汽车与装备制造等支柱产业。2017 年，惠州电子行业总产值完成 3745.58 亿元，石化行业总产值完成 1173.78 亿元，汽车行业总产值完成 579.94 亿元。惠州还是广东省的粮食主销区，2017 年粮食商品量达 18.57 万吨。总体来看，两市在石油炼化、汽车制造、粮食产销等产业具有明显的互补性，合作前景可期。

二、对口合作的进展情况

（一）建立工作机制

为统筹推进对口合作工作，两市均成立了对口合作工作领导小组，两市领导小组的组长均由市长担任，两市领导小组办公室统一设在发展改革部门，两市还配套建立了高层交流制度、重大事项报告制度、领导小组联络员制度等制度。在两市政府的正确领导下，两市的对口部门、县（区）主动对接，建立联系，将对口合作列入本级、本部门重要工作，两市的民间组织、行业龙头企业、教育机构等也建立了互访机制，多层次、全方位的对口合作格局初步形成。

（二）研究合作要点

为精准落实两省对口合作实施方案、对口合作框架协议等文件精神，两市均制定了 2018 年对口合作工作要点。大庆围绕产业合作、园区共建、招商推介、商贸洽谈、旅游开发等 9 个方面，提出 24 项具体合作事项。惠州围绕体制机制改革、优化营商环境、招商引资推介、做大优势产业、发展社会事业等 12 个方面，提出 32 项具体合作事项。两市各级、各部门按照合作要点，结合工作实际，务实推进对口合作工作。

（三）开展高层交流

按照"五个一"活动的工作部署要求，两市政府结对以来共组织 6 次高层互访交流。2017 年 12 月，大庆市委、市政府主要领导首次率市党政代表团赴惠州对接考察对口合作工作，两市在干部交流、工信、农业、商务、旅游、粮食、产业园区领域签订 7 项合作协议。2018 年 9 月，惠州市党政代表团赴大庆市交流对口合作工作，两市重点就推进汽车制造、石油炼化、旅游开发、粮食购销等方面开展合作的可行性展开讨论。2018 年 10 月，大庆市政府组织市有关部门及沃尔沃等企业代表回访惠州，进一步深入讨论有关合作事项。

（四）推动多层对接

为推进产业合作，两市政府积极推动发展改革、工信、农业、商务等有关部门及园区管委会，商（行）会、企业等互访交流，谋划合作项目，两市共开展各类对接活动 45 次，达成一批合作协议项目和意向合作项目，签订 22 项合作协议，合作项目及协议涵盖农业、粮食、旅游、电子信息等多个领域。积极开展体制机制改革交流。2018 年 5 月，大庆市国资委来惠州交流国企改革经验，同年 8 月，惠州市发展和改革局受邀赴大庆市介绍网上办事大厅、中介超市管理等"一门一网式"政务服务经验做法。为加强职业培训二作对接交流，2018 年 12 月，大庆市教育部门组织黑龙江省水利学校、大庆技师学院、大庆市建设中等职业学校等 6 所中职（技工）学校来惠州考察交流工作。

（五）推介招商项目

黑龙江省政府遴选 51 宗前期工作扎实、市场化程度高的 PPP 项目，面向广东省公开推介。惠州市组织有关部门在官网上发布项目表协助推介，相关单位借助举办（参加）招商会、接洽会、企业论坛等活动的机会，适时推介该批项目，提高社会资本的关注度和参与度。惠州工商联官网发布《2018 年大庆市对外合作项目》，包括石化产业、农副产品加工产业等六大类 91 个项目，为开展精准招商活动提供了平台。惠州农业信息网设立对口合作专栏，专门发布大庆农业发展信息。

（六）开展人才交流

2017 年 9 月，时任大庆市委副书记张亚中同志赴惠州市挂职副市长。2018 年 3 月，大庆市选派 13 位同志赴惠州市相关部门交流学习，在惠州期间累计开展工作调研 170 多次，收集整理广东省以及惠州市先进经验资料 100 余份，目前挂职干部均期满返回。惠州市分别于 2018 年在大庆干部学院举办三期干部培训班，共培训市县两级干部 150 名。

此外，两市还积极主动将对口合作工作拓展到彼此周边地市，寻找合作机遇。大庆市拟与广东省储备粮总公司合作攻坚广东省异地储备合作项目，引进深圳慈航无人机组装及植保项目、水苏糖产业化项目等项目。惠州市拟与哈尔滨工业大学共建哈尔滨工业大学国际教育科研基地，引进哈工大机器人智谷（惠州）

项目等优质项目，促成本地粮企与五常市、佳木斯市达成购粮协议。

三、对口合作的成果

（一）粮食产销方面

两市粮食部门发挥各自优势，建立长期稳定的粮食产销对口合作关系。在两市粮食部门的引导下，两市粮食龙头食业签订 3 项粮食购销协议，购销金额达 4.33 亿元，目前 3 项购销协议全部履约。近期，惠州市粮企有意再向大庆市采购一批粮食。根据大庆市需要，惠州市将自主研发的"粮油质量溯源服务平台"专利技术提供给大庆市无偿使用，并协助大庆市开发乳制品和其他农副产品溯源系统。

（二）旅游产业方面

两市旅游部门提出连续三年共同举办两地旅游"南来北往·交换冬天"宣传推广活动，策划并推广两地冬季旅游精品线路及产品，推动两地旅行商开展市场化合作。2018 年 10 月，惠州市旅游部门组织各县区旅游部门、相关旅游企业代表在大庆等市开展的首次"南来北往·交换冬天"交流活动获得圆满成功，有效促进了两地旅游市场共享、游客互送。受惠州市邀请，大庆市旅游部门赴惠州参加或举办了中国·惠州海洋旅游文化节、"情龟惠州，乐享精彩"暖冬旅游节、"畅爽龙江，互换夏天、互换生活"大庆旅游产品等推介会，推动大庆汇融金融服务有限公司与惠州市旅游协会签订合作协议。

（三）农业合作方面

两市农业部门签订《广东省惠州市与黑龙江省大庆市农业合作框架协议》，建立农业交流合作机制，推动优质农产品贸易往来，探索农业投资合作。2018 年 10 月，惠州市农业局组织市县两级农业部门及农业龙头企业赴大庆市考察交流，期间推动两地农企达成多项意向合作项目。其中，广东省海纳农业有限公司初步与杜尔伯特县合作建设 10 万亩有机水稻现代农业产业园，与林甸县合作建设 10 万吨有机肥料厂。

（四）先进制造业方面

围绕石化产业、汽车产业、电子产业、中草药深加工等产业合作，两市工信部门开展了 7 次互访交流。惠州市工信部门积极组织比亚迪、亿纬锂能等汽车制造相关企业赴大庆市开展项目前期研究，推动广东省利元亨装备、赢合科技等智能制造企业与大庆市相关企业对接，推广机器人企业应用。

（五）经贸合作方面

2018 年 7 月，惠州市商务部门组织市县两级商务部门及有关商（协）会、企业代表赴大庆市开展经贸考察交流。期间，惠州市 7 个县（区）商务部门与大庆市 11 个县（区）商务部门采取"一对二"结成对子的方式实施对口合作，双方签订对口合作备忘录。惠州市金融部门协助搭建平台，组织大庆优质拟上市企业开展"走进深交所""企业惠州行"等活动，加强两地资本市场对接，推动 TCL 集团开发的"简单汇"供应链金融通平台与大庆油田、沃尔沃等核心企业开展战略合作。

（六）科技合作方面

大庆市科技企业孵化器服务创新联盟与惠州市孵化器协会签署了战略合作协议，双方拟在人才交流、组织活动、资源共享等方面开展深入合作。与惠州东北商会、南方工程检测修复技术研究院、惠州高视公司等 12 家企业建立了联系，在市场开拓、技术支持、人才引进等方面探讨合作空间；与部分惠州市科技型企业建立了联系，就中蓝能源环保公司在大庆市设立分公司达成初步共识。

四、2019 年工作思路

对口合作是黑粤两省省委、省政府交给惠州、大庆两市的一项光荣的政治任务，同时也是两市实现协同发展的重要机遇。2018 年两市对口合作取得阶段性成效，2019 年两市将深入贯彻习近平总书记考察东北三省及视察广东省的重要讲话精神，在两省省委、省政府的统一部署下，夯实合作基础，创新合作思路，深挖合作潜力，共同推动对口合作向纵深发展，携手推进经济高质量发展。

（一）加强产业对接合作

两市将进一步发挥彼此产业优势，重点推进石油化工、汽车与装备制造、电子信息等优势产业的合作。大庆市将举办"惠州企业大庆行"活动，引进一批投资规模大、科技含量高、创税能力强、环保效果好的战略性项目。惠州市将组

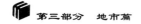

织石化、汽车、电子信息及其他高端智能装备等领域龙头企业赴大庆考察，争取促成一批合作项目。

（二）加强粮食产销合作

两市将引导粮企建立长期稳定的购销合作关系，推动签约购粮项目尽快履约，支持意向购粮项目尽快签约。共同协助推动广东省海纳农业有限公司与杜尔伯特县合作建设10万亩有机水稻现代农业产业园，以及与林甸县合作建设10万吨有机肥料厂等合作项目进入实质性阶段。

（三）加强经贸交流合作

两市将充分发挥商务部门的招商功能，为双方企业投资发展提供指导和服务，引导两地企业到对方城市投资兴业，推动合作意向尽早落实，促进洽谈项目尽快落地。大庆市将邀请惠州参加中俄博览会及在俄罗斯境内开展的各项经贸活动，共同开拓俄罗斯市场。惠州市将进一步分行业、分领域组织辖内企业与大庆市企业洽谈对接，开展多层次多产业领域务实合作。

（四）加强金融对接合作

两市将共同探索开展银团贷款等业务，推动金融机构通过跨区域参股、兼并重组等方式实现业务拓展。围绕"7＋4"类机构在资本、行为、功能等方面的地方金融监管任务，以及防范和处置非法集资、开展金融领域扫黑除恶等重点工作，在机制建设、模式创新等方面加强交流合作。惠州市将加强大庆市优质资产的推介力度，推动两地金融市场合作。

（五）加强人才交流合作

探索建立两市干部挂职交流长效机制，搭建两市人才信息共享交流平台。大庆市将继续选派干部赴惠州挂职锻炼，学习惠州的先进经验和成功做法。惠州市结合培训班次安排，承接大庆市安排干部参加有关培训，促进两地干部间的相互了解，相互学习。两市还将根据专项工作、具体合作事项的实际需要，互派干部开展为期一周或十天的短期培训、跟班学习等交流活动，进一步丰富人才交流模式。

（六）拓展合作新空间

大庆市拥有板蓝根、防风、柴胡等丰富的中草药资源，还拥有丰富的温泉资源，亟待规模化开发。惠州市将充分发挥制药优势、旅游资源开发优势以及招商优势，组织业内龙头企业赴大庆市考察，合作开发中草药、温泉等资源，培育大庆产业新优势。惠州市教育部门将进一步深化教育对口合作工作，拟与大庆市签订《广东省惠州市与黑龙江省大庆市教育合作框架协议》，并共同探讨两市教育行政管理干部和职业院校中层干部挂职锻炼工作。两市还将在卫生、文化、科技等领域积极展开交流，寻找合作交集点，共同推进社会事业发展，为两地群众增进民生福祉。

（撰稿人：庆伟　盛欣龙）

第七章　东莞市与牡丹江市对口合作

东莞市发展和改革局　牡丹江市发展和改革委员会

为深入贯彻党的十九大精神，落实党中央、国务院关于推进新一轮东北地区等老工业基地振兴战略的决策部署，按照《国务院办公厅关于印发东北地区与东部地区部分省市对口合作工作方案的通知》《黑龙江省与广东省对口合作框架协议（2017~2020年）》等文件要求，2017年11月，东莞市与牡丹江市确立对口合作关系。对口合作开展以来，东莞市与牡丹江市始终坚持以习近平新时代中国特色社会主义思想为指引，坚持"政府搭台、社会参与，优势互补、合作共赢，市场运作、法制保障"原则，主动沟通，积极作为，深入对接，扎实推进各项工作务实有效开展。

一、两市对口合作进展情况

自东莞市与牡丹江市对口合作工作启动以来，东莞、牡丹江两市市委、市政府高度重视、积极部署，各部门主动作为深入对接，社会各方互动频繁、交流密切，全面推进对口合作工作，截至2018年底，两市重点围绕5个方面10个重点领域开展工作，取得了实质性进展。

（一）健全完善制度机制，保障对口合作高效推进

1. 强化组织领导

两市分别成立相应的对口合作工作领导小组，负责两市对口合作的领导、协调和推进。领导小组日常工作由市发展改革委（局）具体承担，负责协调、联络和重点工作的组织推进。

2. 明确顶层设计

两市共同签署了《东莞市与牡丹江市对口合作框架协议》，明确了围绕行政

管理体制改革、产业合作等 8 方面重点内容开展合作；签署《东莞市与牡丹江市对口合作工作备忘录（2017～2020 年)》，明确了合作原则和目标，将两市对口合作内容细化为 10 项重点任务，明确了各部门对口合作任务分工与主攻方向。在此基础上又签订了《牡丹江市与东莞市建立友好城市关系缔约书》等一系列对口合作文件，为两市对口合作做出了具体的安排部署。

3. 健全联席会议制度

实行两市对口合作领导小组联席会议制度，商定决策重大事项，协调对口合作重大问题。两市共同建立健全对口合作领导、协调和推进机制，确保对口合作有序推进。截至目前，两市在市党政代表团互访期间已召开联席会议 2 次，在深入交换意见的基础上，达成建立友好城市等系列重要共识。

4. 深化合作交流

2018 年，东莞市与牡丹江市两地政府间举行交流活动 10 批 300 余人次，各类机构、企业组织专项领域交流 30 余批次，对接各类企业、商会、协会 200 余家，为推动两地政府间、企业间了解情况、开展合作创造了条件。2018 年 9 月中旬，东莞市常务副市长白涛率领东莞市委组织部等 7 个市直部门和企业到牡丹江市实地考察对接对口合作工作；10 月中旬，牡丹江市长高岩率牡丹江市党政代表团 33 人到东莞考察对口合作工作，期间，两市共同签订了友好城市关系缔约书。

（二）积极搭建合作平台，着力推动对口经贸合作

两市坚持"政府搭台、社会参与"原则，充分发挥政府在对口合作中的引导带动作用，优化政策环境，搭建合作平台，吸引社会资源积极参与对口合作，组织开展各类经贸会展活动，推动两市经贸互动合作。

1. 搭建交流交易平台

对口合作以来，两市共举办各类座谈交流活动 20 场次，在各领域签署各项协议 8 个，推进洽谈各类项目合作 30 余个，达成合作意向 20 个，开工建设项目 4 个，建成投产 4 个。其中，东莞市企业参加第二十九届哈洽会、第六届中国（绥芬河）国际口岸博览会等大型推介活动，以及组织相关企业参加牡—莞粮食及农产品产销推介会，推动粮食及农产品实现"对口营销""定点销售"，为牡丹江市创新农产品销售模式、推动"种得好"向"卖得好"转变拓展了新路；两市联合在东莞举办了牡丹、东莞、俄罗斯叶卡捷琳堡三方工商联组织经贸洽谈活动；2018 年 10 月 19 日，依托牡丹江市、东莞市、俄罗斯叶卡捷琳堡三地签订的贸易框架协议，实现了首单 4000 万元商品采购业务。牡丹江市工商联与东莞市工商联就牡丹江物流仓储及配送体系建设上形成投资合作，加快推进牡丹江市

物流基地建设。

2. 促进产业务实合作

双方围绕粮食、木材产业、电子商务、矿产开发等领域，促成了 21 个产业投资项目签约，投资总额达 20.75 亿元，为牡丹江企业家开拓东莞市场，双方企业实现产销对接提供了平台。特别是两市共同组织东莞常平粮油市场管理有限公司等 8 家企业到牡丹江市参加"牡丹江—东莞对口合作粮食及农产品产销交流推介会"，推动牡丹江市 43 家粮食及农产品生产、销售、存储企业与东莞企业实现"对口营销""定点销售"，合作金额达 2 亿元。

3. 推动合作协议签订

对口合作开展以来，两市积极牵线搭桥、创造条件，推动各部门间和社会各方深入合作，签署了《旅行社行业协会合作协议书》《粮食产销合作框架合作协议》《粮食产销合作实施协议》《农副产品购销意向性协议》《南北绿色粮食供应链产业合作项目战略合作协议》《牡、莞、叶卡三方贸易促进合作协议》等一系列合作框架协议和旅游、卫计、工商联等部门间合作协议。

（三）积极推进项目建设，打牢两市对口合作基础

1. 积极推动项目洽谈合作

两市根据"优势互补、合作共赢"的原则，依托东莞与牡丹江两地资源产业的互补优势，积极推动项目洽谈合作。2018 年，牡丹江市共计洽谈对接东莞市投资线索超过 50 个。其中，共投资 1.1 亿元 3 个项目已建成投产；共投资 5.85 亿元 3 个项目已落地开工。具体推进情况为：建成投产项目 3 个，分别是阳明区木业加工园区、穆棱市华盛木业加工、东安区"智能魔盒"；前期推进项目 2 个，分别是总投资 5 亿元的东宁市洋灰洞子铜矿和总投资 3 亿元的阳明区松威大厦；开工建设项目 3 个，分别是海林市俪涞国际小区、宁安市职业教育园区电子产业产教融合、东安区智慧教育 2.0；签约落地项目 3 个，分别是阳明区年产 20 万台智能电机智能升降机研发生产基地、绥芬河众家联俄罗斯木材集采中心、南深北绥合作；推进洽谈项目 19 个，包括智能家居物联网、三文电子元件加工、牡丹江电子商务产业园。

2. 对口合作进展成果

在两市纵向深入对接上，东莞市各镇街与牡丹江市各县（市）区在不同领域都取得了具体成果。其中：绥芬河市同大朗镇达成"对口交流友好市镇"签约意向；海林市与东莞金凤凰集团和徐福记集团就高档酒店建设项目和果冻产品加工项目达成初步意向；宁安市深化与东莞市已达成的 3 个合作意向，成效明显；东宁市与广东省贤丰矿业集团对已签订合作协议的洋灰洞子铜矿建设项目进行了深入磋商，围绕加快项目建设进度进行了交流；阳明区与东莞宝杰环保科技有限公司和申久五金制品有限公司达成共建热电联产项目和海钓鱼竿组装厂项目的意向；西安区与东莞市积庆生物科技有限公司的年产1万吨生物有机肥建设项目，与中实创科技（广东）有限公司的植物盒子生产项目都有意向性进展；东安区与深圳市安琪食品集团有限公司达成了销售黑木耳、大米、猴头菇等多元农副产品合作意向；与东莞市千洪电子有限公司、深圳市新纶科技股份有限公司达成了在东安区设立电子产品区域总部意向；爱民区与塘厦镇政府达成建立区镇合作关系的合作意向；与贤丰控股集团对接五星级酒店项目和三道关风景区旅游综合开发项目；与广东省坚朗五金制品股份有限公司、中控智慧科技股份有限公司对接建材五金制品生产与销售中心项目；穆棱市与东莞市迦南家具有限公司、东莞市豪古家具有限公司达成深入交流，谋求合作的意向，并确定要深入穆棱、实地考察，寻求共赢商机。

（四）推进各专项领域合作，凝聚广泛社会共识

1. 推进两地人才干部交流

为推动人才互动交流，牡丹江市先后选派两批干部人才赴东莞市挂职锻炼。其中，第一批5名处级干部已圆满完成挂职交流任务，同时，牡丹江市直各相关部门和各县（市）区也分别通过不同角度与东莞市开展干部人才交流活动，选派了一批干部到东莞市对口合作单位进行挂职交流，重点开展招商引资工作。牡丹江市职教中心派遣10名教职人员赴东莞学习交流。2018年10月19日，牡丹江市党政代表团在东莞考察对口合作工作期间，两市市委组织部就干部交流合作事宜进行了深入沟通，就双方互选派干部挂职锻炼，以及各县（市、区）和相关市直部门选派科级以下干部到东莞市挂职锻炼等事宜达成共识。

2. 推进两地特色镇区（县）合作

东莞市先后安排食品名镇茶山镇、家具名镇大岭山镇和羊毛衫名镇大朗镇率政府和企业代表团赴牡丹江市考察对接合作工作；两市市直相关部门组织粮食经营管理、新生物能源、食品产业链、现代物流等企业到两市实地考察对接。大岭山镇与穆棱市在家具产业合作方面，茶山镇与穆棱市在食品、农副产品项目合作方面，牡—莞两市在粮食合作、物流合作方面，整合各自优势资源共同打造精品旅游产品，在教育、卫计和民营企业合作方面都取得了一定成果。

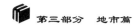

二、2019 年工作目标与思路

2019 年是牡丹江市和东莞市对口合作工作的深化年、提升年，两市将按照《黑龙江省与广东省对口合作实施方案》《黑龙江省与广东省对口合作框架协议》总体要求，紧紧围绕《牡丹江市与东莞市对口合作框架协议》的具体安排部署。进一步加大对接交流力度，拓展合作领域，深化合作成效。促进一批重大产业项目落地、促使一批合作机制形成、推进一批改革创新经验实施。努力共同探索出一条南北联动、协调发展、互利共赢的新路径。

（一）健全对口合作工作机制

进一步健全两市对口合作工作领导小组，完善日常联络机制。两市市直对应部门进一步完善部门间、政府间的联络机制，推进重点合作事项，组织两市主要领导定期会商，研究对口合作重大事项。

（二）建立健全信息共享制度

两市市直有关单位之间建立高效、通畅的信息共享制度，注重对口合作信息沟通交流，做好信息互通、资源共享。两市发展改革委（局）及时将各成员单位的对口合作成果形成工作简报，向省发展改革委及市委、市政府领导和其他成员单位报送，加强工作信息的互通共享。

（三）继续推进干部挂职交流

两市组织部继续推进干部挂职交流，促进干部观念互通、思路互动、作风互鉴、办法互学。

（四）开展产业合作交流

依托两市优势资源和产业基础，在产业链整合和产需对接上加强合作，借助牡丹江市资源富集、生态良好、用地充足、发展空间大和东莞市先进制造业发达、科技创新能力强、产业链完整、资本充沛等优势条件，鼓励引导东莞企业在牡丹江设立出口加工区、制造业配套园区、家具产业园区和科技孵化区。重点围绕会展服务业推动 2019 年在牡丹江东安区文化创意产业园举办全国性动漫展活动。利用举办绥芬河地板论坛契机，两市对接好来绥 35 户品牌地板企业，争取达成品牌地板代工合作；围绕服务业推动金色三麦主题餐厅、对俄毛纺织研发中心等项目加快落地进程；围绕绿色食品、特色农业推动粮食、农副产品实现"对口营销""定点销售"，丰富常平粮油大市场的牡丹江特色农产品展厅产品、东莞市大京九农副产品中心批发市场等大型农贸企业，进一步开辟牡丹江市农副产品销售市场，加强粮食生产加工企业间沟通合作；围绕高端装备产业推动电子产品区域总部等项目签约实现落地；围绕生物医药产业推动牡丹江市与东莞市积庆生物科技有限公司合作的年产5000吨生物有机肥和年产1000吨生物营养液项目建成投产；围绕智能家居及林木加工产业牡丹江市有序承接东莞市林木加工产业转移，推动东莞圣辉五金铁艺家具生产加工项目、东莞大鹏木业宜家家居配套加工项目等已签约项目尽快实现落地。

（五）开展农业合作交流

进一步统筹推进牡丹江市优质农产品开拓东莞市场，加强两市粮食产地和销地市场合作，开展特色农业、绿色食品生产加工土特产品基地建设和农产品精深加工合作，建立农业和绿色食品长期产销对接关系，推动粮食及农产品实现"对口营销""定点销售"，"种得好"向"卖得好"转变拓展了新路。

（六）开展旅游文化产业合作交流

重点以发挥牡丹江市和东莞市旅游资源丰富、南北气候互补性强的优势，围绕旅游加文化、体育、养老、医疗等大健康产业开展合作，实现两市旅游资源互补、旅游市场互动，旅游业共同发展。开展"寒来暑往　南来北往"旅游合作，推动两市互为旅游客源地和目的地。引导两地推出旅游优惠政策，东莞市民在牡丹江市享受市民待遇。支持东莞旅游投资商和骨干企业开发牡丹江市旅游产品。合作发展影视、演出等文化产业，研究互设城市文化主题日、举办文化推介会等活动，加强文艺团体交流与合作，举办精品节目展演等活动，繁荣两市演艺市场，鼓励东莞市文化企业到牡丹江市投资。

（七）开展园区合作交流

加强两市高新区、经开区、专业园区、特色园区间的交流与合作，创新园区管理，优化园区服务，推动产业集聚，促进园区创新发展、优化发展。在项目建设上争取东莞—众家联俄罗斯木材集采中心项目、广东省家居商会供应链联盟产品质押仓项目尽快实现签约落地。

（八）开展科技和高校合作交流

一是按照"真诚合作、优势互补、互惠互利、共同发展"原则，深化两市科技战略合作关系，促进两市创新要素流动共享、高新技术成果转化落地、产业转移与承接。

二是围绕牡丹江市生物医药、高端装备制造、新材料、绿色食品等重点产业及东莞市五大支柱产业、四大特色产业，鼓励引导两市间高校、科研院所、企业加强产学研对接，促进关键重大技术攻关和成果转化。

三是依托两市特色优势产业基础，加大产业链上下游产品、技术整合力度，促进产业链条延伸与产品配套。针对两市产业创新发展需求，找准对接合作切入点，力争在电子信息、装备制造绿色食品等战略性新兴产业的承接转移合作方面取得突破。

四是组织牡丹江市高校、科研院所、企业参加东莞市"国际科技合作周"等重大对接活动，为牡丹江市承接先进地区产业、技术转移创造条件。

（九）加强对外开放合作交流

加快推进对俄罗斯毛纺织研发中心项目的落地；推动东莞产业转移承接基地的建立，特别是对进口俄罗斯资源类生产加工产业的承接项目，打造东莞对俄罗斯出口加工产业园区建设。

（十）开展人文思想文化领域合作交流

推动两市建立新闻出版广播影视媒体宣传和产业发展领域的对口合作关系，强化两市在广播影视、手机移动端、包装印刷等平台的深度合作。借助传统主流媒体和新媒体宣传两市对口合作工作，及时报道两市对口合作工作亮点和成效，营造良好舆论氛围。

（十一）开展行政管理体制改革合作交流

加强两市在加快转变政府职能、优化投资营商环境、引导金融资本服务于经济社会改革发展以及财政管理等方面的先进经验交流，进一步推动两市政府职能转变，提高政务服务质量和水平。加强两市在加快转变政府职能、分类推进事业单位改革、降低制度性交易成本等方面的经验交流，深化简政放权、放管结合优化服务改革，提高两市政府和事业单位公共服务水平。优化投资营商环境，开展"减证便民"工作，交流东莞市成熟的改革经验，加快在牡丹江市复制推广。

（十二）开展医疗卫生、养老市场合作

一是加强两市卫生健康行政审批制度改革经验交流及疾病预防控制领域、医学教育科研领域、中药医疗服务技术、食品安全标准和风险监测领域等方面交流合作。

二是依托牡丹江市良好资源优势和产业基础，共同开展"互动式"养老、医疗、大健康等产业，引导东莞市社会组织、养老机构落地牡丹江市，参与养老市场服务。

（撰稿人：胡德安　洪成志）

第八章　中山市与佳木斯市对口合作

中山市发展和改革局　佳木斯市发展和改革委员会

2018 年，中山市和佳木斯市认真落实《黑龙江省与广东省对口合作实施方案（2017～2020 年）》与《黑龙江省和广东省对口合作 2018 年重点工作计划》，结合两市实际，本着"政府搭台、社会参与，优势互补、合作共赢，市场运作、法制保障"的原则，积极推动两地携手合作，共同发展，取得阶段性成果。

一、两市对口合作进展情况

（一）对口合作优势明显

2018 年，两市在对标学习先进经验、产业项目合作、共促科技成果转化、合作共建园区和平台载体等方面开展了全面合作，两地对口合作优势明显。

佳木斯市农业资源丰富，域内耕地面积近 3000 万亩（含农垦），粮食年总产量约 250 亿斤，粮食商品率达 90%，是国家粮食主产区和重要的优质商品粮基地。中山市市场潜力巨大，信息资源广，消费能力强。深化两地农产业方面合作，对于佳木斯市发展现代农业以及食品和农副产品加工业、延伸农产品供应链、推广绿色优质农产品具有重大推动作用。

佳木斯市工业历史底蕴深厚，产业基础扎实，机械加工、粮食加工、木材加工、新能源等重要领域产业协作配套体系完整。中山市产业要素优势明显，对于佳木斯市学习借鉴产业园区建设管理经验，推动产业对接转移具有引领作用。

佳木斯市处于黑龙江省东部城市群中心，水、陆、空立体交通齐备，区域中心城市功能完善，是黑龙江省东部地区的重要交通枢纽和商品物流集散地。中山市是珠江西岸区域性综合交通枢纽、珠三角宜居精品城市，基础设施完善、现代管理水平高，创新创业要素集聚。两市的深度合作，对于催生新技术、新业态、新模式、新产业具有积极的带动作用。

佳木斯市是我国对俄开放的重要前沿城市，对俄开放口岸较多，随着中俄同江跨江铁路大桥竣工和黑瞎子岛开放开发，对俄经贸合作优势明显。中山市是国内经济发展前沿城市，对外开放水平高，外事资源丰富，出口品牌多，跨境营销网络广。加强两地对外开放领域合作，有利于拓宽对外合作平台，增强外事资源服务能力，提高整体对外开放水平。

（二）高度重视，夯实合作坚实基础

为切实加强两市对口合作工作的统筹力度，两市多次开展互访交流，确定对口合作工作重点。2018年5月，中山市政府副秘书长吴军同志带队前往佳木斯开展"五个一"活动；2018年7月，佳木斯市委常委、常务副市长孙希平同志率政府考察团到中山市考察；2018年8月，中山市委常委、组织部长陈小娟同志带领考察团就干部双向挂职锻炼机制赴佳木斯市考察对接；2018年9月，中山市委常委、常务副市长杨文龙同志随广东省常务副省长林少春一行参加省政府代表团赴黑龙江省调研。

两地政府分别成立了对口合作工作领导小组。两地发改部门结合实际联合制定印发了《佳木斯市与中山市对口合作近期工作要点》，构建了政府、社会、企业广泛参与的合作体系，对口合作领域包括体制改革、民营经济发展、金融、装备制造、经贸、农业、旅游、养老、产业园区等，为各部门推进对口合作工作提供了遵循。

（三）加强合作交流，促进两地协同发展

1. 行政管理体制方面

佳木斯市借鉴中山市改革经验，坚持把"放管服"改革作为转职能、提效能、激活力、促发展的重要抓手，明确行政权力范围，统一权力设定标准，规范权力运行流程。

2. 民营经济发展方面

佳木斯市工商联、向阳区统战部、前进区政协等分别组团带领民营企业家赴中山考察学习，探讨完善民营经济发展的政商环境、创新环境、人才环境和法治环境等，加快构建亲清新型政商关系。中山市组织重点企业赴佳木斯开展考察对接，兴中集团到佳木斯考察粮食异地存储合作项目，并就商务合作及投资促进、粮食供产销、园区共建等展开交流。一年来，两市本着"互为资源、互为平台、互为市场"的原则，共同促成了两地政府部门、企业围绕电商交易平台、生物技

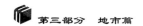

术及农产品推广战略合作等签订合作意向协议共 10 份，为未来深入合作奠定了坚实基础。

3. 产业园区合作共建方面

佳木斯市高新区与中山市火炬开发区拟通过中佳产业园区谋划建设，重点在食品产业、新材料、科技创新产业等领域开展合作。目前，佳木斯市高新区已与中山市火炬开发区大唐盛世科技公司签署了合作协议，该公司在佳木斯市高新区双创大厦概念设计、孵化器平台建设、科技项目招商等方面取得实质性合作进展，下一步在成果转移、科技孵化、金融服务和大厦招商等方面加强合作，并计划在佳木斯高新区内启动 10 公顷用地，规划建设标准厂房、中山市工业企业产品展示馆等。中山市助力佳木斯市创建国家级高新区，积极落实两地高新区战略合作协议，初步提出共建佳木斯中佳产业转移工业园合作意向。佳木斯市三江商贸城计划引进中山美居产品，并通过电商、跨境贸易等方式辐射俄罗斯及周边市场，已达成在佳木斯市建立"中山商城"项目合作意向。佳木斯市与广东省美味鲜调味食品有限公司、中山市工业技术研究院建立了对接联系，正积极探索两地间联动与合作新模式，研究协同创新平台将共性项目成果异地转化的可能性。

4. 农粮合作方面

两地促进中山市汉鲲智能科技有限公司与黑龙江省亿佳农业科技服务有限公司在佳木斯市成立无人机科技应用和服务公司，开发具有自主知识产权的农用无人机、构建农情监测大数据管理平台。佳木斯市引进中山立恒生物科技有限公司在佳木斯市推广应用单一微量元素叶面肥项目。对接金银卡（广州）生物科技有限公司玉米秸秆膨化发酵饲料项目；共同推进了桦川"星火大米"与中山市喜来登等高端酒店对接，并成功进入喜来登酒店采购目录。黑龙江省华腾生物科技有限公司与广东省果美农业发展有限公司成功对接，拟在中山市沙朗农贸批发市场开设佳木斯市产品展示展销区域。两地商务部门签署了优质农产品推广销售工作对口合作框架协议，两地商务部门、农委签订了《佳木斯市优质农产品推广销售方案》，促成了"佳木斯大米"中山古镇旗舰店开业。佳木斯农产品在中山市已建立以"中山公用"为核心的分销体系、以"报业家里"为核心的宣传和线上渠道。时代农业、孙斌大米、华腾生物等佳木斯知名企业与中山企业成功对接。2018 年 12 月，中山市发展和改革局、中山市粮食储备经营管理有限公司等组成调研组赴佳木斯开展粮食购销实地调研考察，初步达成了粮食"异地代储"合作意向，进一步推进了中山地方储备粮"异地代储"工作进程。

5. 经贸商务与物流方面

一年来，两市共同组织多次经贸商务企业往来，推进深入合作。2018 年 4 月，中山市组织 20 多家外贸企业到佳木斯市就合作开发俄罗斯灯饰市场、进口俄罗斯商品及硬杂木事项进行考察；5月，组织广东省嘉丰控股集团有限公司、远熙电子商务、中山经促会及黑龙江商会等商贸代表赴佳木斯开展商务交流；2018年6月，组织中山公用、益华百货、中山水出集团等企业和协会代表到佳木斯市开展优质农产品产销合作交流对接；2018年12月，再次组织中山外贸协会、光裕进出口、中山丝绸进出口集团、中粮外贸、瑞康电器等20家企业代表到佳木斯市开展商务考察。积极推动物流合作，推动广东省菜丁网络科技有限公司与佳天国际在电子商务领域开展深入合作，将"菜丁"电商平台植入佳天国际农产品物流交易中心，合力建设菜丁农产品国际物流园。

6. 文化旅游方面

两市以推动互为旅游客源地和目的地，联合打造"南来北往 寒来暑往"旅游季品牌。2018年4月，中山市参加佳木斯市三江杏花节，借助对口合作契机和杏花节平台，与周边地市开展旅游交流合作。2018年5月，中山市组织广中江旅游联盟在佳木斯市举办"活力广东，秀美广中江"旅游推介会，推广广中江三地特色旅游产品，两地签订《佳木斯市旅游发展委员会与中山市旅游局合作框架协议》；2018年9月，两地在2018年广东国际旅游博览会上以"活力粤港澳，悠然中山行"为主题，全面推出中山、佳木斯特色旅游资源和精品旅游线路；2018年11月，在中山市共同举办"华夏东极邂逅伟人故里"冬季旅游联合推介会；12月，在广州、佛山、东莞三地共同举办了"赏冰乐雪·华夏东极"为主题的2018佳木斯冬季旅游产品（粤港澳大湾区）推介会，大力宣传推介佳木斯冰雪旅游项目，将旅游营销向"粤港澳大湾区"拓展。

7. 中医药与健康产业方面

受佳木斯市邀请，中山仰视科技公司赴佳木斯市为10家医疗机构做了关于"人工智能影像诊断"的推荐活动，并成功与佳木斯市传染病院对接；佳木斯市借鉴中山市养老机构标准化服务经验，启动了养老院标准化试点工作，积极推进荣军养老服务中心"公建民营"改革。

8. 科技创新合作方面

围绕科技研发与转化、创新创业合作、科技创新服务平台建设、知识产权保护与维权等方面积极探索两市科技信息共享、科技服务资源共享、人才共用共享的有效途径。佳木斯市天鸿孵化器、高新区创业服务中心、佳木斯大学围绕两地孵化器科技合作展开高端对接，分别与广州大智汇创业服务有限公司、中山市广东省大唐盛世科技产业股份有限公司签署了三项合作协议。两市围绕科技管理、平台建设、成果转化、项目研发、信息交流等方面确定对口合作方向和内容。佳木斯市学习借鉴中山市鼓励科技创新的政策引导，创新平台和载体建设，创新团队（人才）的引进和培育，科技项目管理和科技金融改革等方面的成功经验、做法，结合佳木斯市实际，完成了《佳木斯工业技术研究院筹建方案》并经市政府常务会议审议通过，2018年12月27日，佳木斯市工业技术研究院正式揭牌。中山市医疗影像专家团队多次赴佳木斯市调研，并与7家市属医院达成了初步合作意向，重点开展基于遥感影像监测项目、医疗诊断合作项目，并形成了《佳木斯市基于遥感影像的河长制动态监测方案》。

9. 干部人才交流培训方面

双方自建立干部互派挂职交流机制以来，共选派了两期共30名干部互派挂职。2018年1月，佳木斯市从市发改、经信、科技、商贸、农业、规划、旅游、金融、高新区及公共资源交易中心选派了第一批10名机关干部组队到中山市挂职锻炼。2018年5月，中山市从市发改、经信、科技、商贸、农业和火炬开发区选派了第一批6名机关干部组队赴佳木斯市挂职锻炼。2018年10月，佳木斯市从抚远市、高新区、向阳区、前进区、同江市、桦川县、市工信委、旅游局选派了第二批8名党政机关干部组队到中山市挂职锻炼。同时，中山市从市发改、科技、商务、农业、旅游和火炬开发区选派了第二批6名机关干部组队赴佳木斯市挂职锻炼。挂职干部主动融入，积极发挥桥梁和纽带作用，真抓实干，深入开展调研，广泛联系企业，挂职期内牵头和协助举办了10多场次的考察交流、经贸洽谈、企业对接等活动，并促成了中山立恒生物技术有限公司、飞旋天行航空科技有限公司等一批中山企业在佳木斯市谋划确定合作项目。

同时，根据企业需求，佳木斯市与中山市有关部门就专业技术人才培训进行对接并达成协议，中山市将选派专家到佳木斯市对企业人力资源管理、质量管理、安全管理、团队建设等方面人才进行培训。

二、2019年工作目标与思路

2019年，两市对口合作工作将在巩固已有合作领域和合作工作机制基础上，进一步促进两市在更大范围、更广领域、更深层次协同合作。

（一）加快推进重点合作项目落地

中山市拟推动立恒生物、远熙电子商务、嘉丰集团、黑龙江商会、报业家里集团等企业意向合作项目落地，并全面做好项目合作跟进，进一步建立两地合作关系，以推动两地经济交流发展。佳木斯市将通过中山市作为支点，面向粤港澳大湾区开展系列招商活动，招引一批绿色食品、生物技术、高端装备、健康医养、新能源、新材料、旅游、生产性服务业等方面的产业项目，实现招商数量和质量双提升。

（二）探索合作建设产业园区

围绕两市对口合作工作要点，深入谋划合作项目，加强农产品产销平台、边境贸易、开发区建设、木材加工、旅游等重点领域对口合作，携手推动对口合作工作取得实效。重点加强两市高新区（开发区）、专业园区、特色园区间的经验交流，推动两市经济发展功能区开展对接合作，鼓励两地高新区（开发区）合作共建对口合作示范园区，推进园区合作共建。进一步探索发展"飞地经济"，引导一批中山市的重点企业到佳木斯市投资兴业，共同开发市场、协同发展。

（三）拓展科技、教育领域合作空间

推进两市科技成果转移转化对接合作，引导双方加强产学研用合作，定期组织开展科技对接交流等活动。推动佳木斯市传统优势产业，特别是装备制造优化升级需求与中山市创新创业优势有效对接，以新需求牵引新技术、催生新产业，以新技术创造新供给，促进产业链上下游整合。充分发挥两市高校、职业院校、科研院所优势，共同引导两市相关院校、科研机构等发起成立对口合作智库联盟，就两市合作规划、机制、政策、重点领域等方面开展研究，为对口合作提供智力支撑。推进两市开放共享"双创"资源，相互借鉴"双创"企业、"双创"平台和创客的经验做法，支持推进"双创"示范基地建设。推进科技创业苗圃、科技企业孵化器等科研机构及创新平台建设，构建以企业为主体、市场为导向、产学研用紧密结合的技术创新体系。引导企业与高校、科研院所共同开展产品研发、科技创新，鼓励支持创建秸秆综合利用、绿色食品、农机、电机、新材料、生物工程等重点产业技术创新战略联盟、研发平台和技术研发中心。鼓励双方优秀的创业投资企业和创业投资管理团队相互参与创业投资发展，携手营造创新创业氛围。

（四）加强两地现代农业合作发展

通过资源与市场对接、市场与项目对接，推进佳木斯市在农业资源、生态资源等方面的优势与中山市在市场融资、民间投资等方面的资本优势相对接，将双方的资源、资本优势合力打造成新的经济优势。建立佳木斯市中山市粮食储备基地，引导中山市企业到佳木斯市投资合作，建设粮食加工基地，发展农产品精深加工、食品制造、现代农业服务业，延伸农业产业链条，推进农业规模化、标准化、产业化发展。

（五）积极搭建经贸合作交流平台

充分利用中山市对外开放合作资源，共同拓展东盟市场，参与海上丝绸之路建设，共建对外开放平台。利用中山市经贸交流平台，协助佳木斯市农机装备、电机装备、纺织、医药、食品等优势产品企业开展对外贸易及经济技术合作，引导企业参与对东盟地区投资及国际产能合作，吸引优质外资。协同参与"一带一路"与中蒙俄经济走廊建设，推动共建铁路、公路等重大基础设施，联合开展面向东北亚的开放合作，共同开拓周边市场，共建对外开放平台。发挥中山市毗邻港澳的地缘优势，联合港澳组织招商活动，支持佳木斯市企业积极参与粤港澳大湾区建设。积极协商共建综合性"走出去"信息服务平台，实现信息共享，互通有无。积极推动两市企业参加中国—俄罗斯博览会、中国进出口商品交易会及其他经贸交流活动。协助中山市灯具及照明装置、家用电器等优势产品企业，利用对俄经贸交流平台，扩大对俄罗斯出口规模和水平。引导中山市企业到佳木斯境外合作园区投资建厂，共同参与俄罗斯远东跨越式发展区建设。

（六）加强人才交流培养

继续巩固互派挂职干部交流机制，2019 年将继续拟派干部挂职，以进一步促进观念互通、思路互动、作风互鉴、办法互学。相互交流学习在市场经济条件下如何更多利用经济手段、政策手段、法律手段管理地方经济社会发展的方法。佳木斯市将与中山市委党校合作，建立两市干部教育培训基地，加强两市教育培训资源共享，重点围绕当前工作开展专题培训。加强两市人力资源服务合作，建立人才双向交流机制，按照"不求所有，但求所用"的理念，积极引导双方高端人才参与两市创新创业。

（撰稿人：刘栢恒　杨震　史春胜　连旭）

第九章　江门市与七台河市对口合作

江门市发展和改革局　七台河市发展和改革委员会

一、2018 年主要工作成效

2017 年 12 月，七台河市与江门市在广州签订了对口合作框架协议，两市结成对口合作关系一年来，按照两地省委、省政府的工作部署，在两市的共同努力下，对口合作机制初步建立、对口合作基础逐步夯实、对口合作成效初步显现。

（一）对口合作机制建立完善

两市市委、市政府高度重视对口合作，作为重要政治任务摆在促进发展的突出位置。多次召开会议，贯彻落实黑龙江省和广东省对口合作座谈会精神。分别成立了由市政府主要领导任组长，分管副市长任副组长，有关部门主要领导任领导小组成员的对口合作工作领导小组，为对口合作的有效开展提供了组织保障。以两市主要领导为代表的各级考察团频繁开展互访对接，极大地夯实了两市合作基础。在对口合作框架协议的基础上，两市联合印发了《黑龙江省七台河市与广东省江门市对口合作工作方案（2018～2020 年）》与《2018 年七台河市和江门市对口合作任务清单》。

（二）交流对接往来频繁

江门市与七台河市合作广泛、交流不断，实现双方优势互补，促进共同发展。2018 年 12 月，江门市委副书记、市长刘毅同志率领江门市政企代表团赴七台河市与七台河市市长贾君就共同建立产业园区进行了研商，最后刘毅、贾君分别代表江门市政府与七台河市政府签订园区共建合作框架协议。2018 年 6 月，江门市委常委、常务副市长许晓雄与七台河市主要领导一同出席了在哈尔滨举办的"第二十九届哈尔滨国际贸易洽谈会七台河·江门招商项目推介会"，借"哈洽会"召开之际携手合作，共同招商，共谋发展，将此次对接活动推向新高潮。会上两市分别围绕双方的资源禀赋、规划发展、重点产业、招商政策等进行了重点推介。江门市两家企业——广东海鸿电气有限公司和广东华材实业股份有限公司在推介会上分别与七台河市的黑龙江三江变压器有限公司和宝泰隆新材料股份有限公司签订战略合作协议。宝泰隆、万锂泰等企业参加了2018年10月江门市在深圳举办的新能源电池新材料（江门）技术与资本对接会。其中，万锂泰与江门市朗达锂电池签订了合作协议，项目金额达3亿元。

两市积极促进民间开展对口合作交流座谈会，就加强两地经济合作、优势互补，促进两市产业对接展开交流和探讨，两地企业家在食品加工、医疗、大健康、文体旅游、房地产建筑、智能制造等领域达成了合作意向。在各级政府的推动下，两地各部门、团体、企业交流往来频繁。江门市共有24家企业、院校、政府部门分别进行了项目签约。江门市李锦记、东古、科恒、千色花、华材，七台河市宝泰隆、万锂泰、荣盛达、利健等两地一大批企业或通过政府部门组织的考察团或自行组团赴对方进行实地考察，寻找合作项目。七台河市三江变压器有限公司、宝泰隆股份有限公司、万锂泰电材有限公司分别与江门市海鸿电气有限公司、华材新材料股份有限公司、朗达锂电池有限公司签订了战略合作协议。此外，宝泰隆股份有限公司与广东千色花也签订了相关合作协议，江门胜鹏化工有意愿在七台河市投资设厂。

（三）农业领域合作积极开展

两市粮食部门按照"政府推动、部门协调、市场调节、企业运作"的原则，签订了《粮食产销合作框架协议》，构建两地粮食部门长期、全面、稳定的合作关系。组织两地有合作意向的粮食企业参加了在黑龙江省哈尔滨市举办的全国粮食交易大会，七台河市林泓米业有限公司与江门双胞胎饲料有限公司签订了10万吨玉米购销合同，江门市万通内陆港综合物流有限公司与江门市东古调味食品有限公司就大豆等生产原料供应探讨了合作意向。江门市粮油储备调剂有限公司与七台河桃南国家粮食储备库有限公司签订了大豆1万吨、玉米3万吨购销合同。

（四）高等院校交流合作深入

恪守"互惠双赢、集约办学、统筹共建"的基本理念，七台河职业学院分别与江门职业技术学院和五邑大学签订了《七台河职业学院与江门职业技术学院交流合作协议书》和《七台河职业学院与五邑大学交流合作协议书》，逐步深化高等院校校际交流与合作，就共建服务平台、优化师资培养、搭建国际交流平台等方面推进合作。并且双方院校各选派两名教师赴对方院校，开展课程教学、专业建设、学校管理等领域开展深入交流。

（五）文旅融合发展不断

为促进两市的文化交流合作，两市共同举办了《四海同根——江门侨史展》。展览于 2018 年 10 月在七台河市博物馆展出，充分展现了江门五邑人民在海外的拼搏历史，展现了一代代华侨在海外奋斗、立足、互帮互助并回馈祖国的壮丽史诗，具有重要的爱国主义教育意义，进一步宣传中国传统文化、华侨文化，弘扬广大华侨爱国爱家、无私奉献的精神，宣传和弘扬社会主义核心价值观。两市旅游部门积极推动两地旅游事业的协同发展，联合签订了《江门—七台河旅游战略合作框架协议》，支持和引导本地企业到对方开发旅游资源，投资旅游项目，互为旅游目的地，实现"寒来暑往"的旅游目的，共同做大做强双方旅游市场，推进双方旅游业的共赢发展。

（六）干部挂职交流全面

2018 年七台河市共选派了 20 名不同部门的优秀干部分两批到江门市挂职交流，分别在江门市市直相关部门及各市、区挂职，并选派七台河市副市长到江门市挂职交流。江门市委、市政府积极创造各种有利条件，为江门市挂职干部搭建了施展才能的平台，创造了良好的学习交流环境，促进了两市的交流合作。

二、2019 年工作计划

随着两地交流互访活动的深入推进，对口合作工作已经进入全面对接阶段。为贯彻落实好中央关于振兴东北的战略部署及两省对口合作工作有关会议精神，把七台河市与江门市对口合作工作推向深入，结合两地实际情况，就 2019 年对口合作工作计划如下：

（一）推进园区共建

探索合作共建园区模式，构建园区共建体制机制，有序推动合作共建七台河市茄子河区化工产业园区。

一是建立完善园区建设管理机制。由两市经信、发改、商务、规划、国土、住建等多部门联合组成工作组，共同参与七台河市茄子河区化工产业园区的规划编制、产业负面清单制定、基础设施建设、园区招商引资项目等工作，加快园区各项工作。

二是积极争取扶持政策。用足用好国家老工业基地振兴和东北与东部地区对口合作等相关扶持政策，形成政策洼地，吸引企业到园区投资。

三是加强产业合作。把江门技术优势与七台河资源优势相结合、江门产业资本优势与七台河产业需求相结合，优势互补，推动江门市有实力有特色的化工企业在园区落户或与七台河市本地企业开展合作，共同打造专业化、特色化的新型化工产业园区。

四是加快项目落地。加快推动千色花、胜鹏化工在七台河投资落地，积极做好"穿针引线"工作，协调解决两个项目在七台河投资存在的障碍及问题，有针对性地逐一研究破解，推动企业将投资意向变为实实在在的落地项目。同时抓好项目的谋划，继续推动更多江门企业到七台河投资洽谈，促进一批项目落地。

（二）巩固深化合作成果

一是推动七台河宝泰隆和江门华材，七台河三江变压器与江门海鸿电气，七台河万锂泰与江门朗达电池项目合作取得新进展。加快推动华材公司在七台河设立节能锅炉生产点和产品销售中心。深化三江变压器与海鸿电气在引进技术、合作开发项目、设立销售代理等方面的合作。在落实前期合作协议的基础上，推动朗达电池与万锂泰进行合资合股。

二是落实双方签订的粮食供销协议。继续跟踪江门双胞胎饲料有限公司与七台河市林泓米业有限公司玉米购销合同和江门粮油储备调剂公司与玉米大豆购销协议等落实情况，协调解决继续推动江门鹤山市东古调味食品有限公司和万通内陆港综合物流有限公司购销差异问题，推动双方达成一致意见。

（三）切实加强经贸合作

一是共同开展招商推介活动。整合双方资源，借助"哈洽会"等平台，在广州、深圳、佛山、东莞、江门等地举办七台河招商投资推介会。邀请江门市相关商会会长到七台河市考察，进一步促进两市商会和企业家的交流，增加洽谈合作的机会。

二是拓宽合作领域。充分发挥七台河石墨烯资源丰富、产业链完整、技术研发基础扎实的优势，坚持以市场为根本、政策为导向，积极鼓励引导两地企业根据产业发展需求，加强石墨烯相关产业的合作。重点拓宽江门电力装备、轨道交通、装备制造、油墨、涂料、电池、化工等产业优势与七台河石墨烯新材料等相关产业产需对接。

三是加强产销对接。充分利用七台河玉米、大豆等农产品生产销售基地，拓展七台河市大豆、玉米与江门市饲料龙头企业供销渠道。积极引导七台河市新型农业经营主体加强与江门市相关企业对接洽谈、交流合作，加强黑甜甜葡萄和大米营销方面的交流，在蒻菜、马铃薯、黑木耳种植和南北水果供销等方面寻求合作。积极推广"新会陈皮村国家现代农业产业园区"的经验，为七台河农业一二三产融合创新发展实现新突破。

（四）做好人才培训交流

一是推动两地干部人才交流互学。促进挂职培训常态化，结合两市实际，积极探索建立干部挂职交流长效机制，推动两地干部人才相互学习、相互借鉴，转变观念，提高工作水平。

二是开展医疗等专业人才交流。两市实施医师定期互派制度，定期将医疗机构骨干医师、"百名医科研究生计划"中青年力量互派交流学习，共同提升两市医疗卫生水平。

三是深化教育领域合作。突出院校合作特色，利用五邑大学、江门职业技术学院资源，为七台河教师培训提供平台，为七台河职业技术学院提供实习基地。深化院校专业建设、教师挂职交流、学生委培、联合办学等领域的合作。搭建两地中小学教育领域的交流平台，在学校管理、师资培训、教学科研、教育信息化等方面开展对口交流。

（五）拓宽文化旅游合作空间

一是积极开展文化交流活动。依托七台河市"七台河之夏""七台河艺术之冬""文化大讲堂""社区文化节"等品牌系列文化活动，与江门市开展文化活动交流。开展文化领域专家或学者讲座、论坛、辅导培训活动。举办文化产品、非遗产业项目及红色文化推介会，与江门市开展石墨展览展示会，共同搭建两市文化产品宣传、交流、交易展示平台。

二是探索旅游合作新路径，充分利用两市及周边的旅游资源，打造"南来北往　夏来冬往旅游线路"。将两市互为旅游目的地的合作模式扩展为两省旅游资源的互相承接合作，分别承接对方城市到本省旅游的需求，即江门游客到黑龙江省旅游由七台河旅游公司承接，七台河游客到广东省旅游由江门旅游公司承接。

（六）加强督促落实

对口合作涉及七台河市与江门市各个方面，需两市各部门办调配合推进。根据工作进展在江门市或七台河市适时召开两市部门对口合作联席会议，统筹推进落实国家和省对口合作的工作部署，指导督促两地各部门开展两市对口合作各项工作，全面落实两地市委市政府对口合作的工作部署和相关要求，深入实施七台河和江门对口合作工作方案和年度对口合作任务清单，提升对口合作的深度和广度，努力推动对口合作工作取得新突破、新成效。

（撰稿人：汪世雷　刘绍山　凌小翘）

第十章 湛江市与绥化市对口合作

湛江市发展和改革局 绥化市发展和改革委员会

按照中央和两省的部署，广东省湛江市与黑龙江省绥化市建立对口合作关系。湛江、绥化两地市委、市政府高度重视对口合作工作，全面落实国家和两省的相关部署，多次进行工作对接，不断拓展合作领域，广泛开展商贸合作，加强干部挂职交流，对口合作工作取得阶段性成效。

一、2018 年两市对口合作开展情况

（一）两市对口合作制度设计

1. 成立工作领导小组

为加强对口合作工作的组织领导和统筹协调，按《黑龙江省与广东省对口合作 2018 年重点工作计划》的要求，湛江、绥化两市分别成立了对口合作工作领导小组，均由市委副书记、市长任组长，市委常委、常务副市长和市委常委、组织部长任副组长，成员包括所属各县（市、区）政府、市相关部门主要负责同志，办公室设在两市发改部门，建立了联络员制度，具体负责日常工作的联系和对接。

2. 两市高层密切对接，达成合作共识

2018 年 4 月 12～13 日，绥化市党政代表团赴湛江市就对口合作工作进行了对接，共同组织召开了两市对口合作座谈会暨签约仪式，两市的工信、金融、商务、农业、工商联及高校签署了对口合作框架协议，明确了合作目标、合作原则和合作内容。2018 年 5 月 30 日至 6 月 2 日，湛江市委常委、常务副市长曹兴同志带队前往绥化调研，并举行湛江·绥化对口合作工作对接座谈会，通过考察学

习，深入了解绥化市资源和产业发展情况，与绥化市在多个领域达成初步合作意向。2018 年 10 月 11～12 日，湛江市委书记、市人大常委会主任郑人豪率湛江市党政代表团赴黑龙江省绥化市考察学习，并召开绥化·湛江对口合作对接暨项目签约座谈会。绥化市委书记曲敏，市人大常委会主任李元学，市委副书记、市长张子林，市政协主席郑建强等绥化市四套班子领导参加有关活动。此次考察对接成果丰硕，两市共签订各类合作协议 22 个，合作金额约 31 亿元。其中，双方领导现场见证了 10 个项目的签约。其中，部门间框架合作协议 4 个，分别是两市教育、商务、旅游部门以及经济技术开发区之间签署战略合作协议；政府与协会或企业间签订合作协议 3 个，分别是铁海联运粮食物流通道合作框架协议，绥化市青冈县人民政府与湛江市羽绒协会签订战略合作框架协议，绥化市安达市人民政府与广东九青农业发展有限公司、黑龙江昊锐物流有限公司签订项目协议书；企业间合作协议 3 个，分别是湛江市旅游康养健康城项目合作协议、中国·绥化寒地黑土绿色农副产品进入广东省健康餐桌项目合作协议、湛江市马铃薯科研种植合作示范基地项目合作协议。

（二）推进体制机制创新

1. 民营经济发展

2018 年 5 月 23～25 日，绥化市民营企业考察团一行 38 人到湛江市考察交流，走访了恒兴水产、金岭集团、粤海饲料，考察了徐闻"菠萝的海"和徐闻正茂蔬菜种植有限公司，并召开项目对接洽谈会。2018 年 7 月 20～23 日，湛江市企业家代表团一行赴绥化市，就对口合作项目进行了深入的考察和对接。2018 年 8 月 11～13 日，绥化市企业界代表一行，到湛江走访广东省鼎盛实业集团股份有限公司、广东省合力创新投资管理股份有限公司健康餐桌运营中心实体店等，进一步就双方合作项目深入探讨。

2. 对内对外开放

一是利用"哈洽会"积极开展对口合作经贸活动。在第二十九届哈洽会上，湛江市组织广东橙乡味道商贸有限公司、广东原绿生物工程有限公司等企业随广东省代表团参加了此次博览会。博览会上，展示了湛江市企业的电饭锅、菠萝、香蕉、玉米、百香果等果酱食品，烘焙即食菠萝、烘焙即食虾以及虾酒等具有湛江代表性的特色产品，重点突出湛江市小家电、旅游产品、深加工农产品等名特优产品，进一步推动了湛绥两市的经贸交流合作。

二是东盟农博会上成功举办"五谷杂粮下江南"推介会。在湛江·东盟农博会上，湛江、绥化两地联合举办的"五谷杂粮下江南"推介会在湛江国际会展中心举行，绥化市副市长吴剑锋、湛江市副市长欧先伟参加推介会。在东盟农博会的 135 平方米绥化展区，42 家下江南企业带来了大米、鲜食玉米、杂粮等 9 大类 101 款产品，受到了湛江采购商和市民的欢迎，湛江市四家公司与寒地黑土米业集团进行签约。

（三）开展产业务实合作

1. 农业合作

一是开展异地种植。绥化市望奎县龙薯联社 2015 年到湛江市遂溪县开展异地种植，开创"北薯南种"模式，发展冬季到南方种植马铃薯、红薯等农作物，2018 年合作社在遂溪县草潭镇的基地面积为 13000 亩，亩均产量约 2 吨，年均纯利润 1000 万元，带动周边农民就业 200 余户，人均收入增加 2.5 万元，为当地的经济发展起到了良好的推动作用。

二是互建线上线下相结合的商品营销模式。湛江国家粮食储备中转库运营的军民融合超市，为绥化市提供了 70 平方米的"寒地黑土产品销售专柜"，目前已入驻绥化市企业 7 户、34 款产品。绥化市绿色农产品也已入驻京东湛江馆，现已实现销售额 12 万元。电子商务创新创业园在绥化市寒地黑土绿色食品旗舰店为湛江市产品提供了销售专柜，现已入驻湛江企业 11 户、72 款产品，同时将消费者引流到线上天猫绥化原产地商品官方旗舰店、金马优选、绥化消费者扶贫商城等线上平台，已经实现了绥化周边地区的销售。

三是推进新零售店建设。绥化市望奎县政府在湛江市霞山区海滨路建立了寒地黑土优质农产品营销网点——望奎寒地黑土农产品（湛江）体验店，目前，该体验店主要销售的产品有优质大米、大豆油以及五谷杂粮等特色农产品 70 多种，并与湛江市宾馆、机关饭堂和超市等 20 多家单位建立了产品销售渠道，年销售额 800 多万元。目前绥化市望奎县已在湛江市建立 2 处旗舰店，寒地黑土米业集团已开发了昌大昌超市、民豪超市、全家福超市、明湖超市和湛江赤坎区海田批发大市场，覆盖茂名、信宜、吴川、徐闻等地，销售网点 190 处，销售额突破 1000 万元。湛江市作为冬季北运菜的重要基地，2018 年湛绿公司销往绥化市的北运菜有 45500 吨，大大稳定了冬季绥化市的蔬菜市场。

2. 粮食合作

一是签订粮食产销合作框架协议。为进一步巩固和发展龙粤两省粮食对口合作关系，绥湛两地粮食部门利用在哈尔滨举办 2018·龙粤粮食产业经济高质量发展合作峰会契机，两地积极就粮食产业发展、市场需求、产销合作等情况进行了深入洽谈，签订了《湛江市粮食局、绥化市粮食局加强粮食产销合作框架协议》。

二是两地粮食部门建立了合作沟通机制。通过黑龙江省金秋粮食交易洽谈会、湛江绿色产品博览会，两地粮食局进行高层磋商，规划、设计年度工作计划。建立两地粮食市场信息共享机制。通过不断沟通，加强工作、信息交流，增进互信；定期互信通报粮食生产、流通、市场供求及价格信息，积极应对市场供求，及时对市场供求及价格变化进行研判，及时进行信息交流，提升产销合作质量和效果。建立两地对口合作应急保障机制。推进湛江市地方粮食储备到绥化市异地储备合作事项，建立异地储备联合监管机制。推进建立绥化营口陆地港、湛江港粮食铁海联运应急保障绿色通道。推进建立资本合作机制。加强两地国有粮食购销企业深度合作，鼓励企业间建立互相参股合作的收储、加工、销售联合体。推动绥化市水稻加工企业与湛江市大米销售企业进行资本合作，建立直销、代销营销网络。探索利用湛江市港口、冷链物流储存的先决条件，为绥化市建立大米储存、销售集散中心。

三是开展互访考察落实合作意向。2018 年 7 月，绥化市粮食局一行受湛江市粮食局邀请参加了"2018 湛江·东盟农博会"，会议期间走访考察了湛江市粮食市场、粮食收储企业、湛江港务集团国际集装箱码头有限公司；2018 年 8 月 19日，国家粮食和物资储备局在哈尔滨举办了"首届中国粮食交易大会"，湛江市粮食局一行 25 人受绥化市粮食局邀请参会，并考察了绥化市北林区、望奎县、庆安县的粮食生产、加工企业情况，验收确定了湛江市异地储备合作企业。湛江市粮食局所属湛江市粮食储备中心库、湛江市坡头粮食储备库、湛江市北站粮食储备库等 5 户企业，确定在庆安县东禾金谷粮食储备有限公司、庆安鑫利达米业有限公司、庆安博林鑫农业集团有限公司、望奎三维粮食收购有限公司等企业建立粮食异地储备规模 36147 吨，其中：水稻 30000 吨、玉米 6147 吨。并在此基础上，根据两地粮食产销需求情况，积极开展粮食市场化购销。

3. 文化和旅游合作

一是开展文化旅游领域对接考察交流。2018 年 6 月 19～22 日，绥化市文化和旅游局就两地文旅领域合作对接工作前往湛江市进行考察对接，两市召开专项对接会议。绥湛两市旅游部门对湛江市优秀旅游景区和市、县、乡、村四级公共文化服务体系建设情况进行了实地调研。

二是广泛开展文旅交流活动。2018 年 11 月中旬，绥化市文旅部门组织全市10 个县（市、区）旅游部门及部分旅游企业代表赴湛江参加 2018 年中国海博会滨海旅游展，举办以"魅力都城地·相约在冬季"为主题的绥化（湛江）旅游推介会。2018 年 11 月 22 日，在湛江市举办 2018 年"春雨工程"绥化文化志愿者广东行"魅力都城地·黑土绽芳华"美术书法展，将独具北国冰情雪韵的书画作品带到南国雷州半岛，让湛江人民共享寒地黑土文化成果，促进两地文化共同繁荣发展。

（四）推动两地各领域对口合作、优势互补

1. 教育对口合作

一是积极进行考察对接。绥化市教育局和绥化市职教中心主要领导和相关同志，先后三次赴湛江市开展对接考察交流工作。实地考察了湛江市实验学校、广东文理职业学院、湛江幼儿师范专科学校、湛江市第一中学和湛江市卫生学校等多所学校，并与湛江市教育局及相关学校召开座谈会，洽谈对接交流合作项目，签署了职业教育合作框架协议。

二是深入开展校际合作。湛江市的多所职业院校与绥化市职教中心建立"姊妹校"关系，互派教师进行教学实践交流。同时，为推进两地基础教育学校的合作交流，取长补短，互相借鉴，绥化市第一中学与湛江市第一中学、绥化市第二中学与湛江市第二中学、绥化市第七中学与湛江市农垦实验中学、绥化市第九中学与岭南师范学院附属中学、绥化市第十中学与湛江市赤坎区初级中学结成对口交流对子，广泛开展教育教学交流合作工作。

三是努力推进资源共享。针对湛江市职业教育发展较快及毕业生需求量大和就业渠道多的优势，由两地教育部门和职业院校牵线搭桥，推荐绥化市中职学生进行就业。绥化市发挥教师普通话较好的特长，2018年12月初，绥化市教育局选派3名普通话测试专家，赴湛江市开展中小学普通话测试指导培训工作，担任湛江市中小学普通话能力竞赛活动评委，并进行普通话示范表演。

2. 科技创新合作

一是互访考察学习交流，签订合作协议。2018年9月8～9日，湛江市科技局一行5人到绥化市考察对接科技创新工作，先后考察了北林区盛昌种子繁育有限公司、兴和乡水稻农业科技创新示范基地正大稻田公园、黑龙江天有为电子有限公司、黑龙江昊天玉米开发有限公司等农业科技示范基地及田园综合体和科技型企业。现场考察后，召开了绥化市—湛江市科技创新合作交流座谈会，通过对接交流，双方均表示今后要加强联系沟通，建立联席会议、联络员、定期互访考察学习交流研讨等工作制度。会上签订了《绥化市科技局 湛江市科技局开展科技成果转化合作框架协议》。2018年11月20～26日，绥化市科技局一行5人赴湛江市开展考察对接交流工作，先后考察了宝钢湛江钢铁公司控制中心、湛江市双林生物科技有限公司、广东冠豪高新技术股份有限公司等高新技术企业，智园谷科技企业孵化器、湛江市国家高新区科技创业服务中心（孵化器）、思维盒子众创空间等科技企业孵化器、众创空间，以及农业产业化重点龙头企业金岭集团旗下的海洋科技产业创新中心、广东北部湾智慧农业服务有限公司、广东北部湾农产品流通综合示范区、北部湾农产品蔬果基地等农业科技示范园区，学习了湛江市晋升国家高新技术产业园区、成立省级重点试验室、发展高新技术企业、围绕地方产业优势聚集创新资源等经验和做法。

二是组织项目参展海博会，宣传产业技术创新。中国海洋经济博览会（以下简称海博会）是广东省人民政府和国家海洋局共同主办的大型经贸会展活动，于2018年11月22~25日在广东省湛江市举办。湛江市科技局作为海博会产业馆筹办单位，为绥化市设立36平方米"黑龙江省绥化展位"。绥化市科技局组织天有为电子、汇丰生物科技、安瑞佳和金龙油脂等15家科技型企业，涉及汽车电子、石油化工和农副产品精深加工等领域的21项技术及产品，进行宣传展示。在展会期间，绥化市科技局与参加展会的28所高校、科研院所进行了对接交流，共收集适合绥化市产业发展的科技成果256项，接待国内外参观者达1200多人（次），发放中国绥化投资指南、参展企业及产品宣传资料共3300多份。

3. 干部人才交流培训

按照"龙粤"合作的总体安排，为深入贯彻落实绥化市与湛江市对口合作意见精神，推进以干部人才交流挂职的"软合作"取得实效，绥湛两地互派了挂职干部。2018年5月2日，绥化市选派了6名干部（处级5名、科级1名）作为第一批次赴湛江挂职人选，进行为期3个月的挂职锻炼。省委组织部安排绥化市副市长庞洪峰挂职任湛江市人民政府副市长，为期6个月。2018年7月11日，湛江市委选派了6名干部（处级5名、科级1名）到绥化市进行为期6个月的挂职锻炼。

二、2019年工作目标与思路

为确保对口合作工作走深走实，打造跨区域对口合作样板，2019年两市拟重点做好以下工作。

（一）强化推进对口合作组织保障

进一步健全完善对口合作工作机制，及时研究解决对口合作的重大问题。明确工作流程，制定年度计划，建立项目清单、台账，明确牵头服务部门，建立跟踪问效反馈机制，定期开展联席会议机制，动态跟踪合作进展情况。

（二）促进项目签约落地

紧紧围绕绥湛两地资源优势，强化重点项目谋划、产业招商、重点区域招商、招商引资体制机制创新、招商引资平台建设。积极推进签约项目开工建设，积极推进谋划项目签订合约，积极推进储备一批潜力项目。探索"飞地经济"等创新模式，共建产业园区、"园中园"等，力争在产业合作上实现突破。

（三）开展促进民营经济发展的交流合作

组织两市民营企业进行互访交流、考察，加强两市在推进民营经济发展以及企业先进的管理理念、营销理念、市场理念等方面的经验交流。研究探讨联合举办双创主题服务活动，促进两市双创服务机构、基地或企业对接，共同推动民营经济健康发展。

（四）继续加大北粮北菜南下、湛江水产海产北上步伐

瞄准需求端推进供给侧结构性改革，把湛江作为"五谷杂粮下江南"北粮北菜南下重点城市，创新农产品营销方式，通过组织全市农产品产销企业抱团"走出去"，开展体验式推广，共推品牌，共拓市场，实现线上线下共生发展，产区与销区无缝对接。扩大"寒地黑土"农产品直营代理覆盖面，做大做强湛江市场。积极鼓励扶持湛江水产海产龙头企业进军绥化，把水产海产品摆到绥化本土电商平台，进入绥化本地大型商超。

（五）推进两地旅游合作，共同开拓冬休旅游市场

推动信息共享，联合举办互换冬天、冰雪与大海等对话活动，鼓励各自区域内的旅行社推介对方路线，积极推动互为客源地的进程。联合参加国内大型旅游推介会，互相借力，共同推进冬休旅游市场开发。

（六）做好干部选派挂职工作，拓宽挂职干部对象和范围

继续互派优秀处（科）级干部挂职锻炼，在选派对象上，重点以县（市、区）党政班子副职和市直部门副处级干部为主、以乡科级干部为辅。解放思想、增长才干、学习互鉴，丰富眼界、增长阅历、提升本领，做好推介绥湛两地的"宣传员"、绥湛合作的"联络员"。

（撰稿人：孙正浩　朱嘉红　吕清桥　王鑫哲）

第十一章　茂名市与伊春市对口合作

茂名市发展和改革局　伊春市发展和改革委员会

一、两市对口合作进展情况

（一）开展对口合作的优势

茂名、伊春两市地处我国大陆南北两端，虽地理距离遥远，但产业关联大、经济互补性强、合作空间广阔。伊春市地处黑龙江省中部的小兴安岭腹地，与俄罗斯隔江相望，是我国开发最早的重点国有林区和老森林工业基地，也是中国最大的森林城市，素有"中国林都""红松故乡""恐龙之乡""天然氧吧"等美誉，目前重点加快发展森林食品、森林生态旅游、北药、木业加工和绿色矿业等五大主导产业，相继被评为国家级园林城市、全国卫生城市、全国幸福城市、全国文明城市。

茂名市地处广东省西南部，南海之滨，背山面海，具有明显的热带和亚热带特征，是广东省农业大市，全国最大的水果、经济林生产基地，全世界最大的荔枝和罗非鱼生产基地，粮食、蔬菜、肉类总产量居全省第一，同时，茂名市是一座滨海旅游城市，拥有"中国第一滩"、放鸡岛、浪漫海岸、城市内湾——水东湾等滨海旅游资源。

茂名市、伊春市两地可依托双方资源禀赋和优势产业，加快推动旅游、粮食、医药、商贸、康养等重点领域合作交流，切实推进两市对口合作取得成效。

（二）两市对口合作制度设计

1. 工作机制

在两省对口合作统一安排部署下，茂名市与黑龙江省伊春市建立对口合作关系，2017年12月14日签署了《黑龙江省伊春市与广东省茂名市对口合作框架协议》，并有序推进对口合作各项工作。

一是建立对口合作领导和协调推进机制。两市分别成立了对口合作工作领导小组，办公室均设在市发展改革委（局），负责对口合作日常工作。两市有关单位及有关区（县、市）作为领导小组成员单位，分别承担各自工作任务，推动相关合作任务落到实处。

二是强化机制保障。建立以市场为导向的常态化机制，通过政府组织推动两市市场化、常态化合作。两市组织部门负责对接上级组织部门，牵头推进干部人才交流培训等工作。健全宣传机制，两市在报刊、广播、电视、网络等媒体充分宣传对方城市，借助传统主流媒体和新媒体宣传两市对口合作工作，及时报道两市对口合作工作亮点和成效，营造良好舆论氛围。

三是强化政策扶持。各重点合作领域牵头部门密切跟踪国家和省政策动态，积极与国家和省对口部门对接，在政策实施、规划编制、项目安排、改革创新、先行先试等方面争取国家和省部门支持。两市围绕合作重点项目，积极争取中央预算内资金支持和银行业金融机构信贷支持。

2. 领导互访

两市领导每年开展互访或座谈交流，共同研究推动重点工作。自两市建立对口合作关系以来，双方进行了频繁的对接与合作。伊春市委、市政府领导多次率团到访茂名。2017年12月4~5日，伊春市委常委、常务副市长白波带领伊春市发展改革委领导一行3人，到茂名市就缔结对口合作城市相关事宜进行协商洽谈。2017年12月16~18日，时任伊春市委书记、市人大常委会主任高环率考察团到茂名市开展对口合作交流活动。2018年9月2~4日，伊春市长韩库率团到茂名市开展考察调研活动，并召开两市对口合作座谈会。2018年9月22日，茂名市委常委、常务副市长吴刚强出席在哈尔滨市举行的黑龙江省与广东省对口合作座谈会，并与伊春市政府领导展开深入交流对接。2018年10月17日，时任茂名市长许志晖（现任茂名市委书记、人大常委会主任）赴广州市参加广东省与黑龙江省对口合作座谈会。2018年11月2~3日，时任茂名市委书记、人大常委会主任李红军率党政代表团到伊春市考察学习并进行对口合作工作对接，举行伊春市与茂名市对口合作联席会议暨项目签约仪式。两市代表分别签订14项合作协议，其中部门间框架合作协议7个，分别是两市组织、发展改革、工业和信息化、农业、商务、旅游部门以及工商联合作协议；协会或企业间合作协议（合同）7个，涉及两市农（林）产品、食品生产经营企业、医药企业、粮食企业、科技创新企业等。

3. 顶层设计

一是制定实施方案。根据《黑龙江省与广东省对口合作实施方案》《黑龙江省伊春市与广东省茂名市对口合作框架协议》，为扎实推进两市对口合作务实有效开展，两市发展改革部门联合研究制定《黑龙江省伊春市与广东省茂名市对口合作实施方案》。

二是制定年度工作计划。两市发展改革部门联合制定《黑龙江省伊春市与广东省茂名市对口合作 2018 年重点工作计划》，经呈报两市政府审定同意，已于2018 年 7 月 17 日联合印发实施。

（三）推进体制机制创新

1. 行政管理体制改革经验交流

两市加强在加快转变政府职能、分类推进事业单位改革、降低制度性交易成本、优化投资营商环境、开展"一门一网式"政务服务等方面的经验交流，深化简政放权、放管结合、优化服务改革，提高两市政府和事业单位公共服务水平。2018 年 5 ~ 8 月，伊春市首批赴茂名市挂职干部中，安排 1 名同志挂任茂名市政府综合政务管理办公室副主任，在"放管服"改革方面加强经验交流。

2. 民营经济发展

组织两市民营企业赴对方交流、考察，加强两市在推进民营经济发展以及企业先进管理理念、营销理念、市场理念等方面经验交流。两市积极发挥政府部门引导推动作用，两地工商联、商会、行业协会加强对接合作，组织企业家到对方交流经验、洽谈合作，为两地企业宣传、项目推介、产品展示提供帮助。

3. 对内对外开放

两市加强经贸商务交流合作，组织相关单位及企业参加第二十九届"哈洽会"、中国（东北亚）森博会等大型经贸交流活动。2018 年 5 月 8 日，伊春市商务局到茂名市共商对口合作工作并举行对口合作座谈会。2018 年 6 月 14 日，茂名市商务局组团参加第二十九届哈尔滨国际经济贸易洽谈会及 2018 年中国（哈尔滨）跨境电子商务合作会议，茂名市化州赖庄园橘红有限公司参展。2018 年 6 月 28 日，伊春市茂名挂职干部组成专题考察组考察茂名市电子商务工作。2018 年 7 月 5 ~ 10 日，茂名市商务局组织 3 家企业赴伊春市参加第五届中国（东北亚）森博会，并进行考察对接活动。化州化橘红药材发展有限公司的化州橘红丝获得组委会颁发的最高荣誉——"2018 第五届中国（东北亚）森博会金奖"。电商企业广东省窦江农业有限公司与伊春市黑龙江北货郎森林食品有限公司、伊春市雪中王山特产品有限公司初步达成电商销售合作协议，双方 10 多个产品相互进入对方销售板块，上线上架销售。茂名海蓝水产有限公司对伊春市丰富的林下经济资源产生浓厚的兴趣，并初步与当地有关部门和企业进行了接洽。

（四）开展产业务实合作

1. 农业合作

两市加强基地建设、农业经营、三产融合、乡村振兴等方面的生产经营理念、先进经验交流。2018 年 5 月 26 日，伊春市茂名挂职干部团在"千年荔乡"高州荔枝文化节上设立伊春展位，开展伊春特产和旅游资源推介。伊春市"铁力大米""溪水木耳""新青蜂蜜"等特色农产品，广受客商和观展群众青睐。伊春铁林电商平台开展"南北两地林农产品引进来走出去"活动，推介茂名荔枝，仅两天就销售高州荔枝、铁力特产千余斤。2018 年 11 月 3 日，茂名市食品行业协会与伊春市兴安塔有机食品有限责任公司签订销售合同，计划采购伊春市野生松子 100 吨，合同金额达 600 万元，2018 年已购销约 15 吨松子，2019 年拟购销超 200 吨松子，同时扩大购进伊春的榛子、木耳、蜂蜜等特产。茂名市壹坊农业有限公司和黑龙江北货郎森林食品有限公司达成森林食品购销合作，壹坊公司在茂名市现代农业展示中心设置专区，展示展销伊春的森林食品，包括小米、大豆、红豆、香菇、木耳等共 26 种，展销效果较好。

2. 粮食合作

两市积极搭建粮食对口合作平台，推进两地粮食产销合作。2018 年 1 月 25 日，原茂名市粮食局组织有关企业赴哈尔滨参加 2018 年龙粤粮食产业经济高质量发展合作峰会，茂名市粮食储备公司与黑龙江省伊春南岔国家粮食储备库签订玉米购销协议。2018 年 4 月 25～27 日，伊春市粮食局率团到茂名实地考察调研，召开两市粮食产销对口合作座谈会，并签订建立粮食安全战略合作关系协议，同时希望茂名饲料企业能采购伊春等东北玉米。2018 年 8 月 18～20 日，原茂名市粮食局组织有关单位及企业负责同志赴哈尔滨参加首届中国粮食交易大会，茂名市金信米业有限公司在会上展示其粮油产品，茂名市粮食收储有限公司与黑龙江省伊春南岔国家粮食储备库签订玉米购销协议。2018 年 11 月 3 日，茂名市金信米业有限公司与黑龙江省伊春南岔国家粮食储备库、铁力市金海粮米业有限公司分别签订农副产品购销合同。茂名市金信米业有限公司与铁力市金海粮米业有限公司签订的农副产品购销合同已于 2018 年 12 月开始执行，每月购进优质稻谷。

3. 文化旅游合作

两市积极打造"寒来暑往·南来北往·常来常往"旅游合作品牌，加强旅游企业交流合作，互相组织旅游推介活动，共同打造特色旅游产品。2018 年 5 月 26 日，伊春市茂名挂职干部在高州荔枝文化节上现场开设展位，展示伊春冰雪旅游、嘉荫恐龙文化、上甘岭溪水国家森林公园、铁力日月峡国家森林公园、新青国家湿地公园、小兴安岭户外运动谷等一批具有代表性的文化旅游资源。2018

年6月8～10日，伊春市茂名挂职干部团队在"大唐荔乡·好心茂名——茂名荔枝北上古驿道的新发现之旅"走进重庆的活动中，广泛开展宣传推介活动，助力2018年重庆国际旅游狂欢节，就加强重庆市、伊春市、茂名市三地的旅游市场互动发展进行推介交流。2018年11月3日，茂名市国旅国际旅行社有限公司与伊春招商国际旅行社有限公司签订合作框架协议，约定每年向对方城市输送旅游团队，将两市纳入"旅游黄金线路"进行推广，充分利用当地的各种媒体宣传推介两市的旅游产品。

4. 中医药与健康产业合作

积极发挥伊春市在药材种植、制药业方面的优势，引导茂名市骨干制药企业到伊春市建立药材种植及加工基地，深度开发伊春市北药资源。2018年11月3日，广东省绿恒制药有限公司与黑龙江九峰山养心谷游览景区管理有限公司签订中药材战略合作协议，计划优先采购和销售九峰山景区内种植百合、赤芍、白癣皮、桔梗、北五味子等中药材，合作期限10年，九峰山景区内种植基地规模为10万亩，年产药材5万吨，总产值约20亿元。签订中药材战略合作协议后，黑龙江九峰山旅游管理有限公司在九峰山景区种植北五味子、桔梗、百合、人参等中药材原料，供应给广东绿恒制药有限公司加工中药饮片。2018年12月，广东绿恒制药有限公司从黑龙江九峰山旅游管理有限公司购进黑木耳一批，经广东绿恒制药有限公司加工在茂名市场销售。

5. 养老服务合作

2018年6月7～8日，茂名市组团赴伊春市参加黑龙江省养老产业招商推介会，茂名市与伊春、佳木斯、鹤岗、黑河、哈尔滨等天鹅颐养经济走廊城市共同签署了《天鹅颐养经济走廊城市合作项目》协议，共享养老资源，互促养老产业，打造健康旅居养老产业链和生态链。目前黑龙江省投资者计划在茂名市开设医养结合型养老院。

（五）推动两地干部人才交流培训

1. 伊春市安排优秀干部赴茂名挂职

2018年5～8月，伊春市选派10名处级干部到茂名市的市直单位、经济功能区、县级市（区）挂职，促进两市干部观念互通、思路互动、作风互鉴、办法互学。

2. 开展干部异地培训

2018年6月24～29日，伊春市委党校组织50名优秀处、科级干部赴茂名市委党校培训，开展异地交流学习。2018年10月21～27日，茂名市委党校组织第二十九期中青一班共46人赴伊春市委党校回访学习。两地市委党校加强教学经验交流。

3. 搭建科技创新平台

2018 年 11 月 3 日，伊春市五营人才驿站与茂名高新技术协同创新研究院有限公司签订科技合作框架协议，合作开发北沉香与北药项目。2018 年 11 月 4 日，在伊春市五营区人才驿站召开交流会，并展示北沉香萃取样品及应用效果，引起参会人员广泛兴趣。茂名市有关单位编制了北药产业基地发展规划大纲给伊春市五营区人才驿站，为今后开发北药奠定基础。茂名高新技术协同创新研究院院长麦君年被伊春市五营区组织部特聘为专家。

4. 加强高层次人才交流合作

茂名市对伊春市来茂工作的专业技术人才提供绿色通道、查询证书、职称评审三方面的便利性合作，实现职称评审无差别对待。茂名市出台《茂名市高层次人才引进实施细则》等新政策，规范高层次人才的认定程序以及人才待遇、举荐奖励的发放工作，促进两市高层次人才交流合作。

二、2019 年工作目标与思路

（一）工作目标

两市对口合作取得更多实质性成果，建立起横向联动、纵向衔接、定期会商、运转高效的工作机制，构建政府、园区、企业、商（协）会、研究机构以及多种社会力量广泛参与的多层次、宽范围、广领域的合作体系，形成常态化干部交流、人才培训机制。探索共建特色产业合作平台，力争实现一批标志性跨区域合作项目。

（二）加强党政之间的沟通联系，共同夯实合作基础

两地党政领导、部门领导加强沟通联系，常来常往；建立和完善高层会商、定期协调和信息共享等机制，通过推进协商制度化，召开两市领导联席会议，切实贯彻落实中央和两省决策部署和工作要求，商定决策重大事项，协调对口合作重大问题，指导、督促对口工作任务落实，切实提升合作水平。

（三）主动作为，发挥政府引导推动作用

两市发展改革、工信、农业、商务、民政、旅游、工商联等部门继续通过经

贸推介会、展会、招商会、对接会等多种形式，为各类市场主体提供充分的对接平台。两市发展改革部门围绕对口合作框架协议，列出项目清单，明确路径图、时间表，落实责任单位，着力抓好重点合作项目落地实施。组织两地民营企业开展交流合作，重点推动食品、制药、智能制造、研发、园区共建等方面的交流合作，组织开展友好交流及投资环境考察活动，进一步密切两市商会关系，寻求双方合作切入点。继续深入推进两地贸易促进、经贸合作、口岸管理、会展经济、电子商务等方面商务对口合作，组织两市企业参加中俄博览会、哈洽会、粤港澳经济技术贸易合作交流会、21世纪海上丝绸之路国际博览会等展会活动。加强特色农产品生产基地建设、农产品加工、农产品产销对接等方面合作。

（四）继续加强粮食产销合作

积极推动两市建立粮食安全战略合作关系。组织企业积极参加黑龙江省金秋粮食交易会，支持伊春市粮油企业在茂名建立更加广泛的销售渠道。结合两省共同开展"黑龙江好粮油"进广东销售、媒体宣传等活动，促进"伊粮入茂"取得进一步成效，进一步提升产销对接成效。加快建立两市粮食项目合作平台，发布两市粮食合作项目供求信息，定期跟踪合作项目进展情况，积极为合作企业协调解决问题，促进双方合作健康发展。积极探索异地代储合作。利用黑龙江省粮食产区粮源优势，指导、支持有意愿、有需求的粮食储备企业在黑龙江省建立粮食储备基地，降低粮食储备成本。

（五）以企业为主体，深入开展产业合作

着力发挥两地企业合作主体作用，推动企业采取市场化运作方式扩大两地合作，共同培育合作项目。

一是加大力度推进旅游合作，根据伊春气候特点，在各个季节确定不同的主题，茂名市组织更多游客到伊春市旅游。结合旅游合作开展两地文化交流。

二是扩大粮食等农产品以及森林食品的购销合作。

三是开展制药业合作。茂名市引导重点医药企业到伊春市建立药材种植及加工基地，开设经营网点。

四是开展沉香产业交流合作，两地加强沉香产业交流，互学互鉴，促进共同发展。

五是加快组织实施企业（协会）合作协议（合同），争取收获更多合作成果，为两市开展对口合作起到示范作用。

（六）进一步深化养老服务对口合作

两市进一步加强在旅居养老服务、旅居养老培训、旅居养老项目等领域开展

密切合作，满足老年人多元化养老服务需求，推动候鸟养老产业共同发展。进一步抓好养老合作项目落实。大力支持黑龙江省投资者在茂名市开设养老院，推动养老项目地。鼓励茂名市投资者到黑龙江省伊春市等地开办养老院，促进伊春市养老机构发展。

（七）继续推进干部人才培训交流和挂职

继续推进干部人才培训交流和挂职，促进互学互鉴。探索建立两市干部挂职交流长效机制。两市市委党校继续加大干部人才培训交流，2019年，茂名市计划组织处级干部进修班、中青年干部培训班，前往伊春市委党校进行交流培训学习。积极开展伊春市、茂名市人才项目对接洽谈活动，交流引进两市急需紧缺人才。加强高层次人才的交流与学习，定期组织两市高层次人才实地考察学习，召开座谈会、沙龙等交流学习活动。依托茂名市人力资源服务产业园，加强与伊春人力资源服务机构交流与合作，促进两地人力资源产业发展。巩固伊春市在茂名工作的专业技术人员在职称领域的倾斜政策。

（撰稿人：姜超 李耀浩）

第十二章　肇庆市与鸡西市对口合作

肇庆市发展和改革局　鸡西市发展和改革委员会

肇庆市与鸡西市开展对口合作工作，是贯彻落实党中央实施东北振兴战略和黑龙江省与广东省对口合作工作部署要求的重要组成部分，使命光荣、意义重大。两市市委、市政府高度重视，积极主动、认真谋划，对口合作工作取得新的进展，现将 2018 年有关合作情况和 2019 年工作思路报告如下：

一、两市对口合作进展情况

（一）开展对口合作的基本思路

肇庆市与鸡西市地处祖国南北两端，在区位优势、自然资源、产业发展等方面具有较强的互补性，合作发展潜力巨大、前景广阔。

1. 两地产业优势互补

鸡西市矿产资源丰富，以石墨为核心的新材料技术以及装备制造产业特色显著，具有明显的产业竞争优势。肇庆市正打造新能源汽车和节能环保产业基地，正好可以与鸡西市的新材料产业和装备制造优势相对接，鸡西市特色产业优势对肇庆市加快产业结构转型升级、发展智能制造业相对接和提升主导产业未来的竞争力，有不可忽视的作用。两市拥有广阔的合作空间，鸡西市特色产业优势必能助肇庆市产业发展一臂之力，开创南北合作的新模式。

2. 经济社会生活领域开展纵深合作

一是深化粮食领域合作。鸡西市是东北重要粮仓，黑土地肥沃，肇庆市也是广东省重要产粮地，广东省粮食自给率不足 10%，两市在农业和绿色食品产销对接、粮食精深加工等食品行业方面具有深度合作空间。

二是加强旅游养生合作。鸡西旅游资源丰富，冬天冰雪梦幻，兴凯湖风景优美，拥有俄罗斯异国风情，对于南方人具有巨大的吸引力。肇庆山清水秀，是岭南文化发源地之一，森林、湿地等生态资源丰富，吸引众多海内外游客。两市可充分挖掘双方旅游资源，开展"寒来暑往　南来北往"合作，互为旅游客源地和目的地，以共同开发、共同宣传等多种方式打造特色旅游品牌和线路。

三是共同提升营商环境。肇庆正在大力推进商事制度改革、开办企业便利度居广东省第一梯队，是全省率先实现国际贸易"单一窗口"口岸全覆盖地级市之一，可与鸡西分享"肇庆经验"，双方一同提升营商环境。

四是加强人才合作。双方可以在两省上级部门统筹协调下，开展人才合作，在理念上、方式上、做法上实现互动，学习、交流、分享各自改革开放以来的好经验、好做法。

3. 共同促进扩大开放

肇庆是粤港澳大湾区连接大西南的枢纽门户城市，是通往东盟和东南亚最前沿、最便捷的交通枢纽门户城市，将携手港澳和珠三角城市，共同打造大湾区建设世界级城市群。鸡西处于我国最东端，有面向我罗斯、蒙古等东北亚国家的对外开放优势。在当前国家全面开放新格局下，双方可以协同推动"一带一路"建设，共同参与中蒙俄经济走廊建设，促进两市企业在更多的人口、更大的市场、更广的领域拓展发展空间。

（二）建立健全机制，拓展对口合作广度

1. 建立两市对口合作工作机制

一是成立对口合作领导小组。两市共同成立对口合作领导小组，由市长担任组长，分管市领导担任副组长。

二是印发对口合作实施方案。两市政府联合印发《黑龙江省鸡西市与广东省肇庆市对口合作实施方案》，包含 7 大合作领域 10 项具体事项，涵盖产业合作、农业交流、服务业合作等重点合作事项。

三是印发年度重点工作任务。两市发改部门联合印发《2018 年黑龙江省鸡西市与广东省肇庆市对口合作重点工作任务》，明确开展 8 个方面 14 项具体合作内容。

2. 建立区县级合作机制

两市县（市、区）政府加强对口合作交流，肇庆和鸡西下辖的端州区与鸡冠区、鼎湖区与滴道区、肇庆高新区与虎林市分别签订对口合作框架协议，初步建立区（县）级合作机制。

3. 建立政府部门合作机制

一是两市部门签订对口合作协议。两市组织部、农业局、旅游局、粮食局、

供销社、工商局等部门在干部交流培训、旅游推荐、粮食和特色农副产品购销、营商制度改革等方面签订合作协议。

二是共同开展课题研究。鸡西市组织挂职干部到肇庆市开展"学习借鉴肇庆经验　深入开展调查研究"活动，与肇庆市相关单位共同开展课题研究，推动形成两市政府部门间的紧密合作关系。

4. 建立民间企业合作关系

肇庆市理士电源技术有限公司与鸡西市贝特瑞公司、星湖制药有限公司与东保中药材合作社、风华高科与乐新石墨烯公司等签订石墨、中药材等合作协议。广东一力集团制药股份有限公司等企业已与密山市康华中药材种植专业合作社等北药种植企业进行对接。在哈尔滨举办的首届中国粮食交易大会上，肇庆市与鸡西市粮食企业进行现场签约。

（三）积极开展多方面交流，挖掘对口合作深度

为进一步做实两市对口合作的事项，两市深挖对口合作潜力，以具体合作事项推动对口合作，力促对口合作取得实效。

1. 两市党政代表团互访

2018 年 1 月 17～20 日，时任鸡西市长张常荣率党政代表团到肇庆开展对口合作对接工作，实地调研肇庆高新区、肇庆新区，深入了解肇庆市经济社会发展情况，两市深入交换意见，探讨鸡西市与肇庆市开展对口合作的方向。同时，鸡西市政府代表团参加肇庆市举办的"2018 请到广东过大年·肇庆行"系列活动。

2018 年 4 月 21～22 日，肇庆市委书记赖泽华率党政代表团赴鸡西市开展对口合作相关工作。共同商讨推进两市对口合作工作的事宜，达成一系列重要共识，两市组织部、农业局、旅游局、粮食局、供销社等部门在干部交流培训、粮食和特色农副产品购销等方面签订合作协议；肇庆理士电源技术有限公司、肇庆星湖制药有限公司、广东风华高新科技股份有限公司 3 家公司分别与鸡西市贝特瑞石墨产业园有限公司、鸡东县东保中药材种植农民专业合作社、鸡西乐新石墨烯新材料有限公司 3 家公司签订合作协议，两市企业将在石墨新材料产业、中药材等方面开展深度合作。

2018 年 7 月 10～12 日，肇庆市鼎湖区委书记陈宇航率鼎湖区合作交流考察团到黑龙江省鸡西市滴道区对接对口合作工作，进一步推动南北联动、产业互补、协同发展，合力推动对口合作取得实效。

2018 年 8 月 7～8 日，鸡西市鸡冠区委书记带队珍宝岛制药、唯大石墨烯、泛华集团、钲祥科技、三源菌业等企业前往肇庆市端州区开展"点对点"考察学习活动，举行对口合作交流座谈会，并参加肇庆市举办的广东省第十五届运动会的开幕式。

2018 年 9 月 21~23 日，为落实肇庆、鸡西两市在 4 月举行的党政领导对接会议上的议定事项，进一步深化两市对口合作，肇庆副市长江森源、副市长钱言考带队前往鸡西市开展对口合作交流合作。市政府代表团调研鸡西市中药材企业和石墨产业发展情况，召开对口合作交流会。会上，双方确定加强在营商环境、产业合作方面深入开展对口合作。

2018 年 9 月 26~29 日，肇庆高新区到鸡西虎林市考察交流，肇庆高新区与虎林市签订战略合作协议，未来将在产业合作、食品加工、生物制药等方面进行深度合作。

2018 年 10 月 20~21 日，鸡西市委副书记、市长于洪涛带队到肇庆市，考察肇庆新区规划建设情况，前往星湖生物科技公司、风华锂电公司等企业了解情况，共商进一步加强对口合作事宜。

2. 推动干部挂职交流和人力资源合作

一是干部挂职交流。鸡西市副市长钱言考挂任肇庆市副市长，鸡西市 10 名县处级副职干部在肇庆挂职锻炼。

二是开展人力资源合作。2018 年 7 月，肇庆市委组织部副部长、市人社局局长徐金华率领 11 名成员前往黑龙江省鸡西市开展人才交流及就业服务对接合作。2018 年，两市人力资源和社会保障部门组织当地用工企业在鸡西市举办以"携手合作、互助共赢"为主题的肇庆—鸡西人社部门人才劳务合作暨两地企业专场招聘会，提供就业岗位 2000 个，进场求职人数达到 2000 人次，达成初步就业意向 280 人。

3. 科技创新合作

两市科技局共同制定《肇庆市、鸡西市科技协同创新推动转型升级实施方案》，围绕两市对涉及新材料、先进装备制造、电子信息、生物医药等领域的高新技术应用成果进行发布和项目对接，促进跨区域科研合作和成果转化等方面协同合作，助推两市科技创新发展取得更大成就。2018 年 6 月，两市科技局主要领导及相关负责人在肇庆市科技局举行科技交流座谈会。目前鸡西贝特瑞石墨与理士电源已签订协议，将合作成立先进铅酸电池用高性能碳材料实验室。

4. 共同开展宣传文化交流

2018 年 5 月，鸡西市市委常委、宣传部部长张春姣率队到肇庆市商洽开展宣传文化工作对口合作，并进行交流座谈，市委常委、宣传部部长江启宁参加座谈会。张春姣一行先后到府城保护与复兴项目现场、包公文化园等地进行考察。8 月，肇庆市组织端砚协会和肇庆学院参加第十三届黑龙江国际文化产业博览会，通过展出肇庆端砚文化产品和肇庆学院文创产品，进一步深化对口合作城市文化领域方面的合作，肇庆学院展品《金绣系列产品》获博览会组委会颁发"工艺精品奖"。

5. 开展农副产品推荐活动

2018年7月10日，鸡西·肇庆农产品招商推介会在肇庆市召开，鸡西市农副产品肇庆展销中心在肇庆市供销社举行揭牌仪式，占地约80平方米的鸡西展区，主要展示鸡西当地优质特色产品。同时，肇庆供销社正在搜罗肇庆市砂糖橘、贡柑、麒麟李、怀集蜜柚、木瓜等岭南佳果以及土特产、南药等，通过鸡西市供销社网络体系进入鸡西市场。2018年8月，在哈尔滨举办的首届中国粮食交易大会上，肇庆市粮食局与鸡西市粮食局在哈尔滨举办粮食产销对接签约会，双方粮食部门及粮食企业就进一步加强合作交流达成共识，17家粮食企业进行现场签约，达成粮食购销协议12万吨，价值达3亿多元。

6. 务实开展食品药品对口合作

两市食品药品部门务实开展食品药品和中药材对口合作，推动两地企业中药材购销。2018年9月，鸡西市食药监局将鸡西市种植的丹参等中药材分发至广东省一力集团制药股份有限公司等6家肇庆市规模以上药品生产企业进行质量检验，药材质量得到各企业的高度认可。肇庆市星湖制药与鸡东县东保村中药材种植合作社签订丹参、黄芩等中药材购销协议。广东省一力集团制药股份有限公司等企业已与密山市康华中药材种植专业合作社等北药种植企业就建立中药材种植基地等合作事项进行对接。

7. 组团参加第二十九届"哈洽会"

2018年6月14~17日，两市组织相关单位及企业组成代表团，赴哈尔滨市参加第二十九届哈尔滨国际经济贸易洽谈会及鸡西市重点产业推介会。通过两市企业人员的交流对接，进一步了解两市自然资源、农业产品、产业基础、交通网络和园区布局等多方面内容，并就具体的产品、产业合作交流达成初步意向。

8. 共同开展旅游推介

两市互为对方旅游资源进行宣传，肇庆市旅游局在官方微信号对鸡西市的旅游资源、旅游景点进行详细的介绍，鸡西市旅游委在鸡西市电视台每天免费播放肇庆市旅游宣传视频。两地旅游部门分别组织旅游企业在北京、天津、西安、贵阳、南昌、武汉、杭州举办联合旅游推介会，邀请鸡西市旅发委共同参加2018年广东省旅游博览会。肇庆市旅游局组织旅行社代表前往鸡西市，开展旅游线路踩线工作，积极推动两地旅游包机。

9. 积极开展工商领域合作

2018年7月10日，肇庆市工商局与鸡西市工商局签署缔结友好单位协议书，双方从五个方面着手构建跨区域协作机制，重点开展商事制度改革交流，深化两市工商部门在优化市场准入环境、市场竞争环境、市场消费环境和打造一流工商队伍等方面的合作。

二、2019 年工作思路

（一）落实对口合作工作机制

一是推动沟通联系常态化。协调两市对口单位继续保持交流，相互吸收对方先进经验，建立常态化的沟通联系机制。

二是加强人才挂职交流。继续做好挂职干部的安排和服务工作，通过干部挂职来进一步促进两地在其他领域的交流，开展有关干部教育培训计划，促进专业技术人才的交流。

（二）推动对口合作项目落地见效

1. 加强产业优势合作

突出两市在资源和产业发展等方面的互补性，发挥各自优势，重点推进鸡西石墨新材料产业与肇庆新能源汽车、动力电池制造产业合作。落实对口合作重点工作任务，既加强产业项目等方面的"硬合作"，又加强体制创新、干部挂职培训等方面的"软合作"。

2. 推动农业领域合作

积极推动华南国际农用无人机工程研究院研制的无人机在鸡西农业等领域的推广应用，共建创新研发平台。加强在农业和绿色食品产销对接、粮食精深加工等食品行业方面深化合作对接，将鸡西的优质农产品纳入肇庆新供销农副产品配送中心的采购体系中，让鸡西市优质农产品通过肇庆市新供销服务快线，配送到肇庆市的大型小区。将鸡西市的优质农产品纳入肇庆市供销社京东特色馆中，帮助鸡西市优质农产品打通线上销售渠道，拓展销量。在鸡西市农副产品不断拓宽线上线下销售渠道的同时，借助鸡西市供销社网络体系，让肇庆市更多特色优质农产品走进鸡西市、走进黑龙江省。

3. 推动中药材合作

两市推动食品药品长效合作制度，重点围绕中医药产业发展政策、产业发展趋势、产业合作路径等进行广泛交流与合作。

4. 加强文化旅游对接合作

充分发挥双方旅游资源，开展"寒来暑往 南来北往"合作，互为旅游客源地和目的地，通过共同开发、共同宣传等多种方式，打造特色旅游品牌。

5. 加强科技创新合作

进一步加强合作，寻求双方科技型企业跨区域科研合作和成果转化，组织科研院所开展科技成果、人才需求对接交流等活动。

6. 进一步加强两市劳务合作

积极与鸡西开展跨地区劳务对接的合作对话，建设"肇庆—鸡西"劳务信息对接平台，通过双方的"智慧人社"APP 平台，促进双方劳务合作。每年至少组织 20 家优质企业到鸡西市对口招聘劳动力，为肇庆各企业、单位的和谐发展提供充足的人力保障和持续的智力支持。

（三）推动两市企业加强合作

1. 积极促使已签订的企业合作协议落到实处

积极促使已签订的企业合作协议落到实处，推动理士电源、星湖制药、风华高科与贝特瑞石墨、东保中药材合作社、乐新石墨烯公司签订的合作协议尽快落实。

2. 拓展北药合作空间

拓展北药合作空间，引导肇庆市药品生产企业以"订单 + 农户"等形式在鸡西市建立中药材种植基地，提升肇庆市医药产品的供给质量。

（撰稿人：卢坤华　秦广庆　冯文波　赵欣儒）

第十三章　揭阳市与大兴安岭地区
对口合作

揭阳市发展和改革局　大兴安岭地区行政公署发展和改革委员会

为深入贯彻落实党的十九大精神和中央关于东北地区与东部地区部分省市对口合作的总体部署，根据两省部署和两地对接，揭阳市与大兴安岭地区于2017年12月14日在广州签署了《大兴安岭行署与揭阳市对口合作框架协议》，正式建立对口合作关系。2018年，在两省省委、省政府的坚强领导下，揭大两地通过建立组织机构、制定实施方案、完善工作机制、密切双方交流、开展企业对接、推进项目合作和人才挂职交流等举措，各项工作取得了积极进展，现将有关情况报告如下：

一、2018年工作总结

（一）完善合作机制

2017年双方在广州签署两地对口合作协议以来，开展了密集的工作磋商，举行了一系列丰富多彩的经贸交流互动，做了大量前期工作，为对口合作打下了良好基础，达成了多项重要的合作共识。按照两省对口合作的统一部署，揭阳市与大兴安岭地区分别成立了领导小组，并在发改局（委）下设办公室，组织协调和跟踪推动对口合作事项。同时，经两地政府同意，发改部门联合印发了《大兴安岭地区与揭阳市对口合作实施方案（2017～2020年）》和《大兴安岭地区与揭阳市对口合作2018年重点工作计划》，建立了两地对口部门对接合作机制，打造协同推进的专项工作平台，全面提升合作效率和工作水平。2019年1月25日，大兴安岭地区呼中区与揭阳市揭东区签署了缔结友好城市协议书，双方同意在市场商贸、产业联动、文化旅游、社会事业等方面加强合作。漠河市与普宁市、榕城区与呼玛县达成了缔结友好城市意向，正在履行有关程序。

（二）开展交流对接

为落实揭阳市与大兴安岭行署对口合作框架协议内容，加快推进全面对口合作，两地开展了多层次、多领域的交流活动。2018年7月25～28日，揭阳市委常委、常务副市长陈定雄带领市发改局、经信局、旅游局、市政府对外合作办等部门赴黑龙江省大兴安岭地区开展对口合作交流活动，与大兴安岭地委书记苏春雨会谈，就对口合作实施方案和2018年重点工作计划进行讨论，并到相关企业进行考察。2018年9月19～21日，揭阳市委副书记、市长叶牛平带领市发改局、经信局、旅游局等部门和企业组成的代表团赴黑龙江省大兴安岭地区开展对口合作交流活动，与大兴安岭地委书记苏春雨、行署专员李大义等领导共同商议对口合作发展事宜。座谈会后，举行了大兴安岭地区与揭阳市对口合作签约仪式，两地发改、经信、旅游等部门和企业代表签订了对口合作框架协议，着力推动"潮人北上、山货南下"。大兴安岭代表团同时也积极赴揭阳市进行了学习考察。2018年3月27日至4月4日，大兴安岭行署秘书长张柏林带领发改委、食药监局、大杨树农工商、岭南管委会等部门及3县有关同志赴揭阳市进行了学习考察对接。双方就拟合作产业项目进行了深入探讨。2018年10月19～21日，大兴安岭地委副书记、行署专员、林管局局长李大义率领发改委、商务局、旅游委、工信委、粮食局等部门及有关市、林业局负责同志赴揭阳进行了学习考察。就两地开通直飞航线，加强生态旅游及康养、农业合作、生物医药、人才交流等领域达成了共识。2018年12月10～13日，大兴安岭地委委员、地委统战部长夏静媛带领地区工商联及有关企业赴揭阳进行了交流对接，就如何推进两地统战系统，特别是工商联组织、民营企业间的交流合作进行了深入交流，双方工商联签订了合作框架协议。

（三）推进旅游交流合作

一是推动旅游战略合作。为有效推动揭阳市与大兴安岭地区的旅游产业发展，强化两地在旅游领域的交流合作，2018年5月15日，揭阳市与大兴安岭地区行署共同举办了"神州北极·大美兴安"推介会，双方旅游局（委）签订了战略合作协议，就加强旅游贸易合作、开放本地旅游市场、携手开展旅游活动、推动两地旅游企业间合作、推动旅游客源互送等方面加强合作达成共识。

二是联合开展旅游宣传营销。2018年9月26日，揭阳市与大兴安岭地区共同参加了在哈尔滨举行的"南北极的奇妙穿越"——2018广东省旅游推介会，重点宣传推介揭阳特色历史文化和商务生态旅游产品，力求吸引更多的北方游客到揭阳旅游度假。2018 年 11 月 2 日，为宣传推介黑龙江省大兴安岭地区冬季旅游资源和旅游产品，揭阳市联合大兴安岭地区在汕头举办了主题为"'冰雪北极·冻感兴安'——来自北纬 53°的邀请"的冬季旅游产品（潮汕地区）推介会，推出了"极寒挑战、冰雪狂欢、天象观赏、东北民俗、极地祈福和研学旅行"六大类旅游产品，形成了集挑战性、观赏性、娱乐性于一体的主题冰雪活动。此次推介会不仅提升了黑龙江省大兴安岭地区"冰雪北极·冻感兴安"冬季旅游品牌的美誉度，而且进一步加深了大兴安岭地区与潮汕地区旅游交流合作，对实现旅游资源共享、加强两省客源互送、扩大双方旅游市场以及促进两省四地的产业交流起到积极的推动作用。大兴安岭地区和潮汕三市有关领导及三市的旅游部门负责人、旅游业内人士、媒体代表、旅游达人参加了活动。

三是实施门票优惠政策，促进两地客源互送。自 2018 年 5 月起，揭阳市国家 A 级旅游景区对来自大兴安岭地区的团队游客给予门票半价的优惠政策，试行一年。大兴安岭地区同步出台相应的门票优惠政策。

四是争取开通两地直飞航线，破解合作交通瓶颈。2018 年 11 月以来，为搭建漠河市至揭阳市直航航班，两地政府积极协调揭阳潮汕机场、东方航空公司、民航东北局等相关部门，目前进哈时刻问题基本解决，该航线已列入东航夏秋季航班计划，预计 2019 年可正式开通。

（四）推动产业项目合作

2018 年，揭阳市 8 家企业与大兴安岭地区 8 家企业在大兴安岭加格达奇区签订了对口合作框架协议，并开展了广泛的交流对接。目前，两地粮食主管部门正在努力探索开展"南粮北储""北粮南销"任务；双方商务部门积极推进揭阳·大兴安岭绿色食品旗舰店建设及线上运营工作，在揭阳市榕城区建设的大兴安岭绿色产品旗舰店即将开业运营。

（五）推进宣传领域交流合作

2018 年 5 月 8 日，大兴安岭地委委员、宣传部长刘洪久率大兴安岭地委宣传部交流考察团到揭阳市，就宣传文化领域合作有关事项开展交流考察活动。市委常委、宣传部长方赛妹接待了考察团一行，并就玉器、中药材、文化艺术品等方面开展对接合作进行了深入交流，双方达成了通过文化宣传推介、资源互换、文化合作等形式，加强双方在宣传思想文化领域的深度合作的共识。

（六）推进文化交流合作

为加强揭阳市与大兴安岭地区在文化事业、文化产业方面的交流合作，2018

年 5 月 14～16 日，大兴安岭行政公署副专员蒋迎娟率团到揭阳市开展交流推介活动，重点对揭阳市文化创意产品研发、非物质文化遗产传承与保护进行了考察。双方签订了《文化战略框架合作协议》，就文化资源、文化交流、产业政策和项目发展、人才资源四方面加强合作。

（七）开展干部挂职交流

2018 年 9 月 20 日，揭阳市六届人大常委会第十七次会议表决通过，任命大兴安岭地区行署副专员蒋迎娟为揭阳市副市长，拉开了两地干部挂职交流序幕。为进一步推动县区和部门间挂职交流，2018 年 10 月 8 日，大兴安岭行署选派了 6 名副处级干部到揭阳市的普宁市、榕城区、揭东区和市经信局、食品药品监督管理局、旅游局等单位挂职，挂职时间 4 个月。

二、2019 年工作计划

揭阳市与大兴安岭地区缔结为对口合作城市，是党中央战略布局下的一项制度性安排，是习近平总书记交给我们的一项重大政治任务，是贯彻党的十九大精神、实施区域协调发展战略的重要实践，为深化两地区域合作、实现协同发展提供了难得机遇。

2019 年是揭阳市和大兴安岭地区对口合作工作承上启下的关键之年，揭阳市将携手大兴安岭行署，继续根据两省政府统筹部署，按照《大兴安岭行署与揭阳市对口合作实施方案》，深化两地对口合作，重点抓好以下几方面工作：

（一）继续完善两地合作机制

在成立对口合作领导小组的基础上，研究建立市地间、两地部门领域间、两地县区局及企业间的三个层次的合作协调机制，采取灵活自主的对接方式，实现多层次、多领域、全方位的总体工作格局。

（二）推动"潮人北上、山货南下"

推动开通揭阳到漠河的直飞航线，着手解决航空、铁路等重点交通瓶颈问题，为经贸交流合作提供有力保障。紧紧把握两地产品差异性与互补性的特点，利用现有成熟的物流企业，大力发展物流产业，实现"山货南下"。

（三）推动产业深入合作

坚持"政府搭台、企业唱戏"的合作原则，进一步推动已签约企业加强沟通衔接，尽早启动项目建设。积极创造更多条件，打造更多平台，推动双方更多优势企业开展合作。

一是加强异地储粮和粮食生产销售合作，打造大兴安岭粮食品牌，使揭阳乃至潮汕地区成为大兴安岭粮食主销区。

二是加强医药合作，依托揭阳药企在技术、人才、资金和大兴安岭药材资源优势，加强两地在药材种植等方面的合作。

三是深化电商合作，依托揭阳电子商务优势，建立"北货"展销平台。

（四）加强生态旅游及康养合作

一是加大对两地人文历史、美景风光的旅游宣传力度，推动揭阳电视台和大兴安岭电视台互播宣传片。

二是充分利用独特的旅游资源和闲置资产，培育候鸟式养老、森林康养等新业态，加快推进旅游、康养产业融合发展。

（五）密切双方交流互访

继续开展干部挂职交流，推动双方文化旅游合作，谋划召开两地旅游联席会议，组织前往大兴安岭开展旅游考察推介，探索利用暑假互送学生到两地的全国中小学生研学实践教育基地开展研学活动。

（撰稿人：林德波　高连有）

第四部分　政策篇

国务院关于深入推进实施
新一轮东北振兴战略
加快推动东北地区经济企稳向好
若干重要举措的意见[*]

（国发〔2016〕62号）

各省、自治区、直辖市人民政府，国务院各部委、各直属机构：

为深入推进实施党中央、国务院关于全面振兴东北地区等老工业基地的战略部署，按照立足当前、着眼长远、标本兼治、分类施策的原则，现就积极应对东北地区经济下行压力、推动东北地区经济企稳向好提出以下意见。

一、全面深化改革，激发内在活力

（一）推进行政管理体制改革

东北三省要全面对标国内先进地区，加快转变政府职能，进一步推进简政放权、放管结合、优化服务改革。积极推广"一个窗口受理、一站式办理、一条龙服务"，简化流程，明确时限，提高效率。先行试点企业投资项目承诺制，探索创新以政策性条件引导、企业信用承诺、监管有效约束为核心的管理模式。开展优化投资营商环境专项行动，推进"法治东北""信用东北"建设，实行企业投资项目管理负面清单制度，试点市场准入负面清单制度，加强各种所有制经济产权保护，完善政府守信践诺机制。（辽宁、吉林、黑龙江省人民政府（以下称三省人民政府）负责）对东北地区投资营商环境定期进行督查评估。（国家发展改

---

* 摘自中华人民共和国中央人民政府网站。

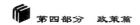

革委、全国工商联负责）

（二）全面深化国有企业改革

2016 年底前出台深化东北地区国有企业改革专项工作方案。推动驻东北地区的中央企业开展国有资本投资运营公司试点，选择部分中央企业开展综合改革试点，支持部分中央企业开展混合所有制改革试点，引导中央企业加大与地方合作力度。（国务院国资委牵头，国家发展改革委、财政部和三省人民政府分工负责）在东北三省各选择 10 ~ 20 家地方国有企业开展首批混合所有制改革试点。组建若干省级国有资本投资运营公司，研究推动若干重大企业联合重组。有序转让部分地方国有企业股权，所得收入用于支付必需的改革成本、弥补社保基金缺口。加快解决历史遗留问题，2017 年底前推动厂办大集体改革取得实质性进展，2018 年底前基本完成国有企业职工家属区"三供一业"分离移交工作。（三省人民政府组织实施，国务院国资委、财政部、国家发展改革委、人力资源和社会保障部指导支持）加快推动东北地区国有林区、国有林场改革，提出分类化解林区林场金融债务的意见。（国家发展改革委、财政部、国家林业局按职责分工负责，东北三省和内蒙古自治区人民政府（以下称三省一区人民政府）组织实施）

（三）加快民营经济发展

在东北地区开展民营经济发展改革示范，重点培育有利于民营经济发展的政策环境、市场环境、金融环境、创新环境、法制环境等，增强民营企业发展信心，加快构建"亲""清"新型政商关系。（三省一区人民政府负责，国家发展改革委、工业和信息化部、全国工商联等指导支持）2017 年 6 月底前，在东北地区至少设立一家民营银行。（银监会指导支持）推动"银政企保"合作，建立融资担保体系，重点为民营企业和中小企业贷款融资提供担保。遴选一批收益可预期的优质项目，通过政府和社会资本合作（PPP）等模式吸引社会资本。（三省一区人民政府负责）

二、推进创新转型，培育发展动力

（四）加快传统产业转型升级

支持东北地区开展"中国制造 2025"试点，提高智能制造、绿色制造、精益制造和服务型制造能力，鼓励国家重点工程优先采用国产装备，在实施"中国制造 2025"中重塑东北装备竞争力，积极开拓重大装备国际市场，推动国际产能和装备制造合作。建设一批产业转型升级示范区和示范园区。加大先进制造产业投资基金在东北地区投资力度，抓紧设立东北振兴产业投资基金。建立"市场化收购＋补贴"的粮食收储新机制，积极引导多元化市场主体入市收购。支持建立线上销售渠道，扩大东北地区优质特色农产品销售市场，打造东北农产品品牌和地理标志品牌。适当扩大东北地区燃料乙醇生产规模。（国家发展改革委、工业和信息化部、财政部、农业部、国家粮食局、国家能源局按职责分工负责，三省一区人民政府组织实施）

（五）支持资源枯竭、产业衰退地区转型

加快推进黑龙江龙煤集团、吉林省煤业集团、阜新矿业集团等重点煤炭企业深化改革，有序退出过剩产能，在专项奖补资金安排等方面给予重点支持。（三省人民政府负责，国家发展改革委、财政部、工业和信息化部指导支持）以黑龙江省鸡西、鹤岗、双鸭山、七台河四大煤城为重点，实施资源型城市产业转型攻坚行动计划，研究通过发展新产业转岗就业、易地安置转移等方式统筹安排富余人员。（黑龙江省人民政府负责，国家发展改革委、财政部、人力资源和社会保障部等部门指导支持）将东北地区国有林区全部纳入国家重点生态功能区，支持开展生态综合补偿和生态移民试点，尽快落实停止天然林商业性采伐相关支持政策。支持林区发展林下经济。结合林场布局优化调整，建设一批特色宜居小镇。全面推进城区老工业区和独立工矿区搬迁改造，支持开展城镇低效用地再开发试点和工矿废弃地治理。中央预算内投资设立采煤沉陷区综合治理专项。（国家发展改革委、财政部、国土资源部、国家林业局按职责分工负责，三省一区人民政府组织实施）

（六）大力培育新动能

实施好东北地区培育和发展新兴产业三年行动计划。加大对东北地区信息产业发展和信息基础设施建设的支持力度，大力发展基于"互联网＋"的新产业新业态，支持打造制造业互联网双创平台，引导知名互联网企业深度参与东北地区电子商务发展，支持互联网就业服务机构实施东北地区促进就业创业专项行动。支持东北地区建设国家大数据综合试验区。（三省一区人民政府负责，国家发展改革委、工业和信息化部、商务部等部门指导支持）支持东北地区积极发展服务业，培育养老、旅游、文化等新消费增长点，出台推动东北地区旅游业转型升级发展的工作方案，完善旅游服务设施，新建一批 5A 级景区和全域旅游示范

区。（国家发展改革委、民政部、文化部、国家旅游局按职责分工负责，三省一区人民政府组织实施）中央预算内投资设立东北振兴新动能培育专项。（国家发展改革委负责）

（七）加强创新载体和平台建设

深入推进沈阳全面创新改革试验，加快建设沈阳浑南区双创示范基地，推进哈尔滨、长春等城市双创平台建设。鼓励地方设立新兴产业创业投资基金。中央预算内投资设立东北地区创新链整合专项。（国家发展改革委牵头负责，三省一区人民政府组织实施）加快沈大国家自主创新示范区建设，支持吉林长春、黑龙江哈大齐工业走廊培育创建国家自主创新示范区。（科技部牵头负责，三省人民政府组织实施）支持东北地区开展科创企业投贷联动等金融改革试点。（银监会、科技部、人民银行按职责分工负责，三省一区人民政府组织实施）在布局国家实验室、大科学装置等重大创新基础设施时向东北地区倾斜。支持在东北地区组建国家机器人创新中心。（科技部、国家发展改革委、工业和信息化部、中科院按职责分工负责，三省人民政府组织实施）

（八）加快补齐基础设施短板

抓紧推进已纳入各领域"十三五"专项规划和推进东北地区等老工业基地振兴三年滚动实施方案的铁路、公路、机场、水利、农业、能源等重大基础设施项目建设。加快东北地区高速铁路网建设和既有铁路扩能改造，对东北地区支线机场建设补助标准参照中西部地区执行。研究建设新的特高压电力外送通道。制定东北地区电力体制改革专项工作方案，切实降低企业用电成本。扩大电能替代试点范围，全面实施风电清洁供暖工程，在有条件的地区开展光伏暖民示范工程。在光伏电站年度建设规模中对东北地区予以倾斜。支持吉林省开展可再生能源就近消纳试点。支持多元化投资主体参与抽水蓄能电站建设。提高东北地区农网改造升级工程中央预算内资金补助比例。对东北地区新型城镇化试点、棚户区改造、老旧小区节能宜居综合改造、重点城市"煤改气"和燃煤机组改造等给予倾斜支持。各地建立项目负责和服务推进机制，挂牌督办、包干推进。加快全光纤网络城市建设和无线宽带网络建设。（三省一区人民政府组织实施，国家发展改革委、工业和信息化部、国土资源部、环境保护部、住房和城乡建设部、交通运输部、水利部、农业部、国家能源局、中国民航局、中国铁路总公司按职责分工负责）

三、扩大开放合作，转变观念理念

（九）打造重点开发开放平台

指导辽宁省做好新设自由贸易试验区总体方案起草工作，加快在东北地区推广中国（上海）等自由贸易试验区经验。（商务部牵头）创新完善大连金普新区、哈尔滨新区、长春新区管理体制机制，充分发挥引领带动作用。加快中德（沈阳）高端装备制造产业园、珲春国际合作示范区建设，规划建设中俄、中蒙、中日、中韩产业投资贸易合作平台以及中以、中新合作园区。支持大连东北亚国际航运中心建设，加快东北沿边重点开发开放试验区和边境经济合作区建设。（三省一区人民政府负责，国家发展改革委、商务部等部门指导支持）在符合条件的地区设立综合保税区等海关特殊监管区域。支持中国（大连）跨境电子商务综合试验区建设。研究设立汽车整车进口口岸。（海关总署、商务部牵头负责，三省一区人民政府组织实施）支持东北地区对接京津冀协同发展战略，推进与环渤海地区合作发展。进一步加强东北三省一区合作。（国家发展改革委牵头负责，三省一区人民政府组织实施）

（十）开展对口合作与系统培训

组织辽宁、吉林、黑龙江三省与江苏、浙江、广东三省，沈阳、大连、长春、哈尔滨四市与北京、上海、天津、深圳四市建立对口合作机制，开展互派干部挂职交流和定向培训，通过市场化合作方式积极吸引项目和投资在东北地区落地，支持东北装备制造优势与东部地区需求有效对接，增强东北产业核心竞争力。2017年2月底前将对口合作工作方案报国务院审定后实施。（国家发展改革委、中央组织部指导协调，相关省市人民政府组织实施）依托国家级干部教育培训机构，组织老工业基地振兴发展专题培训，重点加强对省部级领导干部和地市党政主要负责同志、省（区）属国有企业主要领导人员的培训，并在其他相关调训名额分配上给予倾斜支持。指导地方分级加强县处级以上干部培训。组织全国标杆企业、先进园区、服务型政府、创新院所、金融机构等系列"东北行"活动。（中央组织部、国家发展改革委按职能分工负责，三省一区人民政府组织实施）东北三省要组织省内城市、企业的管理和技术人员走出去，学习国内其他老工业城市、资源型城市转型成功经验。（三省人民政府组织实施，国家发展改

革委指导协调）

四、切实加强组织协调，充分调动两个积极性

（十一）强化地方主体责任

三省一区人民政府要强化东北振兴的主体责任，转变观念、振奋精神、扎实苦干，创造性开展工作。对《中共中央国务院关于全面振兴东北地区等老工业基地的若干意见》《国务院关于近期支持东北振兴若干重大政策举措的意见》（国发〔2014〕28号）等政策文件提出的重大政策措施、重点任务和重大工程，要逐项明确责任、提出要求、规定时限，确保各项措施任务落实到位。完善老工业基地振兴工作的领导、协调、推进和督查考核机制，充分发挥各省（区）老工业基地振兴工作领导小组作用，设立办公室，充实地方各级政府老工业基地振兴工作力量。加强重大项目储备，安排专项资金支持重大项目前期工作。组织党员领导干部下基层下企业，帮助重点企业和特殊困难地区，协调解决突出困难和问题。创新招商方式，着力通过优化营商环境等措施加大引资工作力度。（三省一区人民政府负责）

（十二）加大财政金融投资支持力度

中央财政提高对东北地区民生托底和省内困难地区运转保障水平。对东北地区主导产业衰退严重的城市，比照实施资源枯竭城市财力转移支付政策。在加快养老保险制度改革的同时，制定实施过渡性措施，确保当期支付不出现问题。加快推进东北三省地方政府债务置换。（财政部会同人力资源和社会保障部、国家发展改革委等部门负责）引导银行业金融机构加大对东北地区信贷支持力度，对有效益、有市场、有竞争力的企业，应满足其合理信贷需求，避免"一刀切"式的抽贷、停贷。对暂时遇到困难的优质大中型骨干企业，要协调相关金融机构积极纾解资金紧张等问题。鼓励各地建立应急转贷、风险补偿等机制。推进不良贷款处置。（银监会、人民银行、国家发展改革委和相关金融机构按职能分工负责，三省一区人民政府组织实施）对符合条件的东北地区企业申请首次公开发行股票并上市给予优先支持。（证监会牵头负责，三省一区人民政府做好组织和服务工作）推进实施市场化、法治化债转股方案并对东北地区企业予以重点考虑。支持企业和金融机构赴境外融资，支持东北地区探索发行企业债新品种，扩大债

券融资规模。推出老工业基地调整改造重大工程包。（国家发展改革委、人民银行、财政部、银监会、证监会、国家外汇局按职责分工负责，三省一区人民政府组织实施）

（十三）　加强政策宣传和舆论引导

有关部门和东北三省要建立东北振兴宣传工作定期沟通协调机制。加大信息发布和政策解读力度，组织各类媒体赴东北开展深度采访报道，营造良好社会氛围，增强发展信心。加强舆情监测，对不实报道等负面信息，要快速反应、及时发声、澄清事实，防止"唱衰东北"声音散播蔓延，赢得公众理解和支持。发挥社会监督作用，畅通群众投诉举报渠道，完善举报受理、处理和反馈机制，及时解决群众反映的困难和问题，妥善回应社会关切。（中央宣传部、中央网信办、国家发展改革委牵头负责，三省人民政府组织实施）

（十四）　强化统筹协调和督促检查

国务院振兴东北地区等老工业基地领导小组各成员单位要积极主动开展工作，国家发展改革委要切实承担领导小组办公室工作，加强综合协调和调查研究，牵头推进重点任务落实。研究组建东北振兴专家顾问团。（国家发展改革委牵头）有关部门原则上要在2016年底前出台加快推动东北地区经济企稳向好的具体政策措施。各部门组织制定的稳增长、促改革、调结构、惠民生、防风险政策要优先考虑在东北地区试行，组织开展各类改革创新试点原则上要包含东北地区。（国务院振兴东北地区等老工业基地领导小组成员单位按职责分工负责）适时对东北振兴相关政策措施落实情况开展专项督查。（国务院办公厅、国家发展改革委牵头负责）

加快推动东北地区经济企稳向好，对于促进区域协调发展、维护全国经济社会大局稳定，意义十分重大。各有关方面要切实增强责任意识和忧患意识，充分调动中央和地方两个积极性，拿出更有力措施，打一场攻坚战，闯出一条新形势下老工业基地振兴发展新路，努力使东北地区在改革开放中重振雄风。

国务院

2016 年 11 月 1 日

（此件公开发布）

国务院办公厅关于印发东北地区与东部地区部分省市对口合作工作方案的通知*

（国办发〔2017〕22号）

各省、自治区、直辖市人民政府，国务院各部委、各直属机构：

《东北地区与东部地区部分省市对口合作工作方案》已经国务院同意，现印发给你们，请认真贯彻执行。

国务院办公厅
2017年3月7日

（此件公开发布）

东北地区与东部地区部分省市对口合作工作方案

组织东北地区与东部地区部分省市建立对口合作机制，是《国务院关于深入推进实施新一轮东北振兴战略　加快推动东北地区经济企稳向好若干重要举措的意见》（国发〔2016〕62号）中的明确要求，是实施新一轮东北地区等老工业基地振兴战略的重要举措，是推进东北振兴与"三大战略"对接融合的有效途径，也是发挥我国制度优势促进跨区域合作的创新举措，对于充分发挥中央和地方两个积极性，形成共同推进东北地区实现全面振兴的合力具有重要意义。为稳步推

＊　摘自中华人民共和国中央人民政府网站。

进东北地区与东部地区部分省市对口合作，制定以下工作方案。

一、总体要求

（一）指导思想

全面贯彻党的十八大和十八届三中、四中、五中、六中全会精神，深入学习贯彻习近平总书记系列重要讲话精神和治国理政新理念新思想新战略，统筹推进"五位一体"总体布局和协调推进"四个全面"战略布局，牢固树立和贯彻落实新发展理念，按照党中央、国务院关于推进实施新一轮东北地区等老工业基地振兴战略的总体部署，组织东北地区与东部地区部分省市建立对口合作机制，通过市场化合作促进要素合理流动、资源共享、园区共建，开展干部交流培训，支持东北地区进一步转变观念，增强市场意识和竞争意识，激发内生活力和动力，促进东部地区与东北地区在合作中相互借鉴、优势互补、互利共赢、共谋发展。

（二）基本原则

——政府引导、市场运作。积极发挥政府在对口合作中的引导带动作用，加强统筹谋划，强化组织协调，优化政策环境，搭建合作平台，促进人员交流。充分发挥市场在资源配置中的决定性作用，促进资本、人才、技术等要素合理流动，通过市场化运作促进产业转移，吸引项目、投资在东北地区落地。

——地方主体、国家支持。明确地方政府在对口合作中的主体责任，相关省市政府要将对口合作工作纳入重要议事日程，精心组织、主动作为，积极探索、力求实效。国务院有关部门要强化协调指导，加大政策支持，为对口合作创造有利条件。

——互利共赢、突出特色。注重发挥对口合作省市的比较优势，扬长避短、扬长克短、扬长补短，实现南北联动、协同发展。充分考虑资源禀赋、基础条件等因素，因地制宜、分省（市）施策，结合各地实际，拓展合作领域、丰富合作形式、创新合作方式。

——重点突破、示范带动。针对东北地区改革发展中面临的突出矛盾和问题，重点推动学习借鉴东部地区市场观念、管理理念、政策环境。鼓励对口合作省市通过多种方式，打造一批合作样板，力争取得早期收获，发挥示范带动效应，推动对口合作工作不断深入。

（三）主要目标

到 2020 年，东北地区与东部地区部分省市对口合作取得重要实质性成果，建立起横向联动、纵向衔接、定期会商、运转高效的工作机制，构建政府、企业、研究机构和其他社会力量广泛参与的多层次、宽范围、广领域的合作体系，形成常态化干部交流和人才培训机制，在东北地区加快复制推广一批东部地区行之有效的改革创新举措，共建一批产业合作园区等重大合作平台，实施一批标志性跨区域合作项目，形成一套相对完整的对口合作政策体系和保障措施。

二、对口合作关系

在鼓励支持东北地区与东部地区开展全方位合作基础上，综合考虑相关省市资源禀赋、产业基础、发展水平以及合作现状等因素，明确以下对口合作关系：

——东北三省与东部三省：辽宁省与江苏省，吉林省与浙江省，黑龙江省与广东省。

——东北四市与东部四市：沈阳市与北京市，大连市与上海市，长春市与天津市，哈尔滨市与深圳市。

支持内蒙古自治区主动对接东部省市，探索建立相应合作机制。鼓励中西部老工业城市和资源型城市主动学习东部地区先进经验做法。

三、重点任务

（一）对标先进经验做法，推进体制机制创新

1. 行政管理体制改革

推动东北地区借鉴东部地区先进经验，进一步深化简政放权、放管结合、优化服务改革，全面优化投资营商环境，加快推进东北地区企业投资项目承诺制、市场准入负面清单制度等试点。支持将东部地区成熟的改革试点经验加快在东北地区复制推广，鼓励东北地区与东部地区合作承担国家改革试点任务。

2. 国有企业改革

推动东北地区学习东部地区深化国有企业改革的成功经验做法，加快国资国

企改革。支持东部地区企业通过多种方式参与东北地区国有企业改革、改造和重组，鼓励共建国有资本投资运营公司和国有资产市场化运作平台。引导东部地区有实力的企业参与东北地区国有企业混合所有制改革试点。

3. 民营经济发展

支持东北地区积极借鉴东部地区民营经济发展经验，完善民营经济发展的政策环境、市场环境、金融环境、创新环境、人才环境和法治环境等，加快构建"亲""清"新型政商关系。在东北地区遴选一批收益可预期的优质项目，通过政府和社会资本合作（PPP）等模式吸引东部地区社会资本投资运营。允许具备条件的东部地区民间资本在东北地区依法发起设立中小型银行等金融机构。

4. 对内对外开放

协同推进"一带一路"建设，支持东部地区和东北地区共同推进中蒙俄经济走廊建设，推动共建港口、铁路、公路等重大基础设施，联合开展面向东北亚的开放合作，共同开拓周边市场，共建对外开放平台。鼓励吸引东部地区企业、机构参加中国—东北亚博览会、中俄博览会和中国国际装备制造业博览会等展会，支持东北地区企业、机构参加东部地区展会。推动东北地区与京津冀地区融合发展，加强基础设施联通、产业转移承接、科技研发与成果转化等重点领域合作。支持东北地区与长江经济带、珠三角地区加强经贸投资合作。

5. 发展理念共享

东北地区要定期组织相关城市、园区、企业赴东部地区学习转型发展成功经验。继续组织好系列"东北行"活动，邀请东部地区标杆企业、先进园区、金融机构、科研单位等赴东北地区开展学习交流活动。

（二）开展产业务实合作，加快结构调整步伐

1. 装备制造业等优势产业

支持东北地区电力装备、高档数控机床、石化和冶金装备、重型矿山和工程机械、农业机械装备、先进轨道交通设备、海洋工程装备、船舶制造等装备制造能力与东部地区经济社会发展需求有效对接，推进产用结合、产需对接和产业链上下游整合，推进东北地区优势装备制造业企业及其产品、技术与东部地区优势资源有机结合，支持东北装备"装备中国"、走向世界。鼓励引导东部地区大型装备制造业企业在东北地区设立研发制造基地。推进双方企业、研发机构在钢铁、有色、化工、建材、国防科技工业等领域开展合作。支持东部工业设计企业与东北地区制造企业合作，提升东北制造的设计水平和品牌形象。

2. 新兴产业

促进东北地区机器人与智能装备、生物医药、新材料等新兴产业与东部地区战略性新兴产业对接，形成协同放大效应。支持东部地区新一代信息技术、高端装备、新能源等行业企业对接东北地区培育和发展新兴产业三年行动计划，在东北地区培育形成一批新兴产业集群。充分利用东部地区互联网平台优势，加快东北地区"互联网＋"发展。

3. 农业和绿色食品产业

鼓励东北地区与东部地区建立农业和绿色食品长期产销对接关系。支持东部地区农业龙头企业在东北地区建设一批特色农产品加工基地，共同推进水稻、玉米、大豆等重点农产品精深加工。东北地区要加大绿色有机农产品品牌建设和推介力度，开展特色农产品展销活动；东部地区要发挥电子商务、营销网络和商业模式等方面的优势，支持东北地区特色农副产品进入东部地区市场。

4. 生产性服务业

推动东部地区银行、证券、保险、基金公司和证券交易所、期货交易所等金融机构在东北地区依法合规开展业务。鼓励东北地区与东部地区通过市场化方式发展创业投资基金、天使基金、股权投资基金。加强跨区域物流业合作，开辟更多物流通道，改善东北地区航空、港口物流设施，提高物流社会化、标准化、信息化、专业化水平，鼓励引导东部地区大型物流企业参与东北地区港航物流业发展和区域性物流中心、地区分拨中心建设，有效降低东北地区物流成本。

5. 文化、旅游和健康产业

开拓东北地区与东部地区文化交流新渠道，研究互设城市主题日、举办文化推介会等活动。支持对口合作城市、对口合作省份重点城市间加密航线和高铁班次。支持东北地区与东部地区充分挖掘东北地区冰雪、森林、草原等生态旅游资源，共同发展旅游、文体、休闲等产业，通过共同开发景区、共同宣传推介等多种方式打造特色旅游品牌和线路，鼓励和倡导互为旅游客源地和目的地。支持有实力的旅游企业跨区域开发东北地区优势旅游资源，合作建设一批特色旅游小镇。依托东北地区良好资源优势和产业基础，共同发展养老、医疗等健康产业，支持东北地区与东部地区医疗机构间开展合作。

（三）共促科技成果转化，提升创业创新水平

1. 科技研发与转化

鼓励对口合作省市建立科技创新合作机制，加强产学研用合作，促进跨区域科研合作和成果转化，定期组织开展科技对接交流等活动。鼓励东北地区复制东部地区在科技成果处置权、收益权、股权激励等方面的经验做法，推动科技成果在本地产业化。

2. 高校院所交流合作

积极引导东北地区与东部地区高校和科研院所间开展交流合作，鼓励学科共

建和学生联合培养，定期组织师资交流和学生互访，研究开展课程互选、学分互认、资源互通。鼓励东北地区与东部地区高校合作办学，共建大学科技园和创业创新平台。支持东北地区与东部地区开展职业教育合作，培养专业技能人才。

3. 创业创新合作

推进东北地区与东部地区开放共享"双创"资源，支持东部地区向东北地区推广培育"双创"企业、"双创"平台和创客的经验做法，推介优秀的创业投资企业和创业投资管理团队参与东北地区创业投资发展。东北地区要加快推进双创示范基地建设，与东部地区共建一批双创平台，营造良好创业创新氛围。

4. 高端人才交流

加强东北地区与东部地区人力资源服务合作，鼓励对口合作省市搭建人才信息共享交流平台，按照"不求所有，但求所用"的理念，引导东部地区人才积极参与东北地区创业创新。组织东部地区院士、专家等高层次人才对口支持东北地区科技创新和企业发展。

（四）搭建合作平台载体，探索共赢发展新路

1. 功能区对接

加强东北地区与东部地区自由贸易试验区、国家级新区、国家自主创新示范区、全面创新改革试验区域、产业转型升级示范区、综合保税区、国家级经济技术开发区、国家高新技术产业开发区、新型工业化产业示范基地等重点开发开放平台间的交流对接，积极推广东部地区各类功能区建设的成功经验和做法。

2. 合作园区共建

支持在东北地区建设对口合作示范园区，引进东部地区的先进经验、管理团队，创新管理体制和运行机制，吸引优势产业集聚。支持东部地区重点园区在东北地区设立分园区，鼓励东北地区与东部地区合作发展"飞地经济"，探索跨地区利益分享机制。

3. 重点城市合作

鼓励东北地区与东部地区在对口合作框架下，加强重点城市间合作，在推进新型城镇化和城市群协调发展，解决"大城市病"，建设宜居、智慧、低碳城市，以及加强城市规划建设管理等方面学习互鉴，引导东北地区学习东部地区在老工业基地调整改造、资源型城市转型、棚户区改造、产城融合发展和特色小镇建设、城镇行政区划优化设置等方面的先进经验做法。

4. 多层次合作体系建设

研究建立对口合作产业联盟及产教联盟，引导东北地区与东部地区行业协会商会等对接合作，促进理念互融、信息互通、资源互享。支持东部地区通过联合组织招商、联建招商网站、委托招商等方式，协助东北地区开展招商引资。建立东北地区与东部地区专家智库间常态化交流机制，鼓励举办东北地区与东部地区对口合作论坛。支持建设跨区域公共资源交易平台。鼓励和支持相关省市结合实际，在基础设施、生态环境、扶贫开发、劳务协作和社会事业等方面，创造性地开展形式多样的合作交流。

四、保障措施

（一）完善工作机制

在国务院振兴东北地区等老工业基地领导小组（以下简称领导小组）领导下，国家发展改革委、中央组织部要会同领导小组其他成员单位及相关省市政府，共同推进对口合作相关工作。国家发展改革委要加强领导小组办公室的工作力量，切实承担好对口合作综合衔接和相关日常工作。相关省市政府要建立健全对口合作工作的领导、协调和推进机制，明确机构和人员负责工作推进落实，将对口合作任务落到实处。支持对口合作省市政府主要负责同志定期开展互访或座谈交流，共同研究推动重点工作。地方开展对口合作所需经费纳入同级预算管理。

（二）科学编制实施方案

对口合作省市要按照本方案要求共同编制对口合作阶段性实施方案，根据需要编制重点合作领域专项实施方案，进一步明确和细化对口合作工作目标、范围领域、重点任务、重大项目、建设时序和保障措施。要根据阶段性实施方案和专项实施方案，制定对口合作年度工作计划，开展年度工作总结评估，并及时将年度工作计划和工作总结报送国家发展改革委和中央组织部。

（三）推进干部人才交流培训

对口合作省市要组织开展互派干部挂职交流，促进观念互通、思路互动、作风互鉴、办法互学。依托东部地区相关省市各类干部培训机构，定期安排对东北三省地方政府负责人、企事业单位管理人员、专业技术人员进行培训。中央组织部要加强对相关工作的指导和协调。

（四）加大政策支持力度

有关部门要加强对东北地区与东部地区部分省市对口合作二作的指导，在规划编制、政策实施、项目安排、改革创新先行先试等方面给予倾斜支持，并按照职能分工指导重点领域合作。中央预算内投资设立专项资金支持对口合作重点园区和重大项目建设。银行业金融机构要加大对对口合作重点园区和重大项目的融资支持力度。鼓励社会资本通过市场化方式设立对口合作产业投资基金，支持对口合作重大项目建设。在严格程序、规范运作的前提下，支持左对口合作省市先行试点开展跨地区耕地占补平衡。推进对口合作省市产业、金融、开放等方面政策经验交流和复制推广。

（五）创造良好合作环境

东北三省四市要积极主动做好对口合作各项工作对接，对相关重点项目和重点园区要开辟绿色通道，明确专人负责，积极协调推进。相关省市要在用地、用能、融资等方面给予重点支持。

（六）加强督查评估

国家发展改革委要定期组织开展对口合作工作成效评估。对于积极主动开展工作并取得明显成效的省市，给予通报表扬并加大支持力度，对于合作进展缓慢的省市，要提出整改要求并督促落实整改措施。对口合作省市也要相应建立督查评估机制，确保东北地区与东部地区部分省市对口合作的各项措施任务落实到位。

国家发展改革委关于印发黑龙江省与广东省对口合作实施方案的通知[*]

（发改振兴〔2018〕434号）

黑龙江省人民政府、广东省人民政府，国务院振兴东北地区等老工业基地领导小组成员单位：

按照国务院要求，现将《黑龙江省与广东省对口合作实施方案》（以下简称《实施方案》）印发你们，并将有关事项通知如下：

一、请黑龙江省与广东省（以下简称两省）按照党中央、国务院关于实施新一轮东北地区等老工业基地振兴战略的决策部署，强化责任担当，完善推进机制，分解落实工作，确保《实施方案》提出的目标和任务如期完成。要加快建立对口合作工作机制，打造一批合作样板，力争取得早期收获，发挥示范带动效应。要通过市场化合作促进要素合理流动、资源共享、园区共建，开展干部交流和培训，支持黑龙江省进一步深化改革，优化营商环境，激发内生活力和动力，促进两省在对口合作中相互借鉴、优势互补、互利共赢、共谋发展。

二、请国务院振兴东北地区等老工业基地领导小组各成员单位按照职能分工，加强对两省对口合作工作的指导，在规划编制、政策实施、项目安排、体制机制创新、各类改革试点、对口合作重点园区和项目建设等方面给予倾斜支持。

三、我委将切实履行好国务院振兴东北地区等老工业基地领导小组办公室职能，组织做好两省对口合作工作的综合衔接、调查研究和督促指导，协调落实重点任务，开展年度工作总结评估，重大问题及时向国务院报告。

附件：黑龙江省与广东省对口合作实施方案

国家发展改革委

2018年3月17日

---

* 摘自国家发展和改革委员会网站。

附件

黑龙江省与广东省对口合作实施方案

为深入实施新一轮东北地区等老工业基地振兴战略，按照《国务院关于深入推进实施新一轮东北振兴战略　加快推动东北地区经济企稳向好若干重要举措的意见》（国发〔2016〕62号）和《国务院办公厅关于印发东北地区与东部地区部分省市对口合作工作方案的通知》（国办发〔2017〕22号）有关要求，结合黑龙江省和广东省两省实际，共同制定本实施方案。

一、指导思想

深入学习贯彻习近平新时代中国特色社会主义思想和党的十九大精神，紧紧围绕统筹推进"五位一体"总体布局和协调推进"四个全面"战略布局，坚定不移贯彻创新、协调、绿色、开放、共享的发展理念，按照党中央、国务院关于推进实施新一轮东北地区等老工业基地振兴战略的总体部署，认真落实国务院明确的东北地区与东部地区部分省市对口合作的重点任务，建立完善黑龙江省与广东省对口合作机制，按照政府搭台、社会参与，优势互补、合作共赢，市场运作、法制保障的原则，发挥两省优势与积极性，激发内生活力和动力，促进两省在合作中相互借鉴、共谋发展。

二、总体目标

到2020年，两省对口合作取得重要实质性成果，建立起横向联动、纵向衔接、定期会商、运转高效的工作机制，构建政府、企业、研究机构和其他社会力量广泛参与的多层次、宽范围、广领域的合作体系，形成常态化干部交流学习和人才教育培训机制，在黑龙江省加快推广一批广东省行之有效的改革创新举措，共建一批产业合作园区等重大合作平台，建设一批标志性跨区域合作项目，形成

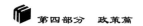

一套相对完整的对口合作政策体系和保障措施。

三、对口合作关系

两省开展全方位合作，在省级层面统筹推动合作的基础上，综合考虑两省资源禀赋、产业基础、发展水平以及合作现状等因素，开展各领域不同层次的对口合作。

哈尔滨市与深圳市对口合作。

黑龙江省其他地市级城市在与广东省珠三角城市根据各自实际、经双方协商一致后，开展相互学习、经验交流活动。

四、重点任务

（一）加强改革经验交流，推进两省体制机制创新

1. 行政管理体制改革

加强两省在加快转变政府职能、分类推进事业单位改革、降低制度性交易成本等方面的经验交流，深化简政放权、放管结合、优化服务改革，提高两省政府和事业单位公共服务水平。加强在优化投资营商环境，开展"一门一网式"政务服务（即政府服务事项尽可能集中到政府服务中心或者网上办事大厅办理）、承诺制审批、实行企业投资项目管理负面清单等方面的经验交流，在哈尔滨新区和黑龙江省部分有条件的国家级开发区及省重点产业园区开展企业投资项目承诺制审批试点、市场准入负面清单制度试点。交流广东省成熟的改革试点经验，加快在黑龙江省复制推广，承担好国家赋予两省合作的改革试点任务。发挥财政资金的导向作用，按照商业化市场化原则，引导金融资本服务于经济社会改革发展。

2. 国有企业改革

加强两省在深化国有企业改革方面的经验交流，加快黑龙江省国资国企改革。鼓励共建国有资本投资运营公司和国有资产市场化运作平台，创造条件鼓励广东省有实力的企业通过多种方式参与黑龙江省国有企业改革、改造、重组和国

有企业混合所有制改革试点，促进国有资本与非国有资本相互融合、共同发展。

3. 民营经济发展

加强两省民营经济发展经验交流，加快完善黑龙江省民营经济发展的政策环境、市场环境、金融环境、创新环境、人才环境和法治环境，加快构建亲清新型政商关系。在黑龙江省遴选一批收益可预期的优质项目，通过政府和社会资本合作（PPP）等模式吸引广东省社会资本投资运营。积极争取中央预算内资金等优先支持广东省社会资本参与的黑龙江省政府和社会资本合作（PPP）项目。鼓励广东省具备条件的社会资本在黑龙江省依法发起设立中小型银行、金融租赁公司和融资担保公司等。加强两省在中小企业公共服务平台网络建设和开展在线法律服务等方面经验交流，完善公共服务平台功能，提升平台建设水平。

4. 对内对外开放

协同参与"一带一路"建设，共同参与中蒙俄经济走廊建设，推动共建铁路、公路等重大基础设施，联合开展面向东北亚的开放合作，共同开拓周边市场，共建对外开放平台。

利用广东省对外开放合作资源，共同拓展东盟市场，参与海上丝绸之路建设，共建对外开放平台。广东省协助黑龙江省的发电装备、交通运输装备、农机装备、石油钻探装备等优势产品企业，利用广东省经贸交流平台，开展对外贸易及经济技术合作；利用广东省在东盟的境外生产基地、商品展览平台及资源开发基地，引导企业参与对东盟地区投资及国际产能合作，吸引优质外资。

两省共同开展对俄经贸合作，拓展东北亚市场。黑龙江省协助广东省灯具及照明装置、汽车零配件、汽车电子、各类家用电器等优势产品企业，利用黑龙江省对俄经贸交流平台，扩大对俄罗斯出口的规模和水平；引导广东省企业到黑龙江省在俄罗斯建设的境外经贸合作园区投资建厂，共同参与俄罗斯远东跨越式发展区和符拉迪沃斯托克自由港建设。

两省积极与港澳地区加强经贸投资合作。发挥广东省毗邻港澳的地缘优势，联合港澳组织各类招商活动，支持黑龙江省企业积极参与粤港澳大湾区建设。积极与港澳地区协商共建综合性"走出去"信息服务平台，实现信息共享，互通有无。

加强两省经贸投资合作，每年举办项目对接活动，积极推动两省企业参加中国—俄罗斯博览会、中国进出口商品交易会、中国国际高新技术成果交易会、中国（深圳）国际文化产业博览交易会等展会及两省主办的其他经贸交流活动，邀请广东省作为中国—俄罗斯博览会的主宾省。引导黑龙江省企业与中国（广东）自由贸易试验区平行进口汽车企业的交流与合作，争取国家有关部门支持，推动两省海关部门签署通关一体化合作方案，实现两地企业属地报关报检、口岸

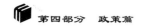

直接放行的便利化通关。

5. 发展理念共享

黑龙江省组织相关城市、园区、企业赴广东省考察推进经济结构转型升级、实施创新驱动战略、发展开放型经济、促进区域协调发展等方面经验。广东省组织标杆企业、先进园区、金融机构、科研单位等赴黑龙江省开展交流考察活动。

（二）开展产业务实合作，加快结构调整步伐

6. 装备制造业等优势产业

推动黑龙江省电力装备、高档数控机床、石化和冶金装备、农业机械装备、先进轨道交通设备、海洋工程装备、船舶制造、能源装备、航空航天装备、汽车装备等装备优势制造能力与广东省开放型经济和市场的发展优势对接，与广东省建设珠江西岸先进装备制造产业带互动发展，促进产用结合、产需对接和产业链上下游整合，深化工业和信息化领域对接，推动黑龙江省装备制造业转型升级、开拓国内外市场。引导广东省制造业企业在黑龙江省设立研发制造基地，推进两省企业、研发机构在钢铁、有色、化工、建材、国防科技工业等领域开展合作。引导广东省工业设计企业与黑龙江省制造企业合作，提升黑龙江制造的设计水平和品牌形象。

7. 新兴产业

促进黑龙江省机器人、清洁能源装备、生物医药、石墨等新材料、新兴产业与广东省战略性新兴产业对接，形成协同放大效应。利用国家支持政策，引导广东省新一代信息技术、高端装备、新能源等行业企业与黑龙江省培育和发展新兴产业三年行动计划对接，在黑龙江省培育形成一批新兴产业集群。充分利用广东省互联网平台优势，加快黑龙江省"互联网＋"发展，支持广东省优秀电子商务企业和电子商务平台与黑龙江省加强沟通合作，共同拓展网络销售渠道。

8. 农业和绿色食品产业

推动两省建立农业和绿色食品长期产销对接关系，强化两省在粮食精深加工、绿色食品产业发展方面深度合作，鼓励广东省农业产业化龙头企业发挥资本、技术和市场优势，到黑龙江省投资建设一批农产品、饲料等加工基地，建设物流园区、乡村旅游、养老等三产融合项目。两省签订粮食安全战略合作框架协议，提升粮食安全合作水平。进一步加强粮食产销合作，对到黑龙江省建立产、购、储、加、销基地的企业以及"龙粮入粤"给予扶持。开展两省粮食储备合作，广东省采取租仓储备、异地储备等方式在黑龙江省建立广东（黑龙江）储备基地等。加大黑龙江省绿色有机农产品品牌建设和推介力度，定期在广州、深圳、哈尔滨等市举办农产品产销对接活动，宣传推介和销售绿色有机大米、大

豆、甜黏玉米、山特产品、肉制品等黑龙江省优质特色农副产品，荔枝、香蕉、桂圆等广东省优质特色农产品。利用广东省电子商务、营销网络、商业模式等优势，促进黑龙江省企业在广州、深圳等市建立绿色优质农产品展示销售中心、社区体验店、专营店等营销网点和仓储物流设施，构建线上线下营销网络体系，促进更多的黑龙江省特色农副产品进入广东省乃至港澳市场。加强两省农业对外贸易合作，建立农产品信息沟通交流机制，借助黑龙江省对俄边贸、农业开发优势和广东省对外农业合作优势，推动两省农产品对外贸易和境外农业生产开发。

9. 金融和物流业

鼓励广东省证券、保险、基金公司和深圳证券交易所等在黑龙江省开展业务，并在条件具备情况下设立分支机构。引导黑龙江省企业利用深圳证券交易所进行首次公开募股（IPO）融资、股权再融资，发行债券及资产证券化产品。两省通过市场化方式发展创投基金、天使基金、股权投资基金等新型融资工具，为促进两省实体经济发展提供金融支持。加强跨区域物流业合作，开辟更多物流通道，改善黑龙江省航空物流设施，提高物流社会化、标准化、信息化、专业化水平，鼓励引导广东省大型物流企业参与黑龙江省物流业发展和区域性物流中心、地区分拨中心建设，有效降低黑龙江省物流成本。

10. 文化、旅游和健康产业

开拓两省文化交流新渠道，研究互设城市主题日、举办文化交流和旅游、"候鸟"旅居推介会等活动。推动两省建立新闻出版广播影视媒体宣传和产业发展领域的对口合作关系，强化两省在广播影视、手机移动端、包装印刷等传统平台的深度合作，鼓励广东省新闻出版广播影视传媒龙头单位发挥资本、技术、策划创意及面向港澳的品牌推广、市场营销等优势，有针对性地与黑龙江省开展合作。争取国家支持加密两省重点城市间航线班次，开展旅游包机服务。结合省际铁路线路，组织或推动旅游专列活动。充分挖掘黑龙江省冰雪、森林、湿地等生态旅游资源，共同发展旅游、文体、休闲等产业，通过共同开发景区、共同宣传推介等多种方式打造特色旅游品牌和线路，推动两省互为旅游客源地和目的地。两省联合打造"南来北往""寒来暑往"旅游季品牌交流活动。鼓励广东省有实力的旅游开发企业整体开发黑龙江省优势旅游资源，参与建设五大连池等省级旅游度假区和大兴安岭、伊春等全域旅游示范项目，开发具有黑龙江特色的旅游产品。依托黑龙江省良好资源优势和产业基础，共同发展"互动式"养老、医疗大健康等产业，吸引广东省社会组织、养老机构落地黑龙江省，参与养老市场服务。加强两省医疗卫生领域合作，吸引广东省知名医疗机构在黑龙江省设立分支、参与黑龙江省富余公立医疗资源改制、设立新型医疗机构。推动中医药项目合作。

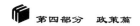

（三）共促科技成果转化，提升创业创新水平

11. 科技研发与转化

两省建立科技创新合作机制，加强产学研用合作，促进跨区域科研和成果转化，加强两省科技成果转移转化对接合作，组织开展科技对接交流、科技成果展示交易及投融资活动。加强两省在科技成果处置权、收益权、股权激励等方面的经验交流，鼓励科技成果在黑龙江省产业化。

12. 高校院所交流合作

引导两省高校和科研院所间开展交流合作，鼓励学科共建和学生联合培养，定期组织师资交流和学生互访，研究开展课程互选、学分互认、资源互通。鼓励两省高校合作办学，共建大学科技园和创业创新平台。落实好《职业教育东西协作行动计划（2016~2020年）》，通过两省职业院校、技工院校结对共建、对口合作、双向学习交流、共同打造职教集团等方式，加强两省职业教育发展的理念、观念与经验方面交流，提高黑龙江省职业教育质量水平，适应黑龙江省职业技术技能人才需求。

13. 创业创新合作

推进两省开放共享"双创"资源，举办两省"双创"论坛，加强两省"双创"企业、"双创"平台和创客的经验交流，推介广东省优秀的创业投资企业和创业投资管理团队参与黑龙江省创业投资发展，加快黑龙江省"双创"示范基地建设，支持黑龙江省哈大齐工业走廊培育创建国家自主创新示范区。在黑龙江省共建一批"双创"平台，营造良好创业创新氛围。加强两省新型研发机构、产学研协调创新、中小企业创新服务体系、青年创新创业大赛、创业辅导师队伍等方面经验交流，促进黑龙江省创业创新发展。加强两省企业孵化器发展的经验交流，广东省协助黑龙江省每个地市建立一个科技孵化器，加快黑龙江省孵化器基地建设。

14. 加强人力资源交流合作

两省研究搭建人才信息共享交流平台，按照"不求所有，但求所用"的理念，有针对性地吸引广东省人才积极参与黑龙江省创业创新，加快推动黑龙江省产业结构调整。鼓励广东省高层次人才对口支持黑龙江省科技创新和企业发展。开展劳务协作，建立劳务输出对接机制，广东省支持黑龙江省实现跨省劳务输出。

（四）搭建合作平台载体，探索共赢发展新路

15. 功能区对接

加强两省国家级新区、国家自主创新示范区、全面创新改革试验区域、综合

保税区、国家级经济技术开发区、国家高新技术产业开发区、新型工业化产业示范基地、服务贸易创新发展试点地区等重点开发开放平台的经验交流，推动两省相关功能区对接交流、合作发展。推动中国（广东）自由贸易试验区有关经验做法在黑龙江省复制推广。

16. 合作园区共建

引进广东省的先进经验、管理团队，创新管理体制和运行机制，支持深圳市在黑龙江省合作共建对口合作示范园区，吸引优势产业集聚。鼓励广东省重点园区在黑龙江省设立分园区，推动广东省重点城市在黑龙江省有条件地区发展"飞地经济"，通过跨地区产业合作等方面的工作创新，实现资源互补、利益共享。

17. 重点城市合作

黑龙江省城市与广东省城市根据各自实际和具体情况充分自主协商，积极开展交流合作。发挥地市沟通交流合作的积极性，扎实推进新型城镇化，促进城市群协调发展，解决"大城市病"，建设宜居、智慧、低碳城市。两省交流在老工业基地调整改造、资源型城市转型、棚户区改造、城市规划、"城市双修"（生态修复、城市修补）、城市更新、产城融合、特色小（城）镇建设、绿色建造、城市管理与综合执法等城乡规划管理体制改革试点省等方面的先进经验做法。

18. 多层次合作体系建设

研究建立两省对口合作产业联盟及产教联盟，加强工商联、商会、行业协会等对接合作，特别是发挥在黑龙江广东商会的桥梁纽带作用，组织黑龙江省企业家到广东省交流经验、洽谈合作，组织广东省企业家参加"龙江企业家发展论坛"等活动，促进理念互融、信息互通、资源互享、人才互用。通过联合组织招商、联建招商网站、委托招商等方式，协助黑龙江省开展招商引资。建立两省专家智库间常态化交流机制，探索举办两省对口合作论坛，开展对口合作课题研究。加强两省在政府采购网上商城模式、大数据领域的经验交流，合作建设跨区域公共资源交易平台。开展控制温室气体排放合作，加强两省低碳发展方面交流合作。

除以上重点领域外，两省结合实际，探索在基础设施、生态环境、扶贫开发和社会事业等方面创造性地开展形式多样的合作交流。

五、保障措施

（一）完善工作机制

两省建立对口合作领导和协调推进机制，分别成立由省长任组长的对口合作工作领导小组，常务副省长牵头推进，领导小组办公室设在省发展改革委，负责对口合作日常工作。两省有关单位及有关地市作为领导小组成员单位，分别承担各自工作任务。两省领导每年开展互访或座谈交流，确定对口合作年度重点工作。相关城市、部门负责具体对口合作工作，推动相关合作任务落到实处。省及地方开展对口合作所需经费按照分级负担原则纳入同级预算管理。

（二）编制具体实施方案

围绕对口合作实施方案重点任务，两省根据需要编制商务、粮食、智能制造、科技创新、旅游等重点合作领域专项实施方案，推动重点领域合作工作。两省重点结对城市在本工作方案的基础上，研究制定城市间对口合作具体工作措施，落实重点合作项目。根据本方案和专项实施方案，制定对口合作年度工作计划，开展年度工作总结，并及时将年度工作计划和工作总结报送两省发展改革委。

（三）推进干部人才交流培训

在中央组织部的指导协调下，组织两省干部相互挂职交流学习，促进干部观念互通、思路互动、作风互鉴、办法互学。依托广东省各类干部培训机构和优质教育资源，定期安排对黑龙江省省直有关部门及地方党政负责同志、企事业单位管理人员、专业技术人员开展培训。具体事宜由两省组织部门在国家有关部门指导下协商确定。

（四）积极争取国家政策支持

各重点合作领域牵头部门要积极与国家指导部门对接，积极争取国家部门在政策实施、规划编制、项目安排、改革创新先行先试等方面给予更大力度的支持。两省围绕共同合作的重点园区和合作项目，积极争取中央预算内资金支持和银行业金融机构融资支持。鼓励社会资本通过市场化方式设立对口合作产业投资基金，支持对口合作重大项目建设。在严格程序、规范运作的前提下，积极争取国家支持两省先行试点开展跨地区耕地占补平衡。积极推动两省产业、金融、开放等方面政策经验交流和复制推广。

（五）创造良好合作环境

两省主动做好对接工作，进一步优化投资营商环境，对对口合作的重点项目和重点园区，开辟绿色通道，明确专人负责，积极协调推进，在用地、用能、融资等方面给予重点支持。

（六）明确推进时序

2018～2019 年，进一步完善两省对口合作高层对接机制和工作推进机制，制定并实施好年度工作计划，全面实施重点合作项目及干部交流和人才培训，形成一批合作成果；2020 年，总结对口合作机制成效，优化合作机制和重点领域，两省对口合作取得重要实质性成果。

（七）加强督查评估

两省建立对口合作督查考核机制，及时跟踪对口合作工作进展情况，加强督促检查，做好对口合作工作的年度评估，确保各项措施任务落实到位。

国家发展改革委关于印发哈尔滨市与深圳市对口合作实施方案的通知[*]

（发改振兴〔2018〕438号）

黑龙江省人民政府、广东省人民政府，国务院振兴东北地区等老工业基地领导小组成员单位：

按照国务院要求，现将《哈尔滨市与深圳市对口合作实施方案》（以下简称《实施方案》）印发你们，并将有关事项通知如下：

一、请黑龙江省与广东省积极支持哈尔滨市与深圳市推进对口合作有关工作，请哈尔滨市与深圳市（以下简称两市）按照党中央、国务院关于实施新一轮东北地区等老工业基地振兴战略的决策部署，强化责任担当，完善推进机制，分解落实工作，确保《实施方案》提出的目标和任务如期完成。两市要加快建立对口合作工作机制，打造一批合作样板，力争取得早期收获，发挥示范带动效应。要通过市场化合作促进要素合理流动、资源共享、园区共建，开展干部交流和培训，支持哈尔滨市进一步深化改革，优化营商环境，激发内生活力和动力，促进两市在对口合作中相互借鉴、优势互补、互利共赢、共谋发展。

二、请国务院振兴东北地区等老工业基地领导小组各成员单位按照职能分工，加强对两市对口合作工作的指导，在规划编制、政策实施、项目安排、体制机制创新、各类改革试点、对口合作重点园区和项目建设等方面给予倾斜支持。

三、我委将切实履行好国务院振兴东北地区等老工业基地领导小组办公室职能，组织做好两市对口合作工作的综合衔接、调查研究和督促指导，协调落实重点任务，开展年度工作总结评估，重大问题及时向国务院报告。

附件：哈尔滨市与深圳市对口合作实施方案

国家发展改革委

2018年3月17日

附件

哈尔滨市与深圳市对口合作实施方案

为深入实施新一轮东北地区等老工业基地振兴战略，按照《国务院关于深入推进实施新一轮东北振兴战略　加快推动东北地区经济企稳向好若干重要举措的意见》（国发〔2016〕62号）和《国务院办公厅关于印发东北地区与东部地区部分省市对口合作工作方案的通知》（国办发〔2017〕22号）有关要求，结合哈尔滨市和深圳市两市实际，共同制定本实施方案。

一、指导思想

深入学习贯彻习近平新时代中国特色社会主义思想和党的十九大精神，紧紧围绕统筹推进"五位一体"总体布局和协调推进"四个全面"战略布局，坚定不移贯彻创新、协调、绿色、开放、共享的发展理念，按照党中央、国务院关于推进实施新一轮东北地区等老工业基地振兴战略的总体部署，认真落实国务院明确的东北地区与东部地区部分省市对口合作的重点任务，建立完善哈尔滨市与深圳市对口合作机制，发挥两市优势与积极性，激发内生活力和动力，促进两市在合作中相互借鉴、共谋发展。

二、基本原则

（一）优势互补，互利共赢

发挥深圳经济、科技、人才、管理优势和哈尔滨资源、产业、空间优势，推进哈深两市优势互补和合作共赢，促进经济结构调整，形成经济发展新优势。

（二）政府引导，市场运作

积极发挥政府引导带动作用，优化政策环境，搭建合作平台。充分发挥市场

在资源配置中的决定性作用，促进要素合理流动。

（三）重点突破，示范带动

鼓励企业自主合作、行业抱团合作、园区平台合作等多种方式，打造一批产业合作样板，发挥示范带动作用，促进产业链上下游整合，加快产业聚集，推动区域经济互融发展。

三、总体目标

通过市场化合作，促进两市要素合理流动、资源共享、园区共建，构建政府、企业、研究机构、社会广泛参与的多层次、宽范围、广领域的合作体系，形成常态化干部交流和人才培训机制。到2020年，实施一批标志性跨区域合作项目，共建一批特色产业合作平台，哈深两市对口合作取得重要实质性成果。

四、重点任务

（一）推进体制机制创新，提高政府管理服务水平

1. 推动行政管理体制改革

为进一步深化简政放权、优化服务及投资营商环境，转变政府职能，双方互相学习在行政审批和综合行政执法改革的创新经验做法；双方互相学习在法治政府建设的经验做法；双方互相学习中国（广东）自由贸易试验区前海蛇口片区和哈尔滨新区在行政审批、贸易自由化、投资便利化等方面的经验做法。

2. 推动国有企业改革

双方互相学习借鉴国有企业改革的成功经验，加快推动国资国企改革。鼓励深圳市属国有企业按照市场化原则，参与哈尔滨市国企改革、改造和重组，以及国有企业混合所有制改革试点。

3. 促进民营经济发展

两市互相学习民营经济发展方面的经验做法，加快完善民营经济发展的政策环境、市场环境、金融环境、创新环境、人才环境和法制环境等，加快构建亲清新型政商关系。通过政府和社会资本合作（PPP）等模式，吸引深圳市社会资本投资哈尔滨市收益可预期的优质项目。

4. 对内对外开放

加强哈深两地经贸往来，促进两地市场互通互补发展。双方放开市场准入政策，相互引导和组织企业参加中国国际高新技术成果交易会、中国（深圳）国际文化产业博览交易会、中国—俄罗斯博览会、哈尔滨寒地博览会、哈尔滨国际装备制造业博览会等重点展会及招商推介会等活动，促进两地产品流通和市场开拓。充分发挥哈尔滨对俄合作区位优势、口岸资源条件和深圳对外开放窗口优势，共同搭建对俄合作贸易平台，拓展两地产品对接俄罗斯、东北亚等国际市场的通道。合作开展服务贸易创新发展试点。

5. 发展理念共享

哈尔滨市定期组织相关市直部门、县（市、区）、园区、企业"走出去"，赴深圳市学习转型发展的成功经验。组织系列"东北行"活动，邀请深圳市标杆企业、先进园区、服务型政府、金融机构、科研单位等领域的优秀代表，适时赴哈尔滨市开展学习交流活动。

（二）强化产业合作发展，促进两市产业结构转型升级

6. 装备制造业等优势产业

按照"中国制造2025"总体要求，推动两市制造业优势互补，开展合作。发挥两地智能制造试点的示范带动作用，推动两市装备和智能制造业深化合作。引导企业与央企及国家有关机构合作，参与国家北斗项目的应用和推广，合作搭建北斗应用平台，抢占北斗应用市场。

7. 新兴产业

争取在新能源、新材料等新兴产业领域合作取得突破。重点开展两市石墨烯、钛合金、碳纤维等产业研发加工合作，利用两地研发和市场优势，促进相关成果产业化，形成分工合理的产业链条。推动哈深两地软件和信息服务业合作交流，支持两地企业在互联网、大数据、云计算、物联网、工业互联网平台、工业软件等领域开展合作，并加快推进商贸流通、工业生产、金融服务等领域信息化发展。

8. 农业和绿色食品产业

哈深两市建立粮食优先供销体系，鼓励两市粮食企业合作开发利用粮食资源，开展粮食订单生产和收购，建立稳定的粮源基地和加工基地。两市引导企业共建生态农业示范区，建立农业和绿色食品长期产销对接关系。重点在"菜篮子"工程建设、绿色食品生产、高端农业开发、观光农业等领域开展合作。支持深圳企业与哈尔滨开展特色农业和绿色食品生产加工合作，支持和引导哈尔滨特色农产品在深销售，或通过深圳销售渠道和平台向外拓展。发挥哈尔滨市食品工业和种植业的优势，加快与深圳食品精深加工的企业合作，延伸产业链条，联合打造哈深特色绿色食品品牌，提升食品安全水平。

9. 生产性服务业

通过政府引导，推动哈尔滨股权交易中心与前海股权交易中心的互动，加强金融领域合作，推动两市资金流动互通。促进两地企业相互投资。支持深圳证券、保险、基金公司等领域金融机构在哈尔滨市设立分支机构，鼓励深圳证券交易所、大宗商品交易场所加强对哈尔滨市实体企业服务力度。支持哈尔滨市金融服务中介机构与深圳市金融机构开展交流与合作。推进两市金融机构合作发展创投基金、天使基金、股权投资基金等新型融资工具，支持服务两地实体经济发展。落实证监会关于发挥资本市场作用，服务国家脱贫攻坚战略意见，鼓励深圳企业到哈尔滨市国家级贫困县投资，共建现代农业示范区和生态旅游养生区，实现县域经济发展和企业资本市场融资双赢。加强跨区域物流业合作，开辟更多物流通道。改善两地航空、港口硬件设施，促进双方航空运输和服务、集装箱班列等领域发展。

10. 文化旅游与健康产业

创新两市合作机制，研究互设城市主题日、举办文化推介活动。相互支持、参与各自举办的大型旅游节庆活动、宣传促销活动，联合参加重要旅游展览会，共同拓展国内外旅游市场。共享优势资源，鼓励和倡导两市互为旅游客源地和目的地。充分利用各自的媒体资源宣传对方的旅游资讯。开展旅游线路推广合作，哈尔滨向俄罗斯远东地区推介深圳的购物之旅，深圳向香港和澳门地区推介哈尔滨冰雪和生态避暑旅游。开展旅游招商，吸引国内外优势企业投资两市旅游项目。支持哈尔滨市吸引深圳企业参与旅游规划和项目开发，促进旅游服务产业升级。利用两地南北地域差异优势，推动健康服务和养老产业的合作与发展。

（三）拓展科技科研合作空间，发挥科技引领带动作用

11. 科技研发与转化

建立科技创新合作机制，加强产学研合作，促进跨区域科研合作，加强科技成果转移转化对接合作，定期组织开展科技对接交流等活动。总结和学习两市孵化器建设和管理先进经验，推动两地发展要素和创新资源的交流与合作，依托两市大数据、云计算和社交平台等资源，助推科技人才创新创业，提升两市孵化器建设能力和水平。

12. 高等院所交流合作

以哈尔滨工业大学、哈尔滨经济研究所、深圳大学、南方科技大学等高校和专业研究机构为主体，开展科教和科研合作。鼓励双方企业联合与哈尔滨相关大学、科研机构开展合作，推动科研成果产业化，推动两地创新发展和产业升级。

13. 创业创新合作

推进两市共享"双创"资源，鼓励优秀的创业投资企业和创业投资管理团队参与哈尔滨创业投资发展；深入开展"双创"合作，大力推动两市"双创"服务管理团队交流，搭建两市"双创"投融资对接平台，探索建立"双创"合作示范基地。

14. 高端人才交流

加强哈尔滨与深圳的人才服务合作，发挥深圳在高端人才、研发配套条件和哈尔滨市科技人才资源等方面的优势，鼓励两市人才共同参与科技创新，支持和引导科技企业通过在两市建立研发机构等方式，共同利用双方的高端人才优势。

（四）搭建合作平台载体，探索共赢发展新路

15. 高新园区合作

加强深圳高新区与哈尔滨高新区的交流，哈尔滨高新区通过学习借鉴深圳国家自主创新示范区经验和政策措施，开展鼓励科技创新创业的重大政策研究，探讨促进自主创新发展的新举措。

16. 产业园区合作

发挥两地互补优势，突出特色产业合作，探索以市场化方式共建石墨烯等特色产业园区，培育经济发展新动能；加强两市智慧生态农业产业园等各类产业园区的对口交流与合作，推动园区良性互动和共赢发展。

17. 国际创新合作

利用哈尔滨市对俄合作中心城市优势地位与资源，积极与俄罗斯莫斯科、叶卡捷琳堡等城市沟通，推动哈尔滨市国际技术转移服务中心与俄罗斯通讯技术及仪器制造商国际联盟、深圳相关机构共同建立中俄两国四地（哈尔滨—深圳—莫斯科—叶卡捷琳堡）联合创新中心，吸引国内外创新主体加入，拉动内地企业来哈尔滨投资兴业，建立中俄两国四地对俄科技合作新模式。

18. 城市治理合作

互相学习双方在城市规划建设、重点工程建设组织模式、城市建设投融资模式等方面的创新经验和做法，扎实推进新型城镇化，促进城市协调发展，解决"大城市病"，建设宜居、智慧、低碳城市。

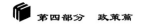

五、保障机制

（一）完善工作机制

建立哈深对口合作领导小组，由两市政府主要负责同志任组长，市有关负责同志任副组长，相关部门主要负责同志为成员，每年召开 1 次以上领导小组会议，负责研究对口合作重大事项，协调对口合作重大问题。领导小组办公室分别设在哈尔滨市发展改革委和深圳市经贸信息委，具体负责对口合作的日常工作。两市组织部门负责对接上级组织部门，牵头推进干部人才交流培训等工作。两地对口合作具体工作涉及的财政经费支出事项，按财政预算管理规定依法纳入预算管理。

（二）制定年度工作计划

围绕对口合作工作方案重点任务，两市各职能部门按照分管领域和行业制定年度工作计划，落实重点合作项目，开展长效、稳定的对接合作。

（三）推进干部人才交流培训

在中央组织部的指导协调下，推进两市干部和人才相互交流学习，促进干部和人才观念互通、思路互动、作风互鉴、办法互学，在不同环境中锻炼提高。依托深圳市各类干部培训机构，定期组织哈尔滨市各级政府及相关部门重要岗位负责同志、国有企事业负责同志、专业技术人员和民营企业家进行培训，学习深圳市行政管理、改革创新、优化服务、企业管理和专业技术等方面的成功经验和做法，全面提升管理服务水平。具体事宜由两市组织部门在上级组织部门指导下协商确定。

（四）积极争取国家政策支持

各重点合作领域牵头部门要积极与国家指导部门对接，在政策实施、规划编制、项目安排、改革创新、先行先试等方面争取国家部委支持。两市围绕合作重点项目，积极争取中央预算内资金支持和银行业金融机构融资支持。鼓励社会资本通过市场化方式设立对口合作产业投资基金。在严格程序、规范运作的前提下，积极争取国家支持两市先行试点开展跨地区耕地占补平衡。

（五）明确推进时序

2018 年至 2019 年，形成稳定的高层对接机制和工作推进机制，加强两市各领域规划对接，拓宽合作范围，梳理合作项目，加快推进项目实施，关键事项取得重大进展；2020 年，总结对口合作机制成效，优化合作机制和重点领域，推动对口合作取得实质性成果。

（六）强化督查评估

建立两市对口合作督查考核机制，加强对口合作事项落实情况的督促检查和评估，确保各项工作落到实处。

关于印发《黑龙江省与广东省对口合作2018年重点工作计划》的通知 *

（黑发改振兴〔2018〕211号）

有关市（地）人民政府（行署），省有关单位：

按照《国务院办公厅关于印发东北地区与东部地区部分省市对口合作工作方案的通知》（国办发〔2017〕22号）要求和国家发展改革委工作部署，为进一步推动黑龙江省与广东省对口合作工作务实有效开展，经两省政府同意，现将《黑龙江省与广东省对口合作2018年重点工作计划》印发给你们，请认真抓好落实，推动对口合作不断取得新成果，并于每季度末将本市（地）本单位对口合作工作进展情况报送本省发展改革委。

附件：黑龙江省与广东省对口合作2018年重点工作计划

黑龙江省发展改革委　广东省发展改革委

2018年4月3日

附件

黑龙江省与广东省对口合作
2018年重点工作计划

以习近平新时代中国特色社会主义思想为指导，按照《国务院办公厅关于印发东北地区与东部地区部分省市对口合作工作方案的通知》（国办发〔2017〕22

号)、《黑龙江省与广东省对口合作实施方案(2017～2020 年)》、《黑龙江省与广东省对口合作框架协议(2017～2020 年)》要求,结合两省实际,制定本工作计划。

一、建立健全对口合作工作机制

两省分别成立由省长任组长的对口合作工作领导小组,常务副省长任小组副组长,负责牵头推进。领导小组办公室分别设在两省发展改革委,负责对口合作日常工作,推进重点合作事项,组织两省主要领导定期会商,研究对口合作重大事项。省有关单位参照建立对口合作工作机制,按照职能分工深入推动部门间对口合作,加强省级层面对结对城市对口合作的统筹支持和业务指导。各结对城市尽快建立健全对口合作工作机制,成立对口合作领导小组,切实推动结对城市间合作。(两省发展改革部门、省有关单位、各结对城市政府牵头)

二、建立信息共享制度

省有关单位、地市间建立高效、通畅的信息共享制度,注重对口合作信息沟通交流,做好信息报送、信息互通、资源共享。省发展改革委及时向国家发展改革委报送工作情况,加强工作沟通协调。(两省发展改革部门牵头)

三、开展"放管服"、事业单位分类改革等交流合作

组织黑龙江省有关单位赴广东省开展调研活动,交流广东省在"放管服"、事业单位分类改革方面的成熟经验和做法,提出进一步深化"放管服"改革和事业单位分类改革工作对策建议。两省开展"放管服"改革成效评估方法、事业单位改革共性难点问题及对策等专题研究。(两省编制管理部门牵头)

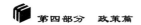

四、开展国有企业改革交流合作

加强两省在深化国有企业改革方面的经验交流，创造条件鼓励广东省有实力的企业通过多种方式参与黑龙江省国有企业改革、改造、重组和国有企业混合所有制改革试点。（两省国资管理部门牵头）

五、开展民营经济发展的交流合作

组织广东省民营企业赴黑龙江省交流、考察，加强两省在推进民营经济发展以及企业先进的管理理念、营销理念、市场理念等方面的经验交流。研究探讨联合举办双创主题服务活动，促进两省双创服务机构、基地或企业对接，共同促进民营经济健康发展。（两省工信部门、工商联牵头）

六、开展金融领域交流合作

引导广东省金融机构到黑龙江省开展业务，推动广东省有实力的基金公司出资到黑龙江省发起设立金融租赁公司。鼓励符合条件的广东省社会资本到黑龙江省发起设立中小银行、融资租赁公司、融资担保公司等金融机构，参与黑龙江省农村信用社产权制度改革。加强黑龙江省企业与深交所交流互动，继续开展"走进深交所"活动。加强两省股权投资合作，推动黑龙江省企业与广州基金共同设立"粤龙产业发展基金"。推动企业参与设立的"中俄人民币基金"尽快运营，力争第29届"哈洽会"前确定第一个投资合作项目。（两省金融办牵头）

七、加强经贸商务交流合作

1. 两省联合组织对口合作经贸交流、项目对接活动，支持、引导两省商会、行业协会开展多种形式的考察交流活动，加强企业对接交流，推动合作项目落地。（两省商务部门牵头）

2. 组织黑龙江省有关单位赴广东省交流电子口岸、"单一窗口"、口岸建设和通关一体化改革便利化通过措施等方面的经验和做法，促进黑龙江省对外贸易发展。（两省商务、海关部门牵头）

3. 组织两省相关单位及企业参加第 29 届"哈洽会"、第五届中俄博览会、粤港经济技术贸易合作交流会、21 世纪海上丝绸之路国际博览会等展会活动，邀请黑龙江省参加广东省举办的境外招商活动，协助黑龙江省做好境内外招商活动。（两省商务部门牵头）

4. 共同参与中蒙俄经济走廊建设，联合开展面向东北亚的开放合作，共同开拓周边市场，协同推进"一带一路"建设。（两省商务部门牵头）

八、开展跨区域物流业合作

组织两省物流商会、协会、骨干企业开展调研交流，拓展对接两省的物流公共信息平台，开辟多样化运输通道。引导两省企业参与粮食物流园区、货运物流平台（中心）等基础设施建设、运营及管理。（两省发展改革部门牵头）

九、推进智能制造领域合作

推动两省在高档数控机床、自动控制系统、工业机器人等智能制造领域的交流合作，加强两省企业、研发机构合作，促进两省智能制造发展水平提升。（两省工信部门牵头）

十、推进农业合作

　　加强两省在基地建设、农业经营、三产融合、乡村振兴等方面的理念和先进经验交流，引导黑龙江省新型农业经营主体在广东省扩大马铃薯基地建设。通过举办专项展会等形式，搭建农业合作平台，大力宣传推介和销售黑龙江省绿色有机农产品和广东省优质特色农产品。发挥黑龙江省优质农产品交易集散（广哈）中心渠道作用，加强黑龙江省优质农产品营销，扩大黑龙江省优质农产品知名度和市场竞争力。引导、支持广东温氏食品集团股份有限公司等企业赴黑龙江省投资合作。（两省农业部门牵头）

十一、推进粮食合作

　　1. 进一步加强广东省级储备粮（黑龙江）异地储备管理，优化调整储备品种和规模。指导、支持广东省有意愿、有需求的市县在黑龙江省建立粮食储备基地，引导其相对集中储存，推动广东省地方储备粮省外异地储备集约化发展。（两省粮食部门牵头）

　　2. 积极搭建粮食对口合作平台。两省共同开展粮油购销对接会。进一步完善粮食对口合作项目供求信息平台，探索利用网上平台促进黑龙江省粮食销售，线上线下共同加强两省粮食贸易合作。（两省粮食部门牵头）

　　3. 积极推动两省粮食上下游产业链合作。两省共同举办龙粤粮食产业经济高质量发展合作对接会。支持广东省企业到黑龙江省建设粮食加工基地，引导广东省饲料加工企业前移到黑龙江省建厂。（两省粮食部门牵头）

十二、推进旅游合作

　　两省联合打造"寒来暑往·南来北往"旅游合作品牌，借助第34届中国·哈尔滨国际冰雪节、2018广东国际旅游产业博览会等平台，加强旅游企业交流

合作。鼓励广东省有实力的旅游开发企业整体开发黑龙江省优势旅游资源，共同打造特色旅游产品。（两省旅游部门牵头）

十三、推进文化合作

共同开展双向"春雨工程"活动，双方以"大舞台、大讲堂、大展台"形式面向两省群众展示各自文化特色，促进省际间文化交流。围绕大型文化专业展会办展参展、油画版画艺术品创作营销、文化创意产品开发等重点领域，开展多种形式的交流与合作。充分发掘黑龙江省特色文化资源，在新媒体、演艺、文化旅游、工艺美术、文化产品和设备制造等方面，确定一批重点合作项目，推动广东省文化企业在黑龙江省投资，促进两省文化企业的文化交流，共同发展。（两省文化部门牵头）

十四、开展医疗卫生合作

吸引广东省医疗机构及社会资本在黑龙江省设立分支机构和新型医疗机构，参与黑龙江省富余公立医疗资源改制工作。加强两省卫生计生行政审批制度改革经验交流及疾病预防控制领域、医学教育科研领域、中药医疗服务技术、食品安全标准和风险监测领域等方面交流合作。（两省卫生计生部门牵头）

十五、开展养老市场合作

依托黑龙江省良好资源优势和产业基础，共同开展"互动式"养老、医疗大健康等产业，引导广东省社会组织、养老机构落地黑龙江省，参与养老市场服务。（两省民政部门牵头）

十六、开展新闻出版广播影视业合作

推动两省建立新闻出版广播影视媒体宣传和产业发展领域的对口合作关系，强化两省在广播影视、手机移动端、包装印刷等平台的深度合作。（两省新闻出版广电部门牵头）

十七、开展制药业合作

发挥两省在药材种植、制药业方面的各自优势，引导广东省骨干制药企业到黑龙江省建立药材种植及加工基地，深度开发黑龙江省北药资源。促进两省药企全方位合作，在兼并重组、一致性评价、药号批文、中成药二次开发及药品销售等方面互利互惠、共同发展，推动两省医药产业优势互补，优化产业结构。（两省工信部门牵头）

十八、加强科技创新合作

鼓励广东省优秀的创业投资企业和创业投资管理团队参与黑龙江省创业投资发展，加快黑龙江省"双创"示范基地建设。加强两省企业孵化器发展的经验交流，黑龙江省组织有关企业孵化器赴广东省交流借鉴专业孵化器运营管理，以及科技成果转化、"互联网＋创新创业"等方面的经验做法，广东省协助黑龙江省地市建立科技孵化器，在孵化载体运营团队人才培训、创业导师资源共享、联合组织项目推介会等方面提供支持，加快黑龙江省孵化器基地建设。推动两省科技成果双向转移转化，实现两省科技计划项目立项对标合作。（两省科技部门牵头）

十九、探索 PPP 项目合作

黑龙江省遴选优质 PPP 项目，吸引广东省社会资本参与投资建设运营。积极争取中央预算内资金和专项建设基金等优先支持广东省社会资本参与的黑龙江省 PPP 项目。组织开展融资对接，探索建立常态化融资协作和联动机制。（两省发展改革、财政、商务部门牵头）

二十、开展高等院所合作

引导两省高校和科研院所间开展交流合作，鼓励学科共建和学生联合培养，定期组织师资交流和学生互访。鼓励两省高校合作办学，共建大学科技园和创业创新平台。（两省教育、科技部门牵头）

二十一、开展职业教育合作

遴选两省职业院校（含各 5 所技工院校）建立结对合作关系，在院校发展、专业和课程建设、实习实训、教学改革、技能大赛、信息化建设等领域开展交流与合作，建立两省职教定期会商机制。组织黑龙江省职业院校管理干部和骨干教师赴广东省培训，广东省职业教育（含技工教育）专家赴黑龙江省交流，共同推动黑龙江省职业院校、技工院校提升办学水平和办学质量。（两省教育、人社部门牵头）

二十二、开展人力资源交流合作

依托现有各类人才交流项目，组织广东省高层次人才对口支持黑龙江省科技

创新和企业发展，实现高层次人才共享。两省开展劳务协作，积极创新劳务招聘对接方式，举办形式多样的线上线下对接，建立跨省份劳务输出对接机制。（两省人社部门牵头）

二十三、推进干部人才培训

依托广东省各类干部培训机构和优质教育资源以及专业技术人才知识更新工程等项目，安排对黑龙江省省直有关部门及地方党政负责同志、企事业单位管理人员、专业技术人员开展培训。（两省人社部门牵头）

二十四、推进干部挂职交流

组织两省干部挂职交流，结合实际合理商定两省干部挂职交流需求并抓好组织落实，促进干部观念互通、思路互动、作风互鉴、办法互学。（两省组织部门牵头）

二十五、推进重大合作政策落地

围绕国家对口合作方案出台的一系列突破性、创新性政策，两省积极向国家争取开展跨省耕地占补平衡、"飞地经济"等改革试点支持，抓好政策落地生效。（两省国土、发展改革、结对城市政府牵头）

二十六、加强两省智库间交流合作

两省发展研究中心加强资料和研究成果交流，就共同关心的两省合作问题，开展课题研究。共同举办企业家、智库对话交流论坛。门户网站开设"对口合作

智库专栏",共享智库平台,全力推进两省智库间交流合作。(两省发展研究中心牵头)

二十七、切实做好结对城市对口合作

1. 深入开展结对城市间"五个一"活动。继续在 13 对结对城市间深化、做实"五个一"活动:组织一次地市间领导交流活动、推动一批地市间干部挂职交流、开展一次对口合作经贸交流会、推动一批对口合作项目落地、组织一次"放管服"改革经验交流活动。(两省结对城市政府牵头)

2. 结合两地实际情况,积极探索创新,依托结对城市拓展区域要素资源和需求市场,开拓性地开展工作,为对口合作工作提供先进经验。(两省结对城市政府牵头)

3. 参照本工作计划,结合重点结对城市对口合作框架协议积极、有序开展工作,切实推动两省对口合作工作落到实处、取得成效。(两省结对城市政府牵头)

二十八、加强宣传工作

借助传统主流媒体和新媒体宣传两省对口合作工作,及时报道两省对口合作工作亮点和成效,营造良好舆论氛围。(两省宣传部门牵头)

二十九、编辑出版年度报告

收集、整理对口合作年度工作相关资料,编辑出版《黑龙江省与广东省对口合作工作年度报告(2018 年)》,全面总结两省年度对口合作工作情况。(两省发展改革部门牵头)

广东省人民政府关于印发广东省降低制造业企业成本支持实体经济发展若干政策措施（修订版）的通知[*]

（粤府〔2018〕79 号）

各地级以上市人民政府，各县（市、区）人民政府，省政府各部门、各直属机构：

现将《广东省降低制造业企业成本支持实体经济发展的若干政策措施（修订版)》印发给你们，请认真组织实施。实施过程中遇到的问题，请径向省经济和信息化委反映。

广东省人民政府
2018 年 8 月 31 日

广东省降低制造业企业成本支持实体经济发展的若干政策措施（修订版）

为深入贯彻习近平新时代中国特色社会主义思想和党的十九大精神，落实党中央、国务院关于着力振兴实体经济的决策部署，进一步降低制造业企业成本，支持实体经济发展，建设制造强省，制定以下政策措施：

---

[*] 摘自广东省人民政府网站。

一、降低企业税收负担

在国家规定的税额幅度内，降低城镇土地使用税适用税额标准，将车辆车船税适用税额降低到法定税率最低水平。降低符合核定征收条件企业的购销合同印花税核定征收标准。允许符合条件的省内跨地区经营制造业企业的总机构和分支机构实行汇总缴纳增值税，分支机构就地入库。全省契税纳税期限统一调整到办理房屋、土地权属变更前。全省各地区核定征收企业所得税应税所得率按国家规定的最低应税所得率确定。对装备制造等先进制造业、研发等现代服务业符合相关条件的企业和电网企业在一定时间内未抵扣完的增值税进项税额予以退还。2018～2022 年对境外投资者从中国境内居民企业分配的利润在广东再投资项目，由省市给予奖励，其中省财政按照投资环节所产生的省级财政贡献奖励给所在地政府，用于支持外商投资原企业扩大生产或新投资广东省鼓励类项目等。

二、降低企业用地成本

各地市要划设工业用地控制线，年度建设用地供应计划要充分保障工业用地供给：“三旧”改造土地及省追加的新增城乡建设用地优先保障先进制造业需求；纳入省相关“十三五”规划的制造业项目享受省重点建设项目待遇。属于我省优先发展产业且用地集约的制造业项目，土地出让底价可按所在地土地等别对应工业用地最低价标准的 70% 执行。允许对工业项目按照规划确认的用地围墙线内面积出让。工业用地出让最长年限为 50 年，根据企业意愿，对有弹性用地出让需求的工业企业实行弹性年期出让供地，按照出让年期与工业用地可出让最高年期的比值确定年期修正系数，对届满符合续期使用条件的，可采用协议出让方式续期。以先租后让方式供应的工业用地，租赁期满达到合同约定条件的，在同等条件下原租赁企业优先受让。省每年安排一定规模的用地指标奖励制造业发展较好的地市。

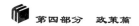

三、降低企业社会保险成本

推进全省养老保险省级统筹，执行全省统一的企业养老保险单位缴费比例，单位缴费比例高于 14% 的按 14% 执行；合理确定企业养老保险缴费基数上下限，逐步过渡至全省统一标准。推动符合条件的地市实施失业保险浮动费率制度。职工医疗保险统筹基金累计结余过高的统筹地区，要适度降低单位缴费费率。职工生育保险基金累计结余超过 9 个月的统筹地区，可将生育保险费率降到企业职工工资总额的 0.5% 以内，已降到 0.5% 的可进一步降到 0.45%。建立健全工伤保险费率浮动管理制度，对符合条件的参保单位工伤保险费率实施下浮，全省工伤保险平均费率下降 20%～30%。

四、降低企业用电成本

扩大售电侧改革试点，到 2020 年电力市场交易电量占广东省内发电量比例不低于 60%；2018 年将参加电力市场交易的发电企业范围扩大到核电，参加电力市场交易的用户范围扩大到全部省产业转移工业园。支持高新技术、互联网、大数据、高端制造业参与电力市场交易。通过扩大跨省区电力交易规模、国家重大水利工程建设基金征收标准降低 25%、督促自备电厂承担政策性交叉补贴、降低天然气发电上网电价等措施，继续降低全省一般工商业电价，清理和降低电网环节收费。精简企业用电工程业扩配套项目审批流程和时限，由各市政务中心组织相关单位实施并联审批，确保企业用户接电时间压减至 80 天以内，其中规划施工报建时间压减至 30 天以内。对具备电力承装资质的企业所承建的电力建设项目，供电企业均应无歧视接入电网并及时送电。

五、降低企业运输成本

省属国有交通运输企业全资和控股的高速公路路段对使用粤通卡支付通行费

的合法装载货运车辆，试行通行费八五折优惠。推动市属高速公路路段试行货车通行费八五折优惠。加大粤通卡发行力度，确保 2018 年底前货车粤通卡发行量比 2017 年增加 30%。停止审批新的普通公路收费项目，逐步取消普通公路收费。制定高速公路差异化收费试点方案，鼓励有条件的地市通过政府补偿或回购等方式自主实施车辆通行费优惠政策。

六、降低企业融资成本

鼓励制造业企业充分用好国家政策性银行优惠政策。积极开拓境外资金渠道支持制造业发展。鼓励大型骨干企业设立财务公司，为上下游企业提供低成本融资服务。2020 年前省财政对在境内申请上市的民营企业，经证监部门辅导备案登记后，分阶段对完成公开发行之前支付的会计审计费、资产评估费、法律服务费、券商保荐费等中介费用，按不超过实际发生费用的 50% 给予补助，每家企业补助资金不超过 300 万元。对在"新三板"成功挂牌的民营企业奖励 50 万元，对进入"新三板"创新层的民营企业再奖励 30 万元。对在省内区域性股权市场发行可转换为股票的公司债券或增资扩股成功进行直接融资的民营企业，按企业融资金额的 2% 给予补助，每家企业补助资金不超过 300 万元。对"广东省高成长中小企业板"的挂牌企业按照融资金额的 3% 给予补助，每家企业补助资金不超过 300 万元。鼓励银行、商业保理公司、财务公司等机构为制造业核心企业产业链上下游中小微企业提供应收账款融资，对帮助中小微企业特别是小微企业应收账款融资的相关企业择优进行支持。鼓励企业利用股权出质方式拓宽融资渠道。支持省、市进一步建立健全中小微企业融资政策性担保和再担保机构。鼓励各地设立中小微企业设备融资租赁资金，通过贴息、风险补偿等方式给予中小微企业融资支持。依托"数字政府"改革，鼓励有条件的地市加大涉企政务信息公开力度，便利征信机构和金融机构获取企业信用信息，进一步发挥广东省中小微企业信用信息和融资对接平台作用。

七、降低企业制度性交易成本

压缩审批时限，企业开办时间减至 5 个工作日，工业投资项目核准办结时限减至 10 个工作日，工业投资项目备案办结时限减至 3 个工作日。全面推广应用"粤省事"办事平台，继续优化和完善电子证照库，实现政府部门各类审批信息共享共用。对省权限范围内的 12 类工业产品实行"先证后核"审批模式、4 类工业产品实行"承诺许可"审批模式。建设全省性网上"中介服务超市"，加强中介服务收费监管。各市每年公布年度可提供、已进行区域环评并明确工业类型的用地目录。对政府部门所属事业单位开展与本部门行政审批相关的中介服务进行全面清理，原则上 2018 年底前全部完成转企改制或与主管部门脱钩。推动涉企工业数据的归集和共享，建立广东省制造业大数据指数（MBI），及时跟踪监测制造业发展情况。各地、各部门要结合实际，及时修订与先进制造业等现代产业发展特点和要求不相适应的产业准入标准、规范。

八、支持工业企业盘活土地资源提高利用率

允许制造业企业的工业物业产权按幢、层等固定界限为基本单元分割，用于引进相关产业链合作伙伴的产业项目。在符合规划、不改变用途的前提下，在工业用地、仓储用地上对工矿厂房、仓储用房进行改建、扩建和利用地下空间，提高容积率、建筑密度的，不再征收土地价款差额。支持和鼓励各地建设高标准厂房和工业大厦，严格遵守工业建筑和高层建筑的消防要求，高标准厂房和工业大厦可按幢、层等固定界限为基本单元分割登记和转让。国家级和省级开发区、产业转移园区（产业转移集聚地）建设的高标准厂房和工业大厦用地，经所在地地级以上市政府确认其容积率超过 2.0 并提出申请后，所使用的用地计划指标可由省级国土资源主管部门予以返还。各地进一步规范工业厂房租售市场管理，工业厂房要直接面向用于发展工业或与工业生产相配套的生产性服务业的市场主体销售或租赁。加大地方财政的奖补力度，大力推进"工改工"项目建设。适时扩大解决重点制造业企业用地历史遗留问题试点城市范围，加快完善相关用地手续，所需用地指标在试点城市土地利用年度计划指标中优先安排，所在地不动产登记机构要开辟绿色通道，加快办理不动产登记。支持大型骨干企业开办非营利性职业院校（含技工院校），相关用地允许参照公办教育类别以划拨形式提供。

九、支持制造业高质量发展

培育制造业新兴支柱产业，2020 年前省财政对新一代信息技术、高端装备制造、绿色低碳、生物医药、数字经济、新材料、海洋经济的万亿级制造业新兴支柱产业培育予以重点支持。对上述制造业新兴支柱产业的标志性重大项目落地、关键核心技术攻关、重大兼并重组、颠覆性创新成果转化等给予优先支持。实施重点领域研发计划，通过定向组织、对接国家、"揭榜"奖励、并行资助等新的项目组织实施方式，开展对经济、社会、产业、区域发展具有重大需求的核心技术、关键器件等的研究。到 2020 年 40% 以上规上工业企业设立研发机构，鼓励企业积极申报高新技术企业享受相关优惠政策。2020 年前省财政对企业开展数字化、网络化、智能化和绿色化技术改造给予重点支持，主营业务收入 1000 万元以上工业企业可享受技术改造事后奖补（普惠性）政策。大力实施消费品工业"三品"战略，发布广东消费品供给指南，实施广东重点产品质量比对研究提升工程，开展"广东优质"品牌认证，引导消费新需求。开展传统产业绿色转型升级试点，推动新工艺新技术应用。探索建立制造业企业高质量发展综合评价体系，引导资源向优质企业和优质产品集中。大力发展工业互联网，支持工业企业运用工业互联网新技术新模式"上云上平台"实施数字化升级，有效降低企业生产经营成本。

十、加大重大产业项目支持力度

对符合我省产业政策、投资额 50 亿元以上重大制造业项目，由制造强省建设领导小组牵头协调，实行省直部门专员服务制，专员范围包括发展改革、经济和信息化、财政、人力资源和社会保障、国土资源、环境保护、商务等职能部门工作人员。其中投资额 100 亿元以上项目由厅级干部担任专员，50 亿~100 亿元项目由处级干部担任专员，全程负责跟踪服务项目落地和建设。各市、县（区）要参照省建立重大制造业项目协调机制，重大项目由市、县（区）领导挂钩服务。省预留占用林地指标，优先保障重大产业项目。对符合《广东省重大产业项目计划指标奖励办法》奖励条件的重大产业项目，省按照相应标准给予用地指标奖励，其中对于投资 20 亿元以上、符合投资强度等相关条件并完成供地手续的重大产业项目，省全额奖励用地指标。对各地引进重大产业项目但当年用地指标确有不足的，可按规定向省申请预支奖励指标。环境影响评价、社会稳定风险评估、节能评价等要在重大产业项目论证阶段提早介入，同步开展并联审批。重大制造业项目投产后，支持各市对企业高管、研发人才、专业技术人才等实行分类激励措施，加大对重大制造业项目配套基础设施建设支持力度。统筹协调省内高等学校和职业院校，根据重大制造业项目用人需求优化专业设置和招生规模。

各地、各部门要按分工将政策宣传贯彻落实到企业，落实情况于每年 12 月底前报送省经济和信息化委，由该委汇总报告省政府。省政府将政策落实情况纳入重点督查范围，视情况对各地、各部门开展专项督查，对工作不力的地市、部门及相关责任人实施问责。省相关部门要加强对各地市的指导和服务，并于 3 个月内修订出台相关实施细则，已有政策措施相关规定与本文件规定不一致的，按照本文件有关规定执行。各地市要根据本文件精神，结合本地区工作实际，进一步加大支持力度，于 3 个月内及时修订完善有关政策措施。

黑龙江省人民政府关于印发黑龙江省支持对外贸易发展十条措施的通知*

（黑政规〔2018〕12号）

各市（地）、县（市）人民政府（行署），省政府各直属单位：

现将《黑龙江省支持对外贸易发展十条措施》印发给你们，请认真贯彻执行。

黑龙江省人民政府

2018年7月17日

黑龙江省支持对外贸易发展十条措施

为继续贯彻落实《黑龙江省人民政府关于印发黑龙江省促进外贸回稳向好若干措施的通知》（黑政发〔2016〕34号）精神，夯实外贸发展基础，巩固外贸回稳向好态势，推动我省对外贸易向高质量发展，特制定如下措施。

一、支持培育外贸自主品牌建设

发挥外贸转型升级基地的带动作用，加快培育我省外贸自主商品品牌、企业品牌和区域品牌，实施自主品牌出口增长行动计划。支持各地在调整对外贸易结

构、出口基地建设和企业开展研发创新、收购境外品牌、境外商标注册、产品认证等给予一定的政策资金支持。通过外贸自主品牌建设，培育外贸竞争新优势，实现外贸转向高质量发展。（省商务厅、财政厅、农委、工信委、工商局、质监局负责）

二、支持资源类产品进口

鼓励对周边国家开展资源开发合作，扩大资源类产品进口。根据市场发展需求，结合我省实际，重点支持木材、纸浆、化肥、铁矿砂等产品进口，根据在我省落地加工量给予补贴。促进企业扩大进口，延伸产业链，提高进口加工利用率。（省商务厅、财政厅负责）

三、支持外贸新业态发展

支持有条件的、成熟的商品市场申报国家市场采购贸易试点，积极争取我省边境旅游购物在绥芬河、东宁沿边开发开放试验区先行先试纳入市场采购贸易试点，或以市场采购贸易方式开展边民互市贸易出口业务；支持我省跨境电子商务平台与海关、邮政部门合作，推动跨境电子商务邮政货物出口业务纳入海关统计，对跨境电子商务综合服务平台建设、数据采集给予支持。扩大外贸新业态新模式贸易规模，2018年争取实现10亿元，到2020年争取实现50亿元。（省商务厅、财政厅、哈尔滨海关、省邮政公司、哈尔滨市政府负责）

四、实施"千企百展"行动计划

组织千家企业参加百场境外展会。对由省政府主办或经省政府批准、支持的境外展洽活动，对参展企业标准展位的展位费给予70%补贴；对每个展会不超过2名参展人员发生的国际交通费，按经济舱标准给予70%比例补贴，住宿费按不超过国家规定公务人员出国住宿费标准的70%给予补贴；对展品运输费补贴，每个标准展位最高不超过5000元；单户参展企业全年补贴不超过10万元。通过"千企百展"行动计划，引导企业"走出去"，宣传推介我省出口商品。各级政府要搭建交流合作平台，加强我省企业与境外企业交流互动、开拓国际市场。（省商务厅、财政厅负责）

五、支持国际营销网络建设和设立代表处

支持企业建立海外营销网络、商品展示中心、海外仓和物流服务网络等。先期重点在德国、俄罗斯及韩国建立黑龙江省商品展示中心，展示我省名优商品，打造黑龙江省商品的境外窗口，根据展示中心的规模、品牌数量、品种数量、展示效果给予一定的政策支持，发挥政府资金的引导和带动作用。探索研究省贸促会在德国、俄罗斯、韩国设立黑龙江省驻海外商务代表处，搭建外经、外贸、招商引资为一体的互动平台，加强我省与所在国家的经贸往来、交流合作。具体支持办法由省财政厅、商务厅、贸促会共同研究制定。（省商务厅、财政厅、贸促会负责）

六、支持服务壮大外贸主体

按照省委"打造一个窗口，建设四个区"的要求，充分利用哈尔滨新区，哈尔滨、绥芬河两个综合保税区，境内外园区，引进加工类企业和与广东对口合作机制承接加工贸易梯度转移项目，壮大对外贸易主体；支持境外园区发展，打造跨境产业和产业聚集带，对入区企业率高、跨境产业链完备、附加值高、形成贸易规模的园区给予资金支持；积极引导企业利用黑河公路大桥、同江铁路大桥开展跨境经贸合作，发展跨境产业；开展外贸人才培训，提升企业能力，充分利用企业家成长计划平台，加大培训力度；开展对外贸企业服务工作，免费提供境内外相关法律法规政策咨询服务；支持建立外贸企业项目数据库及大数据分析平台；优化出口退税服务，提高出口退税效率，做到应退尽退，解决企业流动资金紧张问题。（省商务厅、财政厅、税务局负责）

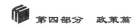

七、全面推进通关便利化

成立由省分管领导为召集人，海关、边检、商务、财政、物价监管等部门联合组成的黑龙江省对外贸易企业协调议事机构，办公室设在省商务厅，重点协调解决外贸企业遇到的贸易环节制度性障碍及有关困难，联手打造优良的外贸营商环境。推进符合国际贸易标准版"单一窗口"建设，到 2018 年末实现 70% 覆盖，2019 年争取实现 100% 覆盖；加强对外贸企业乱收费行为的监督检查，降低制度性交易成本。（哈尔滨海关、省财政厅、物价监管局、商务厅、省公安边防总队负责）

八、加大金融支持力度，创新金融产品

充分统筹利用现有资金，支持外贸企业融资增信、风险抵押、关税保险保证金和银行倒贷等。发挥政府和民营融资担保机构增信作用，引入有实力的担保机构与银行合作，为企业融资提供增信支持，发挥杠杆撬动作用，放大融资规模，降低企业融资门槛和成本，破解"融资难、融资贵"问题。支持金融机构进一步扩大基于外贸订单、保单、应收账款、仓单质押等抵质押融资规模。（省商务厅、金融办、人民银行哈尔滨中心支行、黑龙江保监局、省财政厅负责）

九、加大信保支持力度

支持具有承保出口信用保险资格的金融机构开展出口信保业务，扩大出口信保国别市场覆盖面，扩大小微企业覆盖面，引导企业积极利用出口信用保险扩大外贸出口。对符合国家小微企业认定标准的企业投保出口信用保险其保费给予全额补贴；对自主缴费投保短期险的农产品出口企业给予保费 90% 补贴，对自主缴费投保短期险的其他企业给予保费 70% 补贴；对"走出去"的境外投资企业投资保险费给予补贴。根据国别地区市场信用风险评级，补贴逐步采取退出机制。通过出口信用保险降低企业风险，增加企业出口积极性，扩大出口规模。（省商务厅、财政厅、黑龙江保监局、具有承保出口信用保险资格的金融机构负责）

十、支持开展外贸集疏运服务体系建设

重点培育面向欧亚物流枢纽区及国际贸易大通道，完善外贸集疏运服务体系。支持哈欧、哈俄、哈绥俄亚、龙运等国际班列（车）开展集疏运、营销推广、组织货源、扩大运量，对跨境货物集疏运系统建设、枢纽集货网点建设、循环器具和推广给予资金支持。推动班列的健康发展，实现借港出海、东出西进、南北贯通。（省商务厅、财政厅负责）

第五部分　资料篇

第一章　广东省经济社会发展情况

广东，简称"粤"，省会广州。地处亚热带，气候温暖，雨量充沛。面积17.97万平方千米，约占全国陆地面积的1.85%，大陆海岸线长4114.3千米，约占全国海岸线总长1/5，管辖海域面积6.47万平方千米。海岛1963个（含东沙岛）。内陆江河主要有珠江、韩江、漠阳江和鉴江等。设广州、深圳2个副省级市，19个地级市，122个县（市、区）。

历史源远流长。10多万年前已有"曲江马坝人"生息繁衍。秦代，设南海郡；汉代，番禺是全国著名都会；唐代，广州开设"市舶司"，成为著名对外贸易港口；清代，佛山成为全国手工业中心和四大名镇之一。广东省既是我国现代工业和民族工业的发源地之一，也是我国近代和现代许多重大事件的发生地和策源地。如鸦片战争、太平天国运动、辛亥革命、国共两党第一次合作、北伐战争、广州起义等，是杰出历史人物康有为、梁启超、孙中山、廖仲恺和中国共产党著名革命家彭湃、叶挺、叶剑英等的故乡。

岭南文化独特。2018年末常住人口1.13亿，分属56个民族，汉族人口最多、占98.02%，少数民族主要有壮族、瑶族、畲（shē）族、回族、满族等。汉语方言主要有3种：粤方言（广府话）、客方言（客家话）和闽方言（潮州话）。地方曲艺有广东音乐（代表作品《步步高》《赛龙夺锦》《平湖秋月》《雨打芭蕉》）、粤剧、潮剧、汉剧、雷剧、山歌剧等。涯外侨胞和归侨侨眷众多，有3000多万海外侨胞，占全国一半以上，分布世界160多个国家和地区；省内有10.2万归侨、3000多万侨眷，杰出代表有司徒美堂、冯如、钟南山等。

名胜古迹众多。有广州白云山、肇庆鼎湖山和七星岩、惠州西湖和罗浮山、韶关丹霞山、南海西樵山、清远飞霞山、阳江海陵岛、汕头南澳岛、湛江湖光岩等著名自然景观，最高的山是清远阳山县石坑崆（广东省第一峰，海拔1902米）。有中共三大会址、中山纪念堂、黄埔军校旧址、西汉南越王墓、陈家祠、林则徐销烟池与虎门炮台旧址、韶关南华寺和梅关古道等历史人文景观。开平碉楼与村落被列入世界文化遗产，丹霞山被列入世界自然遗产。历史文化名城8

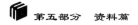

个，5A 级景区 12 个。

交通四通八达。2018 年末公路通车总里程 21.8 万千米，其中高速公路 9003 千米，居全国第 1 位，实现县县通高速，高速公路出省通道 23 条（含港澳）。铁路运营里程 4599 千米，其中高铁 1905 千米，居全国第 2 位。2018 年港口货物吞吐量 21.1 亿吨，亿吨大港 5 个（广州港、深圳港、湛江港、珠海港、东莞港）。其中，广州港集装箱吞吐量 2191.18 万标准箱，居全球第 5 位；深圳港 2573.59 万标准箱，居全球第 3 位。民航客运量 1.29 亿人次，民用机场 8 个（广州、深圳、珠海、揭阳、湛江、梅州、佛山、惠州）。其中，广州白云国际机场客运量 6974.32 万人次，居全国第 3 位；深圳宝安国际机场客运量 4934.73 万人次，居全国第 5 位。

经济实力雄厚。经济总量连续 30 年位居全国首位。2018 年地区生产总值 9.73 万亿元，增长 6.8%；人均地区生产总值 86412 元，增长 5.1%；规模以上工业增加值 3.23 万亿元，增长 6.3%；固定资产投资 3.53 万亿元，增长 10.7%；社会消费品零售总额 3.95 万亿元，增长 8.8%；进出口 7.16 万亿元，增长 5.1%；地方一般公共预算收入 1.21 万亿元，增长 7.9%；居民人均可支配收入 3.58 万元，增长 8.5%。

第二章　黑龙江省经济社会发展情况

　　黑龙江省土地面积45.3万平方千米，约占全国陆地领土面积的4.8%，占东北三省的57.6%，居全国第六位。省内居住着汉、满、达斡尔、鄂伦春等54个民族，人口3835万。设有12个地级市和1个地区行政公署，63个县（市）。

　　历史文化。大约四五万年前就有古人类在黑龙江省地区生息，先后有肃慎、东胡、秽貊、挹娄等先民在此定居，夫余、渤海等古代地方政权和大金国在此建立。新中国成立后，曾设立黑龙江和松江两省，1954年合并为黑龙江省。不同民族的文化差异，古老的渤海文化、金源文化、满族文化，加之清末以后的流人文化与关内移民带来的习俗，融汇形成了丰厚的历史文化资源和独特的边疆民俗风情，孕育了"东北抗联精神""闯关东精神""北大荒精神""大庆精神"和"铁人精神"，成为推动全省经济社会发展的精神财富和动力源泉。

　　自然资源。林地面积、森林总蓄积量均居全国首位，森林覆盖率达46.7%。已探明矿产资源132种，保有储量居全国前10位的有55种，除石油、天然气、煤炭等战略性资源储量位居全国前列外，石墨、长石、铸石玄武岩、火山灰等9种矿产储量居全国首位。大庆油田累计生产原油24.1亿吨，约占全国同期陆地原油产量的40%以上。草原面积达433万公顷，居全国第7位。湿地面积约556.2万公顷，占全国15%。年平均水资源量810亿立方米，有黑龙江、乌苏里江、松花江和绥芬河四大水系，大小江河1918条，兴凯湖、镜泊湖等大小湖泊640个。

　　农业生产。有耕地面积2.39亿亩，占全国耕地面积的8.5%，是全国唯一的现代农业综合配套改革试验区，是绿色有机食品生产基地和无公害农产品生产大省，绿色食品认证数达1400个，绿色食品种植面积达7400万亩，绿色食品认证数量和产量均居全国第一位。畜产品安全水平全国领先，婴幼儿奶粉产量及质量全国第一。

　　工业基础。"一五"时期国家布局156个重点工业项目，黑龙江省有22个，形成了"一重""两大机床""三大动力""十大军工"等大型骨干企业为支撑的工业体系，工业生产跨 38 个大类、172 个中类、363 个小类的 404 种工业产品，上万个规格品种。新中国成立以来，累计提供了占全国 2/5 的原油、1/3 的木材、1/3 的电站成套设备、1/2 的铁路货车、1/10 的煤炭和大量的重型装备与国防装备。装备、石化、能源、食品四大主导产业占规模以上工业的 88.2%。良好的工业基础为利用现有经济存量数量扩张、技术升级、合资合作和引入发展要素上项目，推动区域经济发展，提供了重要前提条件。

科技教育。科技综合实力在全国列第 12 位。有哈兽研、703 所等 778 个科研院所，哈工大、哈工程等 80 所高等院校和 4 个国家级大学科技园。有专业技术人员 116.2 万人，两院院士 41 位。机器人、载人航天、新材料等科研能力居全国乃至世界领先水平。较强的科技实力和较多的技术成果，为全省促进高新技术成果产业化上项目提供了内生动力。

开放区位。与俄罗斯有 2981 千米边境线，有 25 个国家一类口岸，其中对俄边境口岸 15 个，年过货能力 2900 万吨，对俄贸易占全国的近 1/4，对俄投资占全国的 1/3。对俄合作拓展到资源、能源、旅游、科技、文化、教育、金融等多领域、全方位。

2018 年黑龙江省地区生产总值 16361.6 亿元，增长 4.7%；一般公共预算收入 1282.5 亿元，增长 3.2%；社会消费品零售总额增长 6.3%；进出口总额 1747.7 亿元，增长 36.4%；城乡居民人均可支配收入分别为 29191 元和 13804 元，分别增长 6.4% 和 9.0%。

第三章　广东省与黑龙江省对口合作工作大事记

2016 年

2016 年 11 月

11 月 1 日，国务院发布《国务院关于深入推进实施新一轮东北振兴战略　加快推动东北地区经济企稳向好若干重要举措的意见》。

2016 年 12 月

12 月 22~23 日，黑龙江省发展改革委主任王冬光带队赴广东省对接对口合作工作。

2017 年

2017 年 1 月

1 月 18~19 日，深圳市政府副秘书长高裕跃率领深圳市考察团赴哈尔滨市，考察相关企业，召开对口合作座谈会，商洽深哈合作工作方案。

1 月 19 日，广东省发展改革委发出《黑龙江省与广东省对口合作实施方案（征求意见稿）》，就实施方案征求广州等相关地市及单位意见。

2017 年 3 月

3 月 2 日，黑龙江省邀请广东省作为第四届中国—俄罗斯博览会的中方主宾省。

3 月 3 日，广东省发展改革委召开省直单位座谈会，共同研究两省对口合作实施方案相关内容及近期可实施的重点项目。

3 月 7 日，国务院办公厅发布《国务院办公厅关于印发东北地区与东部地区部分省市对口合作工作方案的通知》。

3 月 9 ~ 10 日，绥化市副市长庞洪峰率领市发展改革委、市经济合作局及望奎县党政领导赴湛江市开展对口合作工作对接，实地考察遂溪县草潭镇马铃薯异地种植基地。

3 月 15 ~ 16 日，广东省发展改革委副主任陈志清带队赴黑龙江省对接两省对口合作工作，黑龙江省相关地市及省直部门代表与陈志清一行座谈交流，共同研究了《黑龙江省与广东省对口合作实施方案》，双方就推进工作落实进行了深入交流并形成了初步意见。

3 月 23 日，广东省政府复函（粤府函〔2017〕64 号）同意做主宾省。

2017 年 4 月

4 月 15 日，广东省发展改革委派员参加中蒙俄经济走廊"龙江丝路带"推介会开幕式并致辞。

4 月 16 ~ 18 日，黑龙江省政府副秘书长赵万山带领省委组织部、省发展改革委等七个部门赴广东省对接《黑龙江省与广东省对口合作实施方案》事宜。两省有关部门就对口合作实施方案进行了沟通和研讨，召开了由广东省政府副秘书长张爱军主持的对接工作会议，两省共同讨论交换了对实施方案的修改意见。

4 月 20 日，黑龙江省委召开常委会议听取哈尔滨市与深圳市对口合作情况汇报，哈尔滨市原常务副市长康翰卿进行了专题汇报。张庆伟书记提出"全面推进、畅通机制、重点突破、逐步深化"的工作要求。

4 月 24 ~ 25 日，深圳市政府党组成员陈彪带队到哈尔滨市考察，召开深哈对口合作座谈会，商洽深哈合作《框架协议》和《实施方案》。

2017 年 5 月

5 月 5 日，广东省政府常务会议审议通过《黑龙江省与广东省对口合作实施方案》。

5 月 11 日，黑龙江省新闻出版广电局与广东省新闻出版广电局签署《共同推进媒体和产业发展合作框架协议》，为提高两省对口合作层次和水平提供舆论支持。

5月11~12日，广东省常务副省长林少春率队赴黑龙江省就落实国办发〔2017〕22号文精神、对口合作实施方案编制、2017年重点合作事项安排以及建立两省领导推进协调工作机制等进行了交流会商，两省在"黑龙江好粮油"走进广东、建设销售渠道、地方储备粮异地储备和监管等方面达成合作共识。

5月17日，深圳市政府六届七十七次常务会议审议通过《哈尔滨市与深圳市对口合作实施方案》。

5月22~23日，黑龙江省工商联主席张海华、副主席吴永久率齐齐哈尔市工商联、省内部分商会主要负责同志等赴广东省工商联、广州市和深圳市工商联洽谈对口合作模式、方向、领域等合作事宜。

5月22~24日，黑龙江省粮食局组织13个市（地）、农垦总局粮食局及相关粮食企业负责人赴广东省对接洽谈，双方确定了"政府搭台、市场运作，优势互补、合作共赢，有效对接、依法经营"的合作原则。

5月22~27日，黑龙江省旅游委组织黑龙江省地市旅游行政管理部门和百家旅游企业到广东省举办系列推介活动，广东省内旅行商和媒体近200人参加活动。

2017年6月

6月2日，深圳市委第八十六次常委会议审议通过《哈尔滨市与深圳市对口合作实施方案》。

6月6~8日，黑龙江省国资委组织7户省属国资企业及哈尔滨市、大庆市和齐齐哈尔市国资委负责人赴广州，与广东省国资委和30余户民营企业座谈，达成合作意向11个。

6月14~17日，广东省商务厅、省贸促会等相关单位组织广东省企业赴哈尔滨参加由商务部、黑龙江省政府与俄罗斯联邦经济发展部、工业贸易部联合举办的"第四届中国—俄罗斯博览会"；广东省发展改革委派员参加开馆仪式。

6月14~17日，两省粮食部门在广州共同举办"黑龙江好粮油中国行——走进广东"专项营销活动，国家粮食局党组成员赵中权到现场视察，对活动给予充分肯定。

6月14~18日，广东省委宣传部巡视员、省文改办主任、省文资办主任赖斌带领省文改办、省文资办负责同志和部分省直文化企业负责同志及广东省南方媒体融合发展投资基金负责人等组成调研组赴黑龙江省，参加中俄国际博览会暨中国哈尔滨国际经济贸易洽谈会文化产业交易会，并实地考察哈尔滨、伊春等地文化产业项目，就两省文化产业对口合作事宜进行对接。

2017 年 7 月

7 月 1 日，伊春市开通伊春至广州航班。

7 月 10 日，黑龙江省政府与广东省政府联合向国务院上报《黑龙江省与广东省对口合作实施方案》。

7 月 14～16 日，广东省旅游局在黑龙江省哈尔滨市举行"赏心粤目"广东省旅游风情展。

7 月 18～22 日，哈尔滨市委书记王兆力率哈尔滨市党政考察团赴深圳学习考察，在干部挂职、科技转化、金融创新和产业互动等方面推动对口合作。

7 月 19 日，黑龙江省政府常务会议审定《哈尔滨市与深圳市对口合作实施方案》。

2017 年 8 月

8 月，黑龙江省国资委出资企业黑龙江省联交所分别与广州交易所、广东省产权交易集团签署《战略合作协议》，全面开展产权要素市场交易合作。

8 月 28 日，深圳市教育局与哈尔滨市教育局签署《深圳市、哈尔滨市职业教育东西协作行动计划落实协议书》。

8 月 28 日，黑龙江省政府与广东省政府签署《黑龙江省人民政府　广东省人民政府关于建立粮食安全战略合作关系的框架协议》。

8 月 30 日，经黑龙江省政府与广东省政府同意，黑龙江省粮食局与广东省粮食局联合印发《黑龙江省与广东省粮食对口合作实施方案》。

8 月 31 日，广东省政府常务会议审议通过《哈尔滨市与深圳市对口合作实施方案》。

2017 年 9 月

9 月 1 日，广东省委组织部印发《关于黑龙江省干部挂职锻炼的通知》，黑龙江省 11 名厅级干部赴广东省相关地市及省直单位挂职。

9 月 8 日，广东省农业厅主办的"广东省名牌农产品北上行——走进黑龙江宣传推介活动"在哈尔滨市举办，黑龙江省农委主要领导全程参加了推介活动。

9 月 8～10 日，黑龙江省旅游委率领由 90 余人组成的黑龙江旅游展团参加2017 广东国际旅游产业博览会。

9 月 11 日，黑龙江省旅游委主办的广东—黑龙江"寒来暑往　南来北往"欢乐冰雪季开幕式暨 2017 黑龙江冬季旅游推介会在深圳市举办，广东省旅游局领导参加开幕式并致辞。

9 月 13~14 日，广东省国资委副主任黄敦新率 5 户企业赴黑龙江省与黑龙江省建设集团等 6 户企业进行合作对接，双方企业在航运资源、绿色农业、商贸物流、产权交易和化工制造等领域达成 7 个合作意向。

9 月 15 日，黑龙江省教育厅与广东省教育厅签署《职业教育东西协作行动计划落实协议书》。

9 月 21 日，黑龙江省粮食局与广东省粮食局联合北京等 9 个省市在哈尔滨市共同举办黑龙江省第十四届金秋粮食交易暨产业合作洽谈会。

9 月 24 日，中央统战部副部长、全国工商联党组书记、常务副主席徐乐江到黑龙江省开展民营经济振兴东北考察调研，期间，黑龙江省工商联与广东省工商联签订对口合作框架协议。

2017 年 10 月

10 月 11 日，深圳—哈尔滨对口合作经贸洽谈推介会在深圳市举行，两市共同签署《哈尔滨市与深圳市对口合作框架协议》，两市国资、科技、文新、金融、贸促等对口部门和企业共签署合作协议 57 个，其中签约项目 52 个，签约金额 275 亿元。

10 月 23~25 日，黑龙江省住房和城乡建设厅党组成员、总工程师高起生带队，赴广东省住房和城乡建设厅启动“三库一平台”电子政务系统的改造移植相关工作。

10 月 24 日，黑龙江省人民政府与广东省人民政府联合同国务院上报《哈尔滨市与深圳市对口合作实施方案》。

2017 年 11 月

11 月 2~3 日，广东省省长马兴瑞率广东省政府代表团赴黑龙江省开展对口交流活动。两省共同签署了《黑龙江省与广东省对口合作框架协议》；两省农业、旅游、粮食、工商联等部门签署领域合作协议；广州—齐齐哈尔、深圳—哈尔滨、珠海—黑河、中山—佳木斯、东莞—牡丹江、佛山—双鸭山、惠州—大庆建立对口合作结对关系，签署结对城市对口合作框架协议。

11 月 4~6 日，两省粮食局联合举办“黑龙江好粮油中国行”再进深圳专项营销行动。

11 月 7 日，成立黑龙江省与广东省卫生计生领域对口合作双组长制领导小组，组长由两省卫生计生委主任担任。

11 月 13 日，广东省发展改革委发出《关于我省与黑龙江省结对城市间开展

"五个一"活动的函》,要求地市抓紧开展"五个一"活动:开展一次地市间领导交流活动、推动一批地市间干部挂职交流、组织一次对口合作经贸交流会、推动一批对口合作项目落地、组织一次机关干部"龙江行·广东行"交流活动。

11月14日,黑龙江省人民政府与广东省人民政府联合向国家发展改革委上报《关于报送黑龙江省与广东省对口合作工作情况的函》。

11月15~16日,绥化市副市长刘野率领市发展改革委有关同志赴湛江市就对口合作工作进行对接。

11月16~19日,广东省农业厅主办的第八届广东现代农业博览会在广州举办,特邀黑龙江省农委作为第八届广东现代农业博览会合作单位,黑龙江省副省长吕维峰出席开幕式。

11月17日,黑龙江省编办主任戴彤宇带队前往广东省,与广东省编办开展对口交流活动,签订了两省机构编制工作合作协议,并就行政体制改革、事业单位改革、"放管服"等领域工作进行了考察调研。

11月19~25日,黑龙江省教育厅举办高等职业院校校长专题培训班,组织全省高职院校党委书记、院校长40余人赴广东省高职院校开展为期一周的实地考察学习。

11月21日,黑龙江省住房和城乡建设厅与广东省住房和城乡建设厅在广州市签署《黑龙江省城市规划勘测设计研究院与广东省城乡规划设计研究院战略合作框架协议》。

11月27日,齐齐哈尔市成立由市委书记孙珅、市长李玉刚为组长的对口合作工作领导小组。

2017年12月

12月4日,广东省委办公厅收到《中共黑龙江省委办公厅　黑龙江省人民政府办公厅关于黑龙江省党政代表团前往贵省开展对口合作交流工作的函》。

12月4~5日,伊春市委常委、常务副市长白波带领伊春市发展改革委到茂名市就缔结对口合作城市相关事宜进行协商洽谈。

12月7~8日,双鸭山市长宋宏伟带队赴佛山市对接考察,与佛山市长朱伟进行了座谈,并召开了对口合作第二次联席会议。期间,佛山市委组织部和双鸭山市委组织部联合举办的双鸭山市企业经营管理专题培训班在佛山市委党校开班。

12月7~9日,黑河市长谢宝禄率团到访珠海,考察调研了相关企业,举办了对口合作经贸交流会。同时,两市政府举行了对口合作工作座谈会。

12月8日,广东省委组织部组织召开黑龙江省在粤挂职学习干部座谈会,广东省长马兴瑞出席会议并作讲话，广东省领导林少春、邹铭、江凌出席会议。

12 月 11 日，广东省人民政府正式印发《黑龙江省与广东省对口合作框架协议（2017～2020 年）》。

12 月 11 日，黑龙江省粮食局与广东省粮食局签订《关于建立广东省省级储备粮（黑龙江）异地储备合作协议》，双方合作在黑龙江省建立初期规模 32 万吨的广东省省级储备粮（黑龙江）异地储备。

12 月 12～14 日，牡丹江市委副书记、市长高岩率市党政代表团赴东莞市开展对口合作考察交流活动，期间两市签署了《牡丹江市与东莞市对口合作备忘录》并举行了项目签约仪式，共签约 10 个产业项目，签约金额 16 亿元。

12 月 12～14 日，齐齐哈尔市委书记孙珅、市长李玉刚率领党政代表团赴广州开展对口合作交流活动，广州市委书记任学锋率广州市相关领导与齐齐哈尔代表团举行座谈会。

12 月 14 日，广东省发展改革委与黑龙江省发展改革委在广州签署《黑龙江省发展改革委　广东省发展改革委发展改革对口合作协议》。

12 月 14 日，广东省文化厅与黑龙江省文化厅在广州签署《黑龙江省文化厅　广东省文化厅文化对口合作协议》。

12 月 14 日，伊春市委书记、市人大常委会主任高环与茂名市委书记、市人大常委会主任李红军分别代表市委、市政府在广州签署《黑龙江省伊春市与广东省茂名市对口合作框架协议》。

12 月 14 日，广东广播电视台与黑龙江广播电视台签订《黑龙江广播电视台　广东广播电视台战略合作框架协议》，就开展新闻信息互换、数字新媒体和影视剧合作、旅游宣传及绿色有机农业推广运营等项目达成了合作意向。

12 月 14 日，广东南方财经全媒体集团股份有限公司与黑龙江广播影视传媒集团有限公司签订《联合设立黑龙江国际艺术品交易中心框架协议》。

12 月 14 日，广东省南方文化产权交易所股份有限公司与黑龙江省北方文化产权交易所有限公司签订《联合建设北红玛瑙交易服务中心的战略合作框架协议》，共同打造北红玛瑙原石挂牌交易项目。

12 月 14～16 日，黑龙江省委书记张庆伟、省长陆昊率党政代表团赴广东省考察调研，实地考察了广州、深圳两市的相关企业。两省发展改革、工信、商务、文化、国资、金融、发展研究中心等部门签署领域合作协议；七台河—江门、鸡西—肇庆、伊春—茂名、绥化—湛江、鹤岗—汕头、大兴安岭地区—揭阳建立重点城市结对关系，并签订对口合作框架协议，企业代表签署 12 项企业合作协议。

12 月 16 日，黑龙江省政府发展研究中心与广东省政府发展研究中心在哈尔滨市联合主办第四期、主题为《"龙粤对口合作"机制下对外经贸发展的新趋势新机遇》的"龙江企业家对话交流活动"。

12月16~17日，大庆市委书记韩立华、大庆市长石嘉兴率领的大庆市党政代表团来惠州对接对口合作工作，两市在干部交流、工信、农业、商务、旅游、粮食、产业园区7个领域签署对口合作框架协议。

12月16~18日，伊春市委书记高环率考察团到茂名市开展对口合作交流活动。茂名市委书记李红军、市长许志晖分别陪同考察。

12月19日，珠海市发展改革局出台《珠海市与黑河市开展对口合作工作近期工作方案》。

12月20日，黑河市经合局制定了《黑河市开展对口合作的工作方案》，确定了12个合作重点领域和34项具体工作任务。

12月20日，黑龙江省与广东省成立粮食对口合作协调小组，建立常态化协调沟通机制，为两省粮食对口合作项目提供服务。

12月20日，哈尔滨市中职学校校长高级研修班选派30名优秀学员赴深圳市考察学习，进一步推进了哈尔滨市中职学校深哈合作事项开展。

12月21日，黑龙江省人力资源和社会保障厅党组成员、副厅长何衍春带领相关业务处室负责同志赴广东省人力资源和社会保障厅对接洽谈。双方分别就拟建立两省省级和市地级人社部门对口合作机制、2018年打算开展的对口合作项目达成初步意见。

12月26~28日，2017年中国深商大会暨全球龙商大会在深圳举行，贯彻落实党的十九大精神，加快实施党中央、国务院关于新一轮东北地区等老工业基地振兴发展战略部署，推动黑龙江省与广东省对口合作务实有效开展。黑龙江省副省长贾玉梅、政协副主席杜吉明，深圳市委书记王伟中、市长陈如桂，哈尔滨市委常委、副市长张万平参加会议。

12月28日，黑龙江省委统战部副部长、省工商联党组书记林宽海带领七台河市、鹤岗市、大庆市、大兴安岭地区、伊春市工商联负责同志赴广东省工商联及相关结对工商联进行工作对接，双方就建立对口合作联系机制、加强信息交流等达成合作共识。

2018 年

2018 年 1 月

1月4日，双鸭山市成立双鸭山市珠三角（佛山）对接合作领导小组，并设立 8 个专项推进组。

1 月 4～7 日，广东省发展改革委组织粤科金融集团有限公司等 5 家企业负责人赴黑龙江省考察调研。

1 月 6 日，黑龙江省旅游委与广东电视总台《活力大冲关》节目组联合黑龙江省北极村、五大连池、英杰温泉、镜泊湖等拍摄的 13 集大型电视冰雪真人秀栏目《冰雪的游戏》开始在广东卫视、黑龙江卫视及多家网络媒体播出。

1 月 8 日，黑龙江省住房和城乡建设厅选派黑龙江省城市规划勘测设计研究院 2 名技术人员赴广东省城乡规划设计研究院进行为期 1 个月的学习交流。

1 月 9～11 日，深圳市国资委组织深圳特建发集团、深投控集团赴哈尔滨新区（松北区）、平房区（经济技术开发区）、道外区进行考察对接，开展深哈产业合作园区用地选址、园区建设模式调研。

1 月 10 日，佳木斯市选派发改、经信、科技、商贸、农业、规划、旅游、金融、高新区及公共资源交易中心第一批 10 名党政机关干部组队到中山市挂职锻炼。

1 月 12 日，鹤岗市委副书记、市长王秋实率队赴汕头对接并召开对口合作座谈会，双方明确了绿色食品、轻工纺织、园区共建和营商环境建设等重点合作方向。

1 月 16 日，黑龙江省发展改革委向国家发展改革委振兴司上报《关于报送黑龙江省 2017 年对口合作工作总结及 2018 年工作思路的函》。

1 月 17～20 日，鸡西市长张常荣率党政代表团到肇庆市开展对口合作对接工作，参加肇庆市举办的"2018 请到广东过大年·肇庆行"系列活动。

1 月 19 日，广东省发展改革委向国家发展改革委振兴司上报《关于报送黑龙江省与广东省对口合作 2017 年工作总结和 2018 年工作思路的函》。

1 月 25 日，黑龙江省粮食局与广东省粮食局共同组织召开了 2018·龙粤粮食产业经济高质量发展合作（哈尔滨）对接会。广东省粮食局组织 14 个市（地）粮食部门，以及深圳和广州粮食集团、东莞太粮米业有限公司等 28 家大型粮食企业参会，黑龙江省粮食局组织 13 个市（地）及农垦总局粮食部门、60 家粮食企业参会。

1 月 26 日，黑龙江省与广东省职业院校结对合作签约仪式在哈尔滨举行。黑龙江省教育厅副厅长王淑云、广东省教育厅副巡视员胡振敏出席签约仪式并致辞。

1 月 29 日至 2 月 1 日，东莞市经信局会同东莞市商务局，组织协会、企业一行 40 多人组成产业考察团，赴牡丹江市开展考察调研和产业对接，考察了穆棱市、绥芬河市、海林市、牡丹江市经济开发区，现场签约项目 5 个，促成精准接洽项目 2 个，实地考察项目 19 个。

1 月 31 日，广州市正式印发《广州市与齐齐哈尔市对口合作实施意见》。

2018 年 2 月

2 月 12 日，佛山市人民政府办公室、双鸭山市人民政府办公室联合印发《双鸭山市与佛山市对口合作工作方案（2017~2020 年）》《双鸭山市与佛山市对口合作联席会议及工作协调机制（试行）》。

2018 年 3 月

3 月 13 日，中山市火炬区党工委副书记、管委会主任、翠亨新区党工委副书记招鸿率火炬开发区经科局、创新创业中心等部门和广东省美味鲜调味食品有限公司等企业赴佳木斯市高新区对接考察，签署中山火炬高技术产业开发区与佳木斯高新技术产业开发区战略合作协议。

3 月 17 日，国家发展改革委印发《哈尔滨与深圳对口合作实施方案》。

3 月 18 日，深圳黑龙江商会组织召开"龙耀鹏城 聚力共赢"深圳龙商会 2018 春茗会暨深哈合作交流会，哈尔滨市原副市长柳士发参会并发言。深哈合作信息平台在交流会上发布并启动运行。

3 月 22 日，齐齐哈尔市与广州市共同主办的"花城鹤舞 合作共享"对口合作城市推介会在广州召开，两市政界、商界、社会团体等近 400 余人参加。

3 月 23 日，肇庆与鸡西市政府联合印发《鸡西市人民政府 肇庆市人民政府印发黑龙江省鸡西市与广东省肇庆市对口合作实施方案的通知》。

3 月 27 日，双鸭山市选派的首批 8 名处级领导干部到佛山市开展为期 4 个月的挂职锻炼。

3 月 27~28 日，齐齐哈尔市副市长姚卿参加广州国际投资年会，并与广州开发区就基金合作达成共识。

3 月 27 日至 4 月 4 日，大兴安岭地区行署秘书长张柏林带领发改委、食药监局、大杨树农工商、岭南管委会等部门及 3 县有关同志赴揭阳市进行了学习考察。

2018 年 4 月

4 月 2 日，双鸭山市外事侨务旅游局参加在佛山市举办的 2018 "中国黑土湿地之都·双鸭山"旅游推介会和岭南之佛山乡村游启动大会。

4 月 3 日，黑龙江省发展改革委、广东省发展改革委联合印发《黑龙江省与广东省对口合作 2018 年重点工作计划》。

4月8日，国家发展改革委门户网站发布《东北地区与东部地区对口合作成效及经验做法介绍之三：黑龙江省与广东省》。

4月9日，国家发展改革委门户网站发布《东北地区与东部地区对口合作成效及经验做法介绍之七：哈尔滨市与深圳市》。

4月9～12日，黑龙江省七台河市组织部长朱晓华一行14人考察团赴江门市学习交流。

4月12～13日，绥化市长张子林率党政考察团赴湛江开展对口合作暨签约活动，两市高校、经信、商务、农业、金融、工商联等对口单位分别签署合作协议。

4月17～19日，黑龙江省住房和城乡建设厅党组成员、副厅长李泰峰带队赴广东省住房和城乡建设厅开展工作交流，进一步推进电子政务系统改造移植工作。

4月19日，中共佛山市委办公室、佛山市人民政府办公室联合印发《2018年佛山市与双鸭山市对口合作工作计划》。

4月21～22日，肇庆市委书记赖泽华率党政代表团赴鸡西市开展对口合作相关工作。两市组织部、农业局、旅游局、粮食局、供销社等部门在干部交流培训、粮食和特色农副产品购销等方面签订合作协议；肇庆市理士电源、星湖制药、风华高科分别与鸡西市贝特瑞公司、东保中药材合作社、乐新石墨烯公司3家公司签订合作协议。

4月25日，黑河市第一批10名处级干部到珠海市各相关部门、区挂职3个月。

4月25日，黑龙江省委副书记、代省长王文涛主持召开黑龙江省与广东省对口合作有关工作专题会议，听取省直有关部门和市（地）项目建设、工业发展、科技转化、农业产业、园区合作、两市产销、旅游营销等领域对口合作开展情况以及下一步工作汇报。

4月25～27日，伊春市粮食局率团赴茂名实地考察调研，深入了解茂名市粮食市场供求、加工和购销情况。双方签订《茂名市粮食局和伊春市粮食局关于建立粮食安全战略合作关系的协议》。

4月28日，广东省发展改革委印发《关于印发〈黑龙江省与广东省对口合作实施方案〉及任务分工安排表的通知》。

2018年5月

5月8日，大兴安岭地委委员、宣传部长刘洪久率大兴安岭考察团赴揭阳市就宣传文化领域合作有关事项开展交流考察活动。

5月8~11日，双鸭山市委书记宋宏伟率党政考察团赴佛山市对接考察，佛山市委书记鲁毅会见代表团一行，并召开了对口合作第三次联席会议。

5月9日，哈尔滨市和深圳市在深圳召开第二次哈深对口合作联席会议，部署推动两市对口合作重点工作，哈尔滨市长孙喆、深圳市长陈如桂出席会议。

5月10日，广东省人民政府办公厅印发《关于成立对口合作工作领导小组的通知》，省长马兴瑞任组长。

5月10日，茂名市召开伊春市赴茂名首批挂职干部对接会，市委副书记刘芳出席对接会并讲话，伊春市选派首批共10名处级优秀干部赴茂名挂职，挂职时间3个月。

5月10~14日，深圳文博会期间，广东省委宣传部与黑龙江省委宣传部在深圳举行龙粤文化产业战略合作协议签约仪式暨黑龙江省文化产业招商推介会，两省宣传部签订《龙粤文化产业战略合作协议》，两省新闻出版广电局签订《共推媒体和产业发展合作框架协议》。

5月11日，中共黑龙江省委宣传部和中共广东省委宣传部在广东省深圳市举办龙粤文化产业战略合作协议签约仪式暨黑龙江省文化产业招商推介会。

5月11日，黑龙江省文化厅党组书记、厅长张丽娜带领省内油画、版画创研机构、经营业户负责同志，实地考察深圳大芬油画村和观澜版画基地生产经营模式，召开黑粤两省文化产业交流合作座谈会。

5月11日，肇庆市发展改革局、鸡西市发展改革委联合印发《2018年黑龙江省鸡西市与广东省肇庆市对口合作重点工作任务》。

5月13日，黑龙江省旅游委在广州举办"寒来暑往　南来北往"旅游季开幕式暨"大森林里的小夏天"2018黑龙江省夏季旅游推介会。黑龙江省委常委、副省长贾玉梅，广东省政府副省长黄宁生出席推介会，两省对口合作城市旅游委（局）领导、两省重点旅游企业代表参加了推介活动。

5月13~15日，黑龙江省发展改革委副主任孙景春带队赴广东省（广州、深圳）开展考察对接工作。

5月14日，鸡西市10名县处级副职干部赴肇庆市主要部门挂职锻炼。

5月14~16日，大兴安岭地区行署副专员蒋迎娟率团到揭阳市开展交流推介活动，双方签订《文化战略框架合作协议》。

5月15日，广东省发展改革委、黑龙江省发展改革委在广州召开发展改革工作座谈会。

5月15日，大兴安岭地区行署与揭阳市共同举办了"神州北极·大美兴安"推介会，双方旅游委（局）签订了战略合作协议，商定在旅游贸易合作、开放本地旅游市场、携手开展旅游活动、两地旅游企业合作和旅游客源互送等方面加强合作。

5 月 15 日，中山市政府副秘书长吴军率"五个一"学习交流团一行前往佳木斯市开展"五个一"活动。同日，中山市从市发改、经信、科技、商贸、农业和火炬开发区选派了第一批 6 名党政机关干部组队赴佳木斯市挂职锻炼。

5 月 16 日，佳木斯市长邵国强会见中山市"五个一"学习交流团一行。

5 月 16 日，佳木斯·中山对口合作工作座谈暨经贸交流会于佳木斯市举行。佳木斯市委常委、副市长孙希平主持会议。期间，双方企业代表签订了 3 个经贸合作项目。

5 月 17 日，广州市组织部长王世彤与齐齐哈尔市委组织部领导举行座谈会，共同研究安排齐齐哈尔干部挂职、干部人才培训等工作。

5 月 25 日，黑龙江省政府印发《成立黑龙江省与广东省对口合作工作领导小组的通知》（黑政调〔2018〕21 号），成立由王文涛省长任组长，李海涛常务副省长任常务副组长，省委组织部部长王爱文、哈尔滨市长孙喆任副组长，中省直有关部门、各市（地）政府（行署）主要负责同志为成员的对口合作领导小组。

5 月 27 日至 6 月 1 日，黑龙江省科技厅与黑龙江省委组织部共同举办了"提升科技创新能力广东省专题培训班"，选派近 40 人赴广东省就科技创新情况、科技体制改革和高新区管理等开展学习交流，并对广州、佛山、东莞和深圳进行了考察。

5 月 30 日，广东省对口合作工作领导小组第一次会议在广州召开，广东省长马兴瑞主持会议。

5 月 30 日，中山市旅游局组织广中江旅游联盟在佳木斯市举办"活力广东省，秀美广中江"旅游推介会，并签订《佳木斯市旅游发展委员会与中山市旅游局合作框架协议》。

5 月 30 日至 6 月 2 日，湛江市委常委、常务副市长曹兴率领发改、粮食、工信、商务、教育、农业、旅游、开发区及工商联 9 部门一行 14 人赴绥化市就对口合作工作进行调研学习、考察对接和交流座谈，先后赴青冈县、望奎县、绥化经开区和庆安县进行考察。

5 月 31 日，广州市正式印发《广州市与齐齐哈尔市对口合作 2018 年重点工作计划》。

2018 年 6 月

6 月 4 日至 7 月 13 日，黑龙江省住房和城乡建设厅选派 15 名干部分 3 批次赴广东省住房和城乡建设厅学习考察。

6月7~8日，黑龙江省养老产业招商推介会上，黑龙江省民政厅与广东省民政厅签署《推进双方民政领域对口合作事项战略合作框架协议》。茂名市代表团参加黑龙江省养老产业招商推介会，与伊春、佳木斯、鹤岗、黑河、哈尔滨等天鹅颐养经济走廊城市共同签署了《天鹅颐养经济走廊城市合作项目协议》。

6月9~12日，黑河市委书记秦恩亭率党政代表团赴珠海考察调研，与珠海市委书记郭永航、市长姚奕生分别进行了交流，确定香洲区—爱辉区、斗门区—孙吴县、横琴新区—五大连池市和五大连池风景区、高栏港区—逊克县和边境合作区、高新区—嫩江县、金湾区—北安市对口合作关系，签订对口合作框架协议。

6月11日，中山市商务局组织中山公用、益华百货、中山水出等企业和协会代表一行13人组成商贸交流代表团到佳木斯市交流考察。

6月11日，广东省发展改革委对口合作调研组赴牡丹江市考察对接，并召开对口合作座谈会，就牡丹江市与东莞市在新领域合作交流进行了探讨。

6月11~15日，黑龙江省住房和城乡建设厅、黑龙江省城市规划勘测设计研究院派专家赴广东省惠州市参加"城市修补，生态修复'双修'"培训班，并授课。

6月11~16日，佛山市商务代表团赴双鸭山市开展经贸交流活动，并参加了第二十九届哈尔滨国际经济贸易洽谈会。

6月12日，江门市印发《中共江门市委办公室　江门市人民政府办公室关于成立江门市对口支援工作领导小组的通知》。

6月12~14日，黑龙江省卫生计生委副主任刘福生带队到广东省就卫生计生领域对口合作进行调研，并签订了《黑龙江省与广东省卫生计生领域2018年对口合作实施计划》，确定了八大类27项工作任务。

6月13日，珠海市长姚奕生主持召开第九届市政府二十四次常务会议，会议审议通过了《黑河市与珠海市对口合作实施方案》。

6月13~17日，江门常务副市长许晓雄带领相关部门及企业一行18人组成代表团，赴七台河市进行考察对接，并且于16日两市在哈尔滨举办了"第二十九届哈尔滨国际贸易洽谈会七台河·江门招商项目推介会"。

6月14~16日，佛山市长朱伟率市政企代表团到双鸭山市对接考察，期间召开了"双鸭山市·佛山市对口合作第四次联席会议暨项目签约仪式"，共签订合作协议7个。两市达成民生及基础设施建设合作项目并签订合作协议。

6月15日，哈尔滨市政府办公厅印发《哈尔滨市与深圳市对口合作2018年工作计划》，提出11方面29项重点工作任务。

6月15日，中山市商务局以"让中山的灯照亮全世界"为主题，组织中山市灯饰照明行业协会和沃尔沃照明等 8 家企业参加第二十九届哈洽会。

6 月 15 日，佳木斯市组织举办"佳木斯市东风区人民政府与香港其昌集团合作高科技超导锅炉生产项目"和"佳木斯市东风区人民政府与广东中顺纸业集团合作大健康农副产品深加工项目"签约仪式。

6 月 15 日，佳木斯·中山经贸合作交流会在哈尔滨举办，两地商务部门签署了优质农产品推广销售工作对口合作框架协议，中山市商务局与佳木斯市商务局、农委签订了《佳木斯市优质农产品推广销售方案》。

6 月 15～19 日，广东省商务厅代表广东省参加了第二十九届哈洽会。黑龙江省会展事务局与广东省商务厅共同举办了"第二十九届哈洽会中俄木材投资洽谈对接会"。

6 月 16 日，哈工大大数据集团、中国建材集团、雏菊投资基金决策委员会、中山市火炬开发区经贸代表团、中山市灯具协会等央企、金融机构、经济商贸代表赴佳木斯市考察，佳木斯高新技术开发区与雏菊投资基金成员单位中菊资产管理有限公司签订了佳木斯高新区基础设施投资基金、创新创业投资基金战略合作等协议。

6 月 18 日，首个双鸭山市与佛山市对口合作产业项目、总投资 1.58 亿元的北大荒米高年产 8 万吨高效钾肥项目在宝清县开工建设。

6 月 19 日，肇庆市政府办公室印发《肇庆市人民政府办公室关于成立肇庆市对口合作工作领导小组的通知》。

6 月 21～24 日，绥化市文化和旅游局党委书记、局长李世光带队，赴湛江与当地文广新局和旅游局进行工作对接，推介绥化市文化旅游产品项目。

6 月 25 日，黑河市长谢宝禄主持召开市政府第 7 次常务会议，会议审议通过了《黑河市与珠海市对口合作实施方案》。

6 月 26 日，惠州市成立对口合作工作领导小组，市长刘吉担任组长。

6 月 27 日，深圳市印发《哈尔滨市与深圳市对口合作 2013 年工作计划》。

6 月 28 日，黑龙江省人社厅与广东省人社厅签订了《广东省与黑龙江省人力资源和社会保障工作对口合作框架协议（2018～2020 年）》，确定了完善工作机制、搭建合作平台、强化人才培训三个方面 9 项合作意向。

6 月 28 日，中共黑河市委、黑河市人民政府印发了《关于成立黑河市与珠海市对口合作工作领导小组的通知》。

6 月 29 日，汕头市发展和改革局印发《汕头市与鹤岗市对口合作 2018 年重点工作计划》《汕头市与鹤岗市对口合作实施方案及任务分工安排表》。

2018 年 7 月

7 月 3～9 日，广东省文化厅党组书记、厅长汪一洋，带领广东省文化志愿者、重点文化企业、相关行业协会负责人共 70 余人，到黑龙江省开展"春雨工程"文化志愿服务活动和文化产业合作对接，共举办 3 场大型演出、1 次展览、6 场群众文化讲座、7 个文化产业讲座。

7 月 5 日，佛山市旅游局、东莞市旅游局在双鸭山市成功举办了"寒来暑往　南来北往"旅游推介会活动。

7 月 6 日，佳木斯常务副市长孙希平率佳木斯市党政代表团一行到访中山进行商务考察，两地共有 5 个合作项目进行了意向签约。中山市副市长雷岳龙、中山市政府副秘书长吴军、中山市发改局等部门主要领导参加。

7 月 6 日，七台河市与江门市联合印发《关于印发七台河市与江门市对口合作工作方案的通知》。

7 月 7 日，佳木斯市经贸代表团到中山市考察对接，并达成进口俄罗斯硬杂木等合作意向。

7 月 9~12 日，广东省商务厅组织企业参加了在俄罗斯叶卡捷琳堡举办的第五届中国—俄罗斯博览会。

7 月 11 日，汕头市政府印发《关于调整汕头市与鹤岗市对口合作工作领导小组的通知》。

7 月 12 日，茂名市政府印发《关于成立茂名市与黑龙江省伊春市对口合作工作领导小组的通知》。

7 月 17 日，茂名市发展改革局与伊春市发展改革委联合印发《关于印发〈黑龙江省伊春市与广东省茂名市对口合作 2018 年重点工作计划〉的通知》。

7 月 17 日，鸡西·肇庆农产品招商推介会在肇庆市举行，鸡西市农副产品肇庆展销中心在肇庆市举行揭牌仪式。

7 月 19~20 日，惠州市商务部门组织市县两级商务部门及有关商会协会到大庆市开展经贸考察交流。两地县区商务部门结成合作对子，并签订对口合作备忘录。

7 月 23 日，珠海市、黑河市人民政府联合印发《黑河市与珠海市对口合作框架协议（2018~2020 年)》；两市牵头部门制定《黑河市与珠海市对口合作工作三年行动计划》和《2018 年对口合作工作重点》。

7 月 23 日，双鸭山市四方台区政府、市珠三角合作办与佛山市南海区政府联合举办了产业项目对接交流会，佛山市南海区组织农业、机械制造、旅游、粮食等 20 余家行业协会和企业相关人员参加会议。

7 月 23~26 日，佛山市科学技术局等 8 家单位到双鸭山市对接考察，两市签订了《佛山市与双鸭山市科技合作协议》《双鸭山市农副食品产业技术创新战略联盟成员单位合作协议》。

7月25～28日，揭阳市委常委、常务副市长陈定雄率团赴大兴安岭地区开展对口合作交流，召开座谈会，研究讨论《大兴安岭地区与揭阳市对口合作实施方案（2017～2020年）》和《大兴安岭地区与揭阳市对口合作2018年重点工作计划》。

7月29日，双鸭山市第二批10名挂职干部到佛山开展为期4个月的挂职交流。

7月31日，惠州市印发《惠州市与大庆市对口合作2018年重点工作计划》。

2018年8月

8月1～2日，黑龙江省宣传文化系统干部及文化企业管理人员代表参加在广州市举办的广东省文化体制改革和文化资产监管培训班。

8月3日，广州市正式印发《广州市人民政府办公厅关于成立广州市对口合作工作领导小组的通知》，温国辉市长任组长。

8月4～7日，汕头市委书记方利旭带队汕头市党政代表团赴黑龙江省鹤岗市开展对口合作工作交流，期间举行合作签约仪式。

8月7日，肇庆市端州区与鸡西市鸡冠区签订《黑龙江省鸡西市鸡冠区—广东省肇庆市端州区对口合作框架协议》。

8月7～15日，东莞市商务局副局长刘咏红带队，组织东莞五金饰品、纺织服装、物流行业相关协会和企业，赴牡丹江市参加第六届中韩（绥芬河）国际口岸贸易博览会。

8月13日，中山市组织部长陈小娟率团前往佳木斯市考察首批佳木斯—中山互派干部双向挂职工作成果，并就两地组织部门下一步选派干部挂职事宜开展深入对接。

8月16日，珠海市人民政府印发《关于成立珠海市对口合作工作领导小组的通知》，明确了工作领导机构职责、人员组成以及工作机制。

8月18日，首届中国粮食交易大会上，黑龙江省粮食局与广东省粮食局共同举办第十五届金秋粮食交易暨产业合作洽谈会。广东省粮食局组织21个市（地）粮食部门以及60家企业450余人参会；黑龙江省粮食局组织13个市（地）、农垦总局粮食部门以及粮食加工、贸易等企业2000余人参会。

8月23～27日，广东省文化展团参加在哈尔滨举办的以"深化龙粤合作，建设文化大省"为主题的第十三届黑龙江国际文化产业博览会。

8月24日，深圳市政府党组成员陈彪与哈尔滨市常务副市长康翰卿一行召开座谈会，就干部挂职、园区合作、展会交流等方面达成了共识。

8月28日，大庆市副市长颜祥森率市相关部门负责同志赴惠州对接考察，双方就进一步完善对口合作机制，深化两市经贸往来、合作交流等事宜进行了座谈交流。

8月30日，汕头市政府召开汕头市与鹤岗市对口合作领导小组第一次会议。

8月31日，黑龙江省委组织部向广东省委组织部发出《关于送挂职干部集中到职的函》。

8月31日，佳木斯市与中山市联合印发了《佳木斯市与中山市对口合作近期工作要点》。

2018 年 9 月

9月2~4日，伊春市长韩库率团到茂名市开展对口城市合作交流，并召开两市对口合作座谈会。

9月3日，由黑龙江省委组织部统一组织挂职的14名干部到广东省挂职。

9月5日，湛江市成立对口合作工作领导小组，市长姜建军任组长，办公室设在市发改局。

9月6~8日，广东省经信委组织新材料企业参加在哈尔滨举办的第五届新材料产业博览会，展览面积561平方米，占本届新博会展览面积之首。

9月7日，大兴安岭地区行署与揭阳市联合印发了《大兴安岭地区与揭阳市对口合作实施方案（2017~2020年）》和《大兴安岭地区与揭阳市对口合作2018年重点工作计划》。

9月9~12日，鹤岗市委书记张恩亮率党政代表团赴汕头市考察学习，期间双方签订了8个相关协议。

9月10~12日，广东省副省长许瑞生率广东省国土资源厅厅长陈光荣一行赴黑龙江省建三江、双鸭山、抚远等地学习考察垦造耕地相关事宜。

9月15~18日，黑龙江省七台河市副市长杨子义一行8人考察团赴江门市考察学习。

9月17日，佛山市人大常委会副主任李坚率代表团到双鸭山市参加第三届双鸭山经贸合作企业家恳谈暨"两山"合作经贸交流会，两市签约6个项目，累计签约金额5.84亿元。

9月19~21日，东莞市常务副市长白涛带队到牡丹江市实地对接对口合作工作，召开了联席工作会议，各部门间进行工作对接，签署了《粮食产销合作框架协议》。

9月19~21日，揭阳市委副书记、市长叶牛平率代表团赴大兴安岭地区开展对口合作交流活动，与大兴安岭地委书记苏春雨、行署专员李大义等领导共同商议对口合作事宜。举行了《大兴安岭地区与揭阳市对口合作签约仪式》，两地发改、工（经）信、旅游委（局）和 8 家企业签署了对口合作框架协议。

9 月 20 日，双鸭山市经济技术开发区分别与佛山力合创新中心有限公司、中国科技开发院佛山分院签订了《科技创新孵化平台建设合作框架协议》《科技创新孵化器运营管理合作框架协议》。

9 月 20～21 日，珠海市委常委、常务副市长王庆利带队赴黑河推进两市对口合作工作。

9 月 21～22 日，惠州市政府常务副市长胡建斌率市有关部门赴大庆市对接对口合作工作。

9 月 21～24 日，广东省常务副省长林少春率政府代表团赴黑龙江省（哈尔滨、双鸭山、佳木斯）考察调研。22 日，两省对口合作座谈会在哈尔滨召开，黑龙江省常务副省长李海涛、广东省常务副省长林少春出席会议。

9 月 22～23 日，广东省常务副省长林少春率政府代表团到双鸭山市考察调研对口合作工作，实地调研了中国中药（双鸭山）产业园、双鸭山市风场创业创新孵化中心（众农联）、双鸭山市城市科技馆、紫云岭公益性公园等项目。

9 月 22～23 日，齐齐哈尔市副市长王永石与广州市政府副秘书长马曙就园区共建工作进行座谈。

9 月 23 日，黑龙江省出版传媒股份有限公司股权在黑龙江省联合产权交易所挂牌交易，广东省出版集团及南方出版传媒股份有限公司成功以 1.45 元/股的挂牌价，竞得龙版传媒约 1.2 亿股股份，占其增资完成后的 8.82%，投资总额约 1.75 亿元。

9 月 26 日，大兴安岭地区行署与揭阳市有关领导共同参加了在哈尔滨举行的"南北极的奇妙穿越"——2018 广东旅游推介会，宣传推介双方特色历史文化和商务生态旅游产品。

9 月 28 日，肇庆高新区与鸡西虎林市签订战略合作协议。

2018 年 10 月

10 月 8 日，汕头市科技局印发《汕头市科学技术局与鹤岗市科学技术局科技对口合作工作方案（2018～2020 年）》。

10 月 10 日，黑龙江合达科技有限公司（佛山医悦科技有限公司）落户双鸭山市经开区，并举行揭牌仪式。

10 月 11～12 日，深圳市政府党组成员陈彪带队参加第七届哈科会，并与宝能集团等深圳在哈投资企业座谈交流深哈共建园区事宜。

10 月 11～12 日，湛江市委书记郑人豪率党政代表团赴黑龙江省绥化市考察学习，并召开绥化·湛江对口合作对接暨项目签约座谈会。两市共签订合作项目或合作协议 22 个，合作金额约 31 亿元。

10 月 12 日，南方出版传媒股份有限公司与黑龙江出版传媒股份有限公司在黑龙江省签订战略合作协议。

10 月 12 日，佛山市政协副主席郑灿儒率代表团到双鸭山市对接考察对口合作工作并召开专题座谈会。

10 月 16～18 日，双鸭山市长郑大光率市政府代表团到佛山市开展对接考察活动。

10 月 17 日，齐齐哈尔市长李玉刚率团赴广州与广州市长温国辉进行座谈，双方就共建园区、中医药产业合作、装备制造业合作等方面达成共识。

10 月 17～19 日，黑龙江省长王文涛率政府代表团赴广东省（广州、深圳、东莞）开展以"解放思想·广东行"为主题的学习考察交流活动。广东省委书记李希与代表团就推进两省对口合作进行深入交流。两省对口合作座谈会在广州举行，广东省长马兴瑞、黑龙江省长王文涛出席会议。

10 月 18 日，黑河市第二批 10 名处级干部赴珠海市锻炼学习 3 个月。

10 月 18 日，黑龙江省政府代表团参加深哈对口合作企业家座谈会。深哈两市召开对口合作座谈会，哈城投集团与深圳特建发集团签署哈尔滨（深圳）产业合作试验园区战略合作意向书。

10 月 19 日，黑龙江省牡丹江市·广东省东莞市对口合作座谈会暨签约仪式在东莞召开。两市签署了《牡丹江市与东莞市建立友好城市关系缔约书》《农副产品购销意向性协议》《南北绿色粮食供应链产业项目战略合作协议》《智能电机、智能升降机研发生产基地项目合作框架协议》等协议。

10 月 19 日，大庆市政府印发《大庆市与惠州市对口合作实施方案》《关于成立大庆市与惠州市对口合作工作推进组的通知》。

10 月 19～20 日，牡丹江市长高岩率牡丹江市党政代表团一行 33 人到东莞考察，并召开了联席工作会议。

10 月 19～21 日，大庆市常务副市长何忠华率市有关部门及沃尔沃等企业代表赴惠州对接对口合作工作，双方重点就进一步产业合作、人才交流等事宜进行了座谈交流。

10 月 19～21 日，大兴安岭地委副书记、行署专员、林管局局长李大义率代表团赴揭阳进行了学习考察，双方就开通直飞航线，加强生态旅游及康养、农业合作、生物医药、人才交流等领域达成了共识。

10 月 20～21 日，鸡西市长于洪涛带队到肇庆市，双方共商进一步加强对口合作事宜。

10 月 22 日，珠海市高栏港区与黑河边境经济合作区签订了《跨境电商布市海外仓、黑河边境仓智能化建设项目合作协议》。

10 月 23 日，佳木斯市选派抚远市、高新区、向阳区、前进区、桦川县、市工信委、市旅游委、同江市发改局第二批 8 名党政机关干部组队到中山市挂职锻炼。

10 月 24 日，深圳市成立对口合作工作领导小组，由市长陈如桂担任组长。

10 月 25 日，中山市委组织部选派发改、科技、商务、农业、旅游及火炬开发区第二批 6 名党政机关干部组队到佳木斯市挂职锻炼。

10 月 28 日，总投资 4 亿元的佛山市百冠科技有限公司 8 万吨不锈钢管材对口合作项目在双鸭山经济技术开发区开工建设。

10 月 29 日至 11 月 2 日，佛山市教育专家一行 10 人赴双鸭山市开展为期 5 天的讲学指导。

2018 年 11 月

11 月 2 日，双鸭山市参加"佛山韵律秋醉岭南"2018 广东（佛山）非遗周暨秋色巡游活动。

11 月 2 日，大兴安岭地区行署与揭阳市在汕头举办了主题为"'冰雪北极·冻感兴安'来自北纬 53°的邀请"的冬季旅游产品（潮汕地区）推介会。

11 月 2~3 日，茂名市委书记李红军率党政代表团到伊春市考察学习并进行对口合作工作对接，举行伊春市与茂名市对口合作联席会议暨项目签约仪式。两市代表分别签订 14 项合作协议，其中部门间框架合作协议 7 个，协会或企业间合作协议和合同 7 个。

11 月 5~9 日，双鸭山市委组织部组织部分规模以上企业董事长、总经理、经营管理人员 40 人赴佛山市顺德区开展为期 5 天的专题培训。

11 月 6 日，时任黑河市常务副市长孙恒义率队赴珠海进行对口合作工作对接，并参加"十二届国际航空航天博览会"。

11 月 8 日，中山市委书记陈旭东会见佳木斯旅游推介代表团成员。

11 月 9 日，佳木斯市旅游委与中山市旅游局在中山联合举办"华夏东极邂逅伟人故里"旅游推介会。

11 月 10 日，中山市委常委、组织部部长陈小娟会见佳木斯旅游推介代表团。

11 月 19 日，南方出版传媒股份有限公司与黑龙江省出版传媒股份有限公司签署战略合作实施行动计划。

11 月 20 日，黑龙江省人社厅与广东省人社厅共同确定黑龙江省技师学院、哈尔滨技师学院（哈尔滨劳动技师学院）、哈尔滨铁建工程高级技工学校、大庆技师学院、牡丹江技师学院分别与广东省机械技师学院、深圳技师学院、广东省城市建设技师学院、广东省技师学院、东莞技师学院建立对口合作关系，对口院校将在挂职交流、专业建设、校企合作、多元办学、世赛培训、信息化建设等方面开展全面合作。

11月20日，佛山高新区管委会主任刘涛根一行赴双鸭山市经开区考察对接，并举行了佛山高新区与双鸭山经济技术开发区合作共建座谈会暨缔结友好园区签约仪式。

11月20~24日，佛山市农业局副局长张敬文带领佛山市南海区渔丰水产有限公司、广东何氏水产有限公司等当地渔业龙头企业一行10人赴双鸭山市考察对接。

11月21~23日，齐齐哈尔市副市长李洪国率队赴广州学习考察，双方就加强园区合作等相关工作开展进一步洽谈协商。

11月22~25日，第六届中国海洋经济博览会在湛江举行。绥化市的旅游推介代表团在展会的滨海旅游展区举办了以"魅力都城地·相约在冬季"为主题的绥化市（湛江）旅游推介会。

11月23日，哈尔滨市政府印发《关于成立哈尔滨市与深圳市对口合作工作领导小组的通知》，成立由孙喆市长任组长的哈尔滨市与深圳市对口合作工作领导小组。

11月25日，中共七台河市委办公室、七台河市人民政府办公室印发《关于成立七台河市对口合作工作领导小组的通知》。

11月30日，广东省发展改革委开展的《广东省与黑龙江省对口合作重点领域和工作机制研究》课题正式结题。

11月30日，双鸭山市宝清县组织相关部门及农业合作社赴佛山市召开宝清县—南海区经贸恳谈会，重点推介宝清县富硒大米、杂粮、白瓜子、木耳、蘑菇等农副产品和重点招商项目。

11月30日，珠海市与黑河市交通部门、航空公司正式签订开通珠海经郑州至黑河交通航线的合作协议，争取2019年3月底正式开通。

2018年12月

12月5~8日，东莞市发展和改革局副局长韩庆新带领东莞市发改、经信、粮食等部门分管领导，以及部分粮食企业代表一行9人赴牡丹江市对接对口合作工作。

12月6日，哈尔滨市原常务副市长康翰卿带队赴深圳就深哈合作园区建设事宜进行考察对接，并参加了"2018 深哈数字经济合作交流会"。

12 月 7~11 日，鹤岗市工农区区长宋彦俊到汕头市金平区开展实地对口交流活动，双方进一步明确对口合作方向，签订《汕头市金平区人民政府　鹤岗市工农区人民政府对口合作框架协议》《汕头市金平区教育局　鹤岗市工农区教育局加快教育现代化协同发展合作交流框架协议》。

12 月 9~12 日，黑龙江省卫生健康委党组书记、主任魏新刚带队到广东省调研卫生健康领域对口合作暨"解放思想　广东行"活动，双方就《黑龙江省与广东省卫生计生领域 2018 年对口合作实施计划》的落实情况和 2019 年以及今后一段时期两省卫生健康领域对口合作事项进行了深入交流座谈。

12 月 10 日，黑龙江省与广东省粮食对口合作协调小组在哈尔滨召开第一次座谈会，研究续签《广东省粮食和物资储备局　黑龙江省粮食局关于建立广东省省级储备粮（黑龙江）异地储备的合作协议》，研究制定《广东省省级储备粮（黑龙江）异地储备合作监管办法》。

12 月 10~13 日，大兴安岭地委委员、统战部部长夏静媛带领工商联及有关企业赴揭阳进行了交流对接。双方工商联签订了合作框架协议。

12 月 11~13 日，江门市长刘毅率领江门市政企代表团赴七台河市进行对口合作调研考察活动，期间签署 6 个框架协议。

12 月 12 日，中山市科技局和商务局组织相关企业到佳木斯市考察交流，达成制药、中山灯饰、五金、小家电、日化用品等进入佳木斯及俄罗斯市场等初步合作意向。

12 月 13~15 日，双鸭山市副市长于志善率领文化、旅游、商务、珠三角合作办等部门负责人赴香港参加佛山市在香港举行的第三届香港·佛山节活动。

12 月 15~17 日，中山市旅游局会同佳木斯市旅发委分别在广州、佛山、东莞举办以"赏冰乐雪·华夏东极"为主题的 2018 佳木斯市冬季旅游产品（粤港澳大湾区）推介会。

12 月 20~22 日，黑龙江省原国土资源厅厅长鄂忠齐带领相关人员赴广州、东莞等地学习考察农转用审批制度改革相关事宜。

12 月 20~23 日，东莞市副市长张冠梓率大朗镇代表团赴黑龙江省牡丹江市、黑河市、伊春市开展大朗毛衣"国内行"活动。

12 月 23 日，黑龙江省文化旅游厅组织省内重点市（地）旅游部门、旅游企业在广州举办 2018 黑龙江省冬季文化旅游推介会。

12 月 24 日，两省粮食局联合其他 8 个销区省共同举办 2018 冰城对话——"豆质昂扬"龙江大豆优品推介暨大豆产业高质量发展招商项目洽谈会，组织项目合作、贸易合作企业现场签约。

12 月 26 日，茂名市、鸡西市和黑河市加入江门市、佛山市、中山市、珠海市和伊春市、鹤岗市组成的"4＋2"旅游联盟，共同做大旅游市场，促进旅游产业合作。

12 月 28 日，广东省交通运输厅和黑龙江省交通运输厅在哈尔滨市签署《广东省与黑龙江省交通物流对口合作框架协议》。